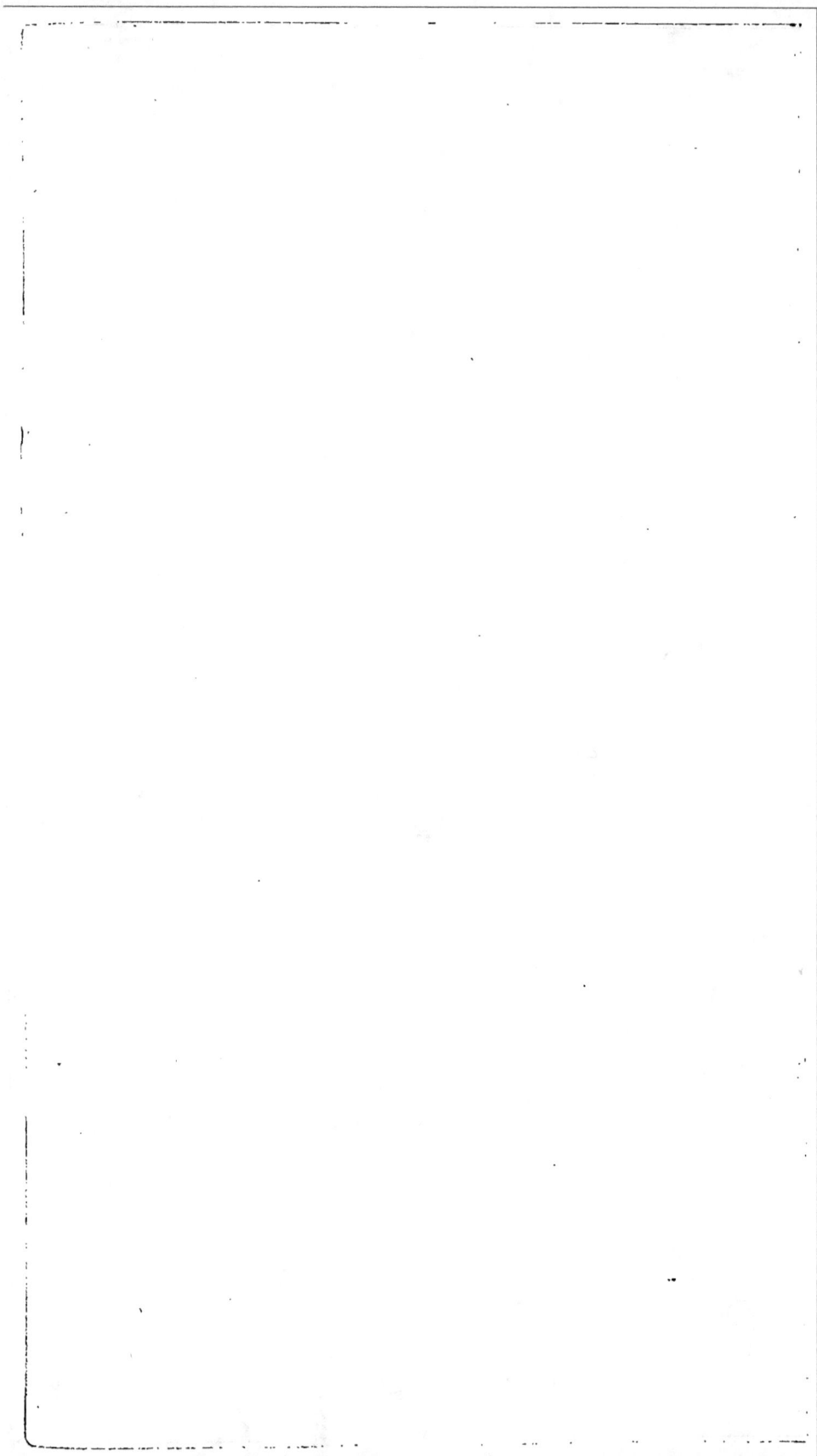

# HISTOIRE

DE LA

# GARDE NATIONALE.

PARIS — TYP. LACRAMPE ET FERTIAUX, RUE DAMIETTE, 2.

GÉNÉRAUX DE LA GARDE NATIONALE.

1. SANTERRE.    4 OUDINOT.    7 GÉRARD.

2. LAFAYETTE.    5 LOBAU.    8 CHANGARNIER.

3. HANRIOT.    6 MONCEY.    9 JACQUEMINOT.

# HISTOIRE

DE LA

# GARDE NATIONALE

RÉCIT COMPLET

DE TOUS LES FAITS QUI L'ONT DISTINGUÉE DEPUIS SON ORIGINE JUSQU'EN 1848

par

## É. DE LABÉDOLLIÈRE

ILLUSTRÉE

Par dix Dessins coloriés, gravés sur acier, représentant les
Uniformes de toutes les époques,

### DESSIN ET GRAVURE DE PAUQUET

## PARIS

H. DUMINERAY ET F. PALLIER, ÉDITEURS,

52, RUE RICHELIEU.

—

## 1848

8º Z le Somme 12.123

À

# M. LE GÉNÉRAL CHANGARNIER,

COMMANDANT EN CHEF
DE LA GARDE NATIONALE DE PARIS.

———

Mon général,

Placé à la tête de la Garde nationale, c'est à vous à encourager celui qui entreprend d'en publier les annales.

Vous n'avez pas besoin de l'exemple qu'elles offrent pour fortifier en vous la pratique du courage civil et militaire; mais le corps que vous commandez est naturellement l'objet de votre sollicitude : et peut-être accorderez-vous votre approbation à un livre qui a pour but d'en rappeler l'origine, d'en suivre les progrès, et d'en enregistrer tous les services.

Agréez,

Mon général,

Mes respectueuses salutations,

*Les Éditeurs* H. DUMINERAY et F. PALLIER.

1.

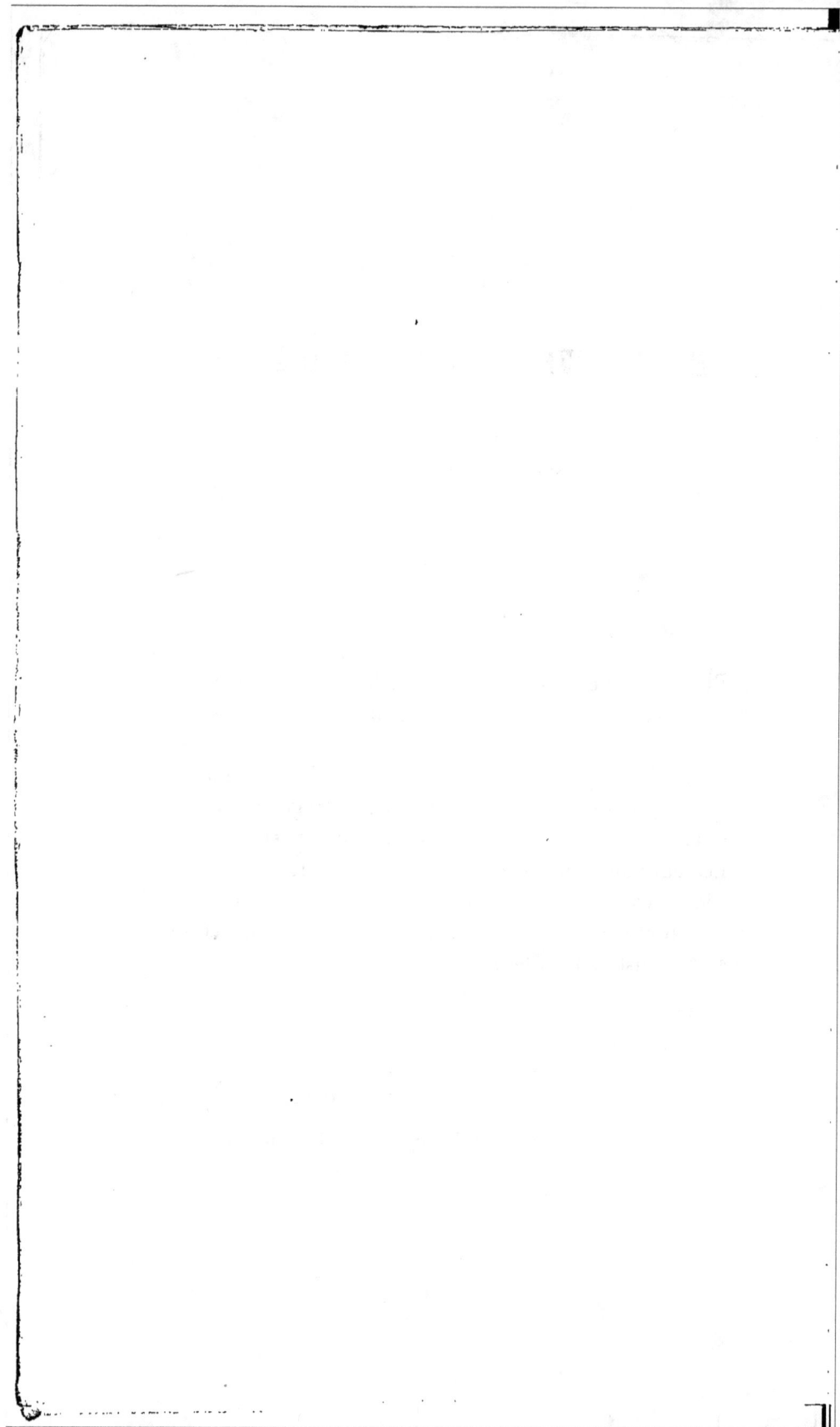

# HISTOIRE

DE LA

# GARDE NATIONALE.

## CHAPITRE I.

———

La garde nationale, comme toutes nos grandes insti-
titutions, remonte presque au berceau de la monarchie. Déjà, sous la première race, les habitants de
nos cités étaient organisés en milices, et marchaient
avec les guerriers francs. Le mérovingien Chilpéric,
dans sa campagne contre les Bretons, menait à sa

suite les Tourangeaux, les Bessins, les Manceaux, les
Angevins, et beaucoup d'autres. Il fit envahir la
Touraine par les Manceaux, et le Berry par les milices de Nantes, de Rouen, de Bayeux, d'Avranches,
d'Évreux, de Séez, de Lisieux, de Coutances, de
Poitiers, de Tours et d'Angers. Celles de l'Orléanais
et du Blaisois gardaient la ville de Tours, en 585, sur
l'invitation du roi Gontran (1). Ces milices se composaient de la population valide, à l'exception des
prêtres, des sénateurs, des *curiales* ou magistrats municipaux, que la loi romaine dispensait du service militaire, des colons agricoles et des esclaves. C'étaient,
dans les conditions de la société antique, de véritables
gardes nationales, à la fois sédentaires et mobiles.

Toutefois, en ces temps reculés, la faculté de porter
les armes était moins un droit d'homme libre qu'une
obligation de vassal. Ce ne fut qu'après l'établissement des communes que l'organisation militaire des
bourgeois put être considérée comme la consécration
de leurs priviléges et la garantie de leurs fran-
chises.

Les historiens refusent à Louis-le-Gros l'honneur d'a-
voir créé les communes : en effet, un grand nombre de
villes s'émancipèrent sans sa participation, ou même
contre son aveu ; mais il est certain qu'on lui doit les
*milices communales.* Voici ce qu'en dit Orderic Vital,
écrivain contemporain : « Louis VI, voulant compri-

(1) Grégoire de Tours, liv. ιv, ch. 27; liv. v, ch. 4; liv. vι,
ch. 30 ; liv. vιι, ch. 20.

mer la tyrannie des brigands et des séditieux, fut forcé d'implorer le secours des évêques. Alors fut instituée en France, par les prélats, une communauté populaire (1), de sorte que les prêtres accompagnaient le roi au combat, avec leurs bannières et tous leurs paroissiens. D'ailleurs, le clergé allait à l'armée, non pour prendre part à la lutte, mais seulement pour assister et confesser les fidèles. »

L'abbé Suger nous apprend qu'en 1108, au siége du Puiset, les *communautés des paroisses* du pays se signalèrent par leur héroïsme. Nous les retrouvons sous le règne de Philippe-Auguste. En 1189, la commune de Mantes repoussa les Anglais. A la célèbre bataille de Bovines, les légions des communes (*legiones communiarum*) étaient rangées autour de l'oriflamme. Le chroniqueur poëte, Guillaume Guiart, vante leurs exploits, et décrit leur marche en ces termes (2) :

> Aprochoit des rangs l'oriflambe ;
> Après venoïent les communes,
> Où genz avoit blanches et brunes
> Pour aidier au roi loyaument,
> Comme Amiens especiaument,
> Qui désire qu'à l'estour viengne,
> Corbie, Arraz, Biauvez, Compiègne...
> Et autres dont ne diroi al.

(1) *Tunc* COMMUNITAS *in Francia* POPULARIS *instituta est a præsulibus.*

(1) Biblioth. nat., manuscrit n. 10295.

Tuit vont vers l'enseigne roïal.

Les communes genz d'armes passent ;

Devant les chevaliers s'entassent ;

Entre le roi et les Tyois (1) ,

Se met Amiens et Corbiois,

Et les routes desus nommées (2).

Là ot tant bastons et plommées,

Viez espées et lances sèches,

Et juisarmes plaines de brèches,

Que c'iert merveille à esgarder.

Ainsi, les gens d'armes communaux étaient munis de boules de plomb attachées à un manche avec une chaînette, d'épées rouillées, de lances sans bannières, de haches à deux tranchants ébréchées, et généralement de toutes sortes d'armes, ce qu'exprimait alors le mot *baston*. Ils ne portaient ni hauberts ni heaumes ; mais ils avaient sur la tête des *cabassets* ou *bassinets de fer*, et sur la poitrine des juste-au-corps de cuir et des plastrons de fer battu. Malgré l'insuffisance de cet équipement, ils contribuèrent puissamment à la victoire de Bovines, et cent seize chevaliers de marque furent conduits à Paris par les bourgeois de Noyon, Montdidier, Montreuil, Soissons, Bruyères. Hesdin, Cerny, Crespy, Craone, Vesly, Corbic, Roye, Compiègne, Amiens et Beauvais.

Les rois de France, dans toutes leurs expéditions, tirèrent des communes un contingent, déterminé par

(1) Les Allemands.

(2) *Routes,* troupe de gens armés.

les baillis et sénéchaux qui levaient le *ban de l'ost*. Suivant un état de 1253, les communes de Picardie devaient 1900 sergents de pied: Laon, 300 ; Bruyères, 100 ; Soissons, 200 ; Saint-Quentin, 300 ; Péronne , 300 ; Montdidier, 300 ; Corbie, 400.

Les communes émancipées par des seigneurs devaient également un certain nombre de sergents. Henri, comte de Troyes, en accordant une charte aux habitants de Meaux, en 1179, stipule que la commune se rendra partout où il la mandera par lettres. On lit dans les priviléges donnés à la ville de Neufchatel, par Ferry, duc de Lorraine, en 1256 : « Et chascun de la commune de Neuf-chatel, qui aura vaillant vingt livres, aura arbalète en son hotel, et carreaux jusqu'à cinquante (1)... Et j'y aurai mon *ost* et mes chevauchées, si cume je avoie devant, fors tant que hommes de soixante ans ou de plus n'y ira pas ; mais s'il a pooir souffisant , il i envoira homme selon son pooir. »

Dans la plupart des communes, le service des milices était limité. La coutume de Lorris, octroyée en 1155 par Louis VII, porte « qu'aucun habitant ne sera tenu de marcher, s'il ne peut être revenu chez lui le même jour. » Le maire et les bourgeois de Rouen ne devaient l'*ost* au roi, qu'autant qu'il leur était possible de revenir le soir même dans leurs foyers.

(1) Flèches d'arbalète, dont le fer était carré.

Le rôle des milices ne se bornait pas à suivre les seigneurs à l'*ost* : elles gardaient les remparts, maintenaient l'ordre, et combattaient au besoin contre les châtelains pour le salut de leurs libertés. Elles avaient le droit de se rassembler toutes les fois que le maire et les échevins les convoquaient au son de la cloche du beffroi, et prêtaient main-forte aux délibérations du conseil municipal.

A Paris, les corporations de marchands et d'artisans fournissaient chaque jour un certain nombre d'hommes pour veiller pendant la nuit à la sécurité des habitants. Deux inspecteurs, nommés les *clercs du guet*, distribuaient les billets de garde, et les bourgeois désignés se rendaient au Châtelet, à l'entrée de la nuit pendant l'hiver, et à l'heure du couvre-feu pendant l'été. Après l'appel, ils étaient distribués dans les quartiers, et obligés de se tenir éveillés et armés jusqu'à l'aube. Toute la nuit, la sentinelle du Châtelet *cornait la guette*, c'est-à-dire qu'elle sonnait du cor par intervalles. Cette garde bourgeoise, qui occupait des postes fixes, prit le nom de *guet assis*. On y ajouta le *guet royal*, composé de soixante sergents, vingt à cheval et quarante à pied, sous la conduite d'un *chevalier du guet*, dont le titre se rencontre pour la première fois dans un compte des prévôtés de l'an 1261. Cet officier, à la tête de sa compagnie, visitait les corps-de-garde occupés par le guet assis, et prenait rigoureusement note des délits et infractions.

Les cas *d'excusation* avaient été prévus par l'ordonnance suivante :

« Sont quittes du *guet*, tous ceux qui ont passé LX ans, touz boisteux, touz méhaigniez (1), touz ceux qui sont hors de la ville, touz ceux à qui leurs femmes sont en mal d'enfant, tout homme lunage (2), tout hostieux de femmes veuves, jurés, et touz maistres de touz mestiers de la ville de Paris. »

Plusieurs individus, par leur position sociale, étaient exempts du guet, tels que les sergenz du roi, avocats, procureurs, clercs-notaires, bourgeois non-marchandants, mesureurs de la ville. Quelques corporations avaient obtenu la *franchise*, en considération des services qu'ils rendaient au roi et aux seigneurs; c'étaient les *monoiers*, brodeurs de soie, courtepointiers, faiseurs de corbeilles et de vans, peintres, imaigiers, chasubliers, selliers, libraires, parcheminiers, enlumineurs, écrivains, tondeurs de draps, tailleurs de pierres, bateliers, étuvistes, vendeurs d'auges, d'écuelles et échelles, verriers, faiseurs de *chappiaux de bonnet* (3), archiers, haubergiers, bufletiers, oublaiers (4), écorcheurs, apothicaires, calendreurs, orfèvres et tapissiers. Les bouchers, *buschiers*, marchands de merrains et sauniers, s'affranchirent du guet en

(1) Estropiés.
(2) Lunatique, fou.
(3) Sorte d'étoffe de laine, dont le nom est devenu celui d'une coiffure.
(4) Marchands d'oublies.

payant une redevance annuelle de trente sous (150 fr.
de notre monnaie). Les tonneliers ne devaient point de
guet entre la Madelaine et la saint Martin d'hiver,
moyennant l'abandon d'une journée de travail.

Les registres de la prévôté de Paris, sous Saint-
Louis, prouvent qu'un très-grand nombre de corporations alléguaient divers prétextes pour se dispenser
de monter la garde. « Les tailleurs requièrent qu'ils
soient quite du *guiet*, s'i plait au roy, pour les granz
robes qui leur convient fère et garder de nuiz, qui
sont aux gentiezhommes, et parce qu'ils ont grant
planté de meniée estrange (1), que il ne puent pas
touz croire ne touz garder, et parce qu'i leur convient que il taillent et cousent les robes aux hauts
hommes aussi bien par nuit cune par jour. » Les
foulons protestent aussi, disant : « qu'ils n'ont pas
*guaitié* depuis que le roi alla outre mer ; mès madame
la royne Blanche, que Diex absoille, les fit gaitier
par sa volonté. »

Pour remédier à l'incurie des habitants, Philippe-
le-Bel, par une ordonnance de l'an 1306, plaça dans
chaque ville importante des capitaines soldés par le
roi, qui prêtaient serment de bien défendre la commune, et auxquels elle devait obéir en temps de
guerre. Cependant, au xive siècle, le service était devenu très-irrégulier; les *clercs du guet* en exemptaient
volontiers tous ceux qui pouvaient leur donner une

---

(1) Domestiques étrangers.

rémunération pécuniaire. La négligence avait gagné jusqu'aux sergents soldés. Le roi Jean II, par une ordonnance de l'an 1363, cassa les deux *clercs du guet*, et confia leurs offices à deux notaires du Chatelet, qui furent chargés de rétablir la discipline.

La milice parisienne s'accrut pendant les troubles de ce règne; le prévôt des marchands, Etienne Marcel, y incorpora tous les bourgeois sans exception, et fit poser des chaînes de fer dans les rues et dans les carrefours. Si l'on en croit Froissard, le nombre des parisiens armés ne s'élevait pas à moins de cinquante mille, subdivisés en cavaliers, arbalétriers, *maillotins*, armés de maillets, et *pavescheurs*, ainsi nommés parce qu'ils portaient des *pavois*, grands boucliers de bois recouverts de cuir.

Un tel déploiement de force était indispensable à une époque où il n'y avait point d'armée régulière permanente. Les villes, investies à l'improviste, n'avaient souvent pour défenseurs que leurs habitants, qui, suppléant à la tactique par le courage, tenaient en échec les troupes les mieux exercées. On sait la glorieuse résistance qu'opposèrent pendant onze mois les Calésiens à l'armée d'Édouard III. Les Rouennais ne furent pas moins héroïques; bloqués en 1418 par une formidable armée anglaise, abandonnés par les troupes royales, ils résolurent de vaincre ou de s'ensevelir sous les décombres de leurs murailles. Aux feux de l'artillerie ennemie ils opposaient des feux plus meurtriers encore; ils réparaient les brèches avec une

infatigable activité, et poussaient leurs sorties jusqu'au
centre du camp anglais. La famine les décima sans les
abattre; sans vivres, sans munitions, sans secours, ils
voulurent se frayer un passage au milieu des assiégeants; mais Guy Bouteiller, leur gouverneur, les
avait vendus à l'étranger, et lorsqu'ils passèrent la
Seine, le pont, dont ce traître avait fait scier les soutiens, s'abîma avec plusieurs milliers d'hommes. Il
fallut céder et demander une capitulation, qu'on n'obtint qu'en livrant les chefs des milices; la plupart se
rachetèrent à prix d'argent; mais le plus énergique et
le plus redouté de tous, Alain Blanchard, dédaigna de
marchander sa vie. « Je n'ai pas de bien, disait-il en
marchant au supplice; mais quand même j'en aurais,
je ne l'emploierais pas pour empêcher des Anglais de
se déshonorer. N'est-il pas plus beau de mourir pour
son pays, que de s'humilier lâchement devant un
prince étranger? »

Beauvais, assiégé en 1472, par Charles-le-Témé-
raire, duc de Bourgogne, fut également défendu par
sa milice. Les habitants soutinrent un assaut de trois
heures; ils commençaient à se décourager lorsque les
femmes vinrent à leur secours, armées de piques et de
bâtons ferrés et portant des pierres, du plomb fondu
et des feux grégeois. Jeanne Lainé, surnommée *Ha-
chette*, renversa dans le fossé un capitaine bourgui-
gnon, qui venait de planter une bannière sur le rempart. L'ennemi leva le siége le lendemain. On institua
en mémoire de ce fait une messe annuelle et une pro-

cession, où les femmes marchaient devant les hommes, vêtues d'habits de noces. Par lettres patentes de Louis XI, données à Senlis le 22 février 1473, Jeanne Lainé et son mari Collin Pilon, furent exemptés de toute taille.

Les milices bourgeoises, après la création des compagnies d'ordonnance et des garnisons, ne furent plus employées qu'à la garde quotidienne des villes. Lyon resta divisé en trente-cinq quartiers ou *pennonnages*, dont chacun, commandé par un officier à *pennon*, fournissait chaque nuit cinquante hommes, répartis dans les deux corps-de-garde, de neuf heures du soir à deux heures du matin. Seize quarteniers, quatre cinquanteniers et deux cent cinquante-un dizeniers commandaient la garde bourgeoise de Paris; trois compagnies d'archers, d'arbalétriers et d'arquebusiers, obéissaient à un capitaine-général, subordonné aux prévôts de Paris et des marchands. Henri II, en 1559, y substitua deux cent quarante archers, payés à raison de trois sous parisis par jour ; cependant, aucune loi positive n'ôta aux Parisiens le droit de s'armer. Leurs compagnies étaient, le 12 mai 1588, derrière les barricades de la Ligue. Les chaînes des rues étaient tendues ; des tonneaux remplis de terres barraient les principaux passages que gardaient de fortes patrouilles, et des pierres avaient été montées dans les étages supérieurs de toutes les maisons. Les Suisses, attaqués par les bourgeois sur la place du Marché-Neuf, perdirent une soixantaine d'hommes, et auraient été tous

2.

massacrés sans l'intervention du duc de Guise. Le soir, les chefs de la garde bourgeoise, refusant de recevoir le mot d'ordre au nom du roi, de la bouche du prévôt des marchands, s'adressèrent au duc de Guise. Henri III, vaincu et humilié, s'enfuit précipitamment de Paris, où il ne devait jamais rentrer.

Peu à peu, dans presque toutes les villes, les gardes bourgeoises se désorganisèrent. Le dernier signe de leur existence, et l'un des plus glorieux, fut la défense de Saint-Jean de Lône, au mois de novembre 1636. Cinquante mille Impériaux et Espagnols avaient envahi la Bourgogne ; la petite ville de Saint-Jean de Lône ne pouvait leur opposer que quatre cents bourgeois, douze volontaires d'Auxonne, quelques gentilshommes des environs et cent-vingt soldats du régiment de Conti. Après avoir soutenu deux assauts successifs, les habitants se rassemblèrent dans un corps-de-garde et prêtèrent serment entre les mains des échevins Pierre Desgranges et Pierre Lapre, « de sacrifier leur vie à la défense de la ville ; et en cas qu'ils se vissent prêts à être forcés, de mettre le feu chacun à sa maison, aux poudres et aux munitions de guerre, et ensuite de mourir tous l'épée à la main ; ou, s'ils pouvaient se faire jour à travers l'ennemi, de se retirer par le pont de Saône, en brûlant après eux une arcade dudit pont.» Jean Gagnet, greffier, colporta de poste en poste cette formule, qui fut signée par *tous habitants sachant le faire.* Le 2 novembre, vers trois heures, l'ennemi tenta un troisième assaut ;

les habitants en foule se rangèrent sur la brèche; les femmes, les jeunes filles, armées de lances et d'espingoles, marchaient à côté de leurs parents, *sans plus s'émouvoir des balles et des traits d'archers, que s'ils fussent esté des fleurettes.* La victoire resta aux Français; à neuf heures, le comte Josias de Rantzau arrive au secours de la ville, et à deux heures après minuit, les coalisés levèrent le siége, en abandonnant leur artillerie dans les tranchées.

Louis XIII affranchit Saint-Jean de Lône de tout impôt, et les habitants décidèrent que les compagnies de la milice auraient à l'avenir pour capitaines les échevins de la cité.

Louis XIV, préoccupé d'idées despotiques, ne comprit point le parti qu'il pouvait tirer du dévouement des communes, dont les priviléges succombèrent les uns après les autres aux efforts du pouvoir absolu. Un arrêt du conseil d'État du 19 septembre 1668, et une ordonnance de 1692, mirent les milices bourgeoises sous les ordres des intendants de province et des lieutenants du roi. L'édit royal de 1694 ôta aux citoyens la nomination de leurs chefs, en créant des charges héréditaires et vénales d'officiers de milice.

En 1750, un nouvel édit défendit aux milices de se réunir sans l'autorisation du commandant de la place. Elles furent presque anéanties dans les pays d'élection (1); mais elles se maintinrent dans les pays d'États,

(1) Les pays d'élection étaient ceux où la quotité des impôts

nominativement du moins, car elles ne s'assemblaient
guère que pour figurer dans les cérémonies publiques.
Paris conserva trois compagnies bourgeoises d'arbalétriers, d'archers et d'arquebusiers. Chacune d'elles
n'était que de cent hommes, et avait pour officiers un
capitaine, un lieutenant, un sous-lieutenant, un enseigne, un cornette et un guidon. Les lettres patentes
du 14 décembre 1769 renouvelèrent les priviléges de
cette milice, lui accordèrent le rang de gendarmerie
et maréchaussée de France, et y ajoutèrent une compagnie de fusiliers. En même temps elles réduisaient à
soixante-seize hommes le contingent de chacun des
quatre corps (1).

Lorsque Louis XVI eut convoqué les états-géné-
raux, et que les électeurs eurent à rédiger des cahiers
où ils exprimaient leurs vœux, ils demandèrent unanimement le rétablissement des gardes bourgeoises ;
mais avant que la législature nouvelle eût eu le temps
d'en délibérer, les cadres de la vieille milice se recon-
stituèrent en s'élargissant, et la garde nationale surgit,
vivante et armée, du sein de l'insurrection.

était déterminée par les intendants ; les pays d'États la fixaient
eux-mêmes.

(1) *Almanach royal,* année 1785, p. 438.

# CHAPITRE II.

Les députés réunis à Versailles, au mois de janvier 1789, ne tardèrent pas à manifester l'intention d'outrepasser les volontés royales, et d'étendre les réformes au-delà des mesures financières. Le 17 juin, ils se constituèrent en Assemblée nationale, et la cour, vaincue dans les luttes parlementaires, résolut de combattre le mouvement par la violence. Louis XVI, dans sa déclaration du 23 juin, annonça « qu'il entendait conserver l'ancienne distinction des trois ordres, les droits féodaux et seigneuriaux, l'exemption des charges pour les deux premiers ordres de l'État. » Afin de prévenir toute résistance, des masses considérables s'approchèrent de Paris. Trente-cinq mille hommes, sous les ordres du baron de Besenval, manœuvrèrent entre Versailles et la capitale; trois régiments Suisses vinrent camper au Champ-de-Mars, avec huit cents hussards et dragons; cinq autres régiments s'établirent à Saint-Denis. Des batteries furent placées au pont de Sèvres, à Saint-Cloud, à Meudon, à Montmartre et à Passy. Les hussards de Bouillon et de Nassau occupèrent l'orangerie de Versailles, où ils reçurent la visite du comte d'Artois, de la reine, et de madame de Polignac.

Pendant la séance du 8 juillet, Mirabeau entretint l'Assemblée nationale de ces dispositions militaires; il peignit avec éloquence les dangers qu'elles présageaient, les alarmes et l'indignation qu'elles éveillaient dans tous les cœurs, et conclut : « à ce que S. M. fût suppliée de rassurer ses fidèles sujets, en donnant des ordres pour le prompt renvoi des troupes et l'*établissement de gardes bourgeoises* dans les deux villes de Paris et de Versailles, attendu qu'il pouvait être convenable de pourvoir provisionnellement au maintien du calme et de la tranquillité. »

Cette seconde partie de la motion fut écartée; mais cependant elle répondait au vœu général des Parisiens. Dès le 26 juin, M. de Bonneville avait proposé aux électeurs des soixante districts de voter une somme destinée aux frais d'équipement de la *garde bourgeoise* régénérée. Le 10 juillet, Bancal des Issarts renouvela cette proposition. Il demanda aux électeurs, réunis à l'hôtel de ville, « qu'il fût voté une adresse pour exprimer le désir de voir reconstituer la *garde bourgeoise;*

« Qu'il en fût délibéré dans les districts ;

« Que l'assemblée des électeurs nommât un comité de vingt-quatre membres, afin de s'occuper des moyens d'assurer la tranquillité publique. »

Pendant que les représentants de la Cité cherchaient à régulariser l'administration, Paris entier se souleva. Le renvoi du ministre Necker, l'imprudente attaque du prince de Lambesc, les préparatifs menaçants des troupes, exaspéraient la population. Le cri *aux armes* partit du palais royal, et retentit de district en district ; les boutiques d'armuriers furent pillées ; au milieu de l'agitation générale, l'assemblée des électeurs fut animée du double sentiment de l'ordre et de la liberté. Elle sentit la nécessité d'opposer une force imposante au mauvais vouloir ministériel; d'un autre côté elle craignit de voir des armes entre les mains d'hommes de toute classe et de toute espèce. En conséquence elle envoya des commissaires dans tous les postes où des citoyens armés s'étaient déjà réunis, « pour les prier, au nom de la patrie, de suspendre tout attroupement et toute voie de fait; » puis elle adressa la requête suivante à l'Assemblée nationale:

« L'assemblée des électeurs de la ville de Paris, ne pouvant se dissimuler que la présence d'un grand nombre de troupes dans cette capitale et aux environs, loin de calmer les esprits et d'empêcher les émotions populaires, ne sert, au contraire, qu'à donner des alarmes plus vives aux citoyens, et à occasionner des attroupements dans tous les quartiers, demeure convaincue que le seul et vrai moyen qu'elle puisse proposer dans une pareille circonstance, pour ramener la tranquillité, serait de *rétablir la garde bourgeoise ;*

« Que cette garde est suffisante pour prévenir tous les dangers;

« Qu'elle est même nécessaire, et que les habitants de cette ville ont d'autant plus de raison de désirer de se garder eux-mêmes, que tout récemment la plupart des villes de Languedoc viennent d'y être autorisées par les ordres du ministre, et que les communes voisines ont de même armé leurs bourgeois pour la police des marchés.

« Par tous ces motifs, l'assemblée a arrêté de supplier, par l'entremise de ses députés, l'Assemblée nationale de procurer au plus tôt à la ville de Paris l'*établissement* de la *garde bourgeoise.* »

Cet arrêté fut lu le lendemain, 13 juillet, à l'Assemblée nationale par le député de Paris Guillotin, et les conclusions en furent appuyées par Le Pelletier de Saint-Fargeau et Chapelier. « Le sang coule, dit ce dernier ; des troupes ennemies et étrangères assiégent un peuple bon et fidèle ; les propriétés ne sont pas en sûreté; il n'y a que la *garde bourgeoise* qui puisse remédier à tous ces malheurs. » Une députation fut nommée pour aller exposer au roi les vœux de l'Assemblée nationale. Le président, Lefranc de Pompignan, archevêque de Vienne, représenta à

Louis XVI la situation alarmante des esprits, la nécessité de rétablir la tranquillité publique dans Paris
en éloignant promptement les soldats et en établissant
une *milice bourgeoise*. Le roi, abusé sur l'état des
choses par la faction aristocratique qui l'entourait,
répondit : « Je vous ai fait déjà connaître mes intentions sur les mesures que les désordres de Paris m'ont
forcé de prendre ; c'est à moi seul de juger de leur
nécessité, et je ne puis à cet égard apporter aucun
changement. Quelques villes se gardent elles-mêmes ;
mais l'étendue de cette capitale ne permet pas une
surveillance de ce genre. » L'Assemblée s'indigna,
mais elle ne se découragea point ; elle déclara « qu'elle
ne cesserait d'insister sur l'éloignement des troupes et
sur l'*établissement des gardes bourgeoises*. »

Dès le matin du même jour, 13 juillet, une population immense assiégeait l'hôtel de ville en demandant des armes. A dix heures, le tocsin sonnait dans
toutes les églises ; les tambours, dans les différents
quartiers, appelaient les citoyens, qui se rassemblaient
sur les places et dans les jardins publics. Divers corps
se formaient sous les titres de volontaires du Palais-
Royal, des Tuileries, de la Basoche, de l'Arquebuse, etc. Sur la motion d'Ethis de Corny, procureur du
roi de la ville, les électeurs nommèrent un *comité
permanent de la sûreté publique et de la milice parisienne*. Des députés de tous les districts apportèrent
à l'hôtel de ville leur adhésion, et déposèrent sur le
bureau le résultat de leurs délibérations. Il est bon de

3

citer ici quelques-uns de ces documents, qui sont, pour ainsi dire, les actes de naissance de la garde nationale, et où l'on voit pour la première fois apparaître cette glorieuse qualification.

Le district des Grands-Augustins statue : « que provisoirement, et pour la garde seulement de la nuit prochaine, chaque citoyen fera sentinelle devant la porte de sa maison. »

Le district des Enfants-Rouges commet des députés « pour prendre à l'hôtel de ville les mesures nécessaires à l'organisation de la *garde municipale*. »

Le district de Sainte-Élisabeth « a établi dans son sein une garde bourgeoise composée de citoyens connus, et rédigé un règlement provisoire pour les citoyens qui composeront cette GARDE NATIONALE. »

Le district Saint-Eustache arrête :

« De former une garde bourgeoise pour la sûreté et la garde publique de Paris ;

« De communiquer sur-le-champ cette résolution aux régiments des gardes-françaises, des gardes suisses et autres corps de militaires-citoyens, pour les engager à se réunir à la *milice bourgeoise*. »

Le district de la Sorbonne arrête « que tous les citoyens vrais patriotes, en état de porter les armes, établiront des patrouilles qui veilleront jour et nuit à ce qu'il ne soit porté aucune atteinte à la sûreté des personnes et des biens de tous les citoyens. »

Le district de Saint-Méry arrête :

« Qu'une garde bourgeoise sera établie et composée

des chefs de maison, pères de famille et autres habitants exerçant profession publique, sans aucune distinction d'ordres, d'états et de qualités, nobles ou non nobles, même des jeunes gens attachés à MM. les notaires, procureurs, négociants et autres qui voudraient s'enrôler. »

Dans l'après-midi fut affiché l'arrêté qui constituait la garde nationale (1). Il était conçu en ces termes :

« La notoriété des désordres et des excès commis par plusieurs attroupements ayant déterminé l'assemblée générale à rétablir sans délai la milice parisienne, il a été ordonné ce qui suit :

« Le fond de la milice sera de quarante huit mille hommes; l'enregistrement fait dans les soixante districts sera de deux cents hommes pour le premier jour, et ainsi successivement pendant les trois jours suivants.

« Les soixante districts, réduits en seize quartiers, formeront seize légions, qui porteront le nom de chaque quartier. Il y aura douze légions composées de quatre bataillons, et quatre de trois bataillons. Chaque bataillon de huit cents hommes se subdivisera en quatre compagnies.

« L'état-major général se composera d'un commandant général des seize légions, d'un commandant en second, d'un major général et d'un aide-major.

« L'état-major de chaque légion comprendra un

(1) *Journal général de France*, n. 85.

commandant en chef, un commandant en second, un major, quatre aides-majors, un adjudant.

« Chaque compagnie sera commandée par un capitaine en premier, un capitaine en second, deux lieutenants et deux sous-lieutenants.

« Le comité permanent nommera aux différents postes et emplois ; les officiers seront choisis par les districts.

« La cocarde sera *bleue et rouge*, aux couleurs de la municipalité ; tout homme trouvé avec cette cocarde, sans avoir été enregistré dans l'un des districts, sera remis à la justice du comité permanent.

« Le quartier de la milice sera toujours à l'hôtel de ville.

« Il y aura seize corps-de-garde principaux et soixante corps-de-garde correspondants.

« Les patrouilles seront postées partout où le besoin sera.

« Les armes prises dans les corps-de-garde y seront laissées par chaque membre de la *milice parisienne,* à la fin de leur service ; les officiers en seront responsables.

« D'après cette composition arrêtée par le corps de la milice parisienne, chaque citoyen admis à défendre ses foyers, voudra bien, tant que les circonstances l'exigeront, s'astreindre à faire son service tous les quatre jours. »

A dix heures du soir, MM. Delavigne, président des électeurs, et Agier, électeur, apportèrent au co-

mité permanent la déclaration de l'Assemblée nationale.

« Nos députés, dit M. Delavigne, ne doutent
pas plus que vous qu'il faut des gardes bourgeoises
pour ramener l'ordre et maintenir la sûreté. Les ministres qui obsèdent et trompent le meilleur des rois,
montrent encore une opposition bien marquée à l'établissement de ces milices, mais le vœu de l'Assemblée
nationale, consigné dans ses arrêtés, n'en est pas
moins décidé pour que les milices bourgeoises soient
établies. En douterez-vous encore, messieurs, lorsque
je vous dirai qu'un des députés m'a remis, avant de
partir, la note que voici, écrite de sa main : M. Dupont, conseiller d'Etat, chevalier de l'ordre de Vaza,
et son fils, agé de dix-huit ans, demeurant rue du
Petit-Musc, n° 17, demandent à être compris au rôle
de la milice bourgeoise, si elle est établie. »

La nuit se passa paisiblement, grâce à l'activité
des citoyens enrôlés, on désarma un nombre considérable de *particuliers* sans aveu. Mais l'initiative que
prenait chaque district, le défaut d'ordre et de discipline, firent sentir la nécessité de donner immédiatement des chefs à la nouvelle garde. Le duc d'Aumont,
désigné par les électeurs, ayant fait une réponse évasive,
et demandé vingt-quatre heures pour se décider, le
*comité permanent* choisit pour commandant en chef le
marquis de la Salle d'Offemond, lieutenant-colonel du
bataillon de Vermandois; pour commandant en second, M. Du Saudray, chevalier de Saint-Louis, ci-

5.

devant aide-maréchal-général-des-logis du roi ; pour
majors, MM. Caussidière et Souet d'Ermigny.

Cependant la multitude se portait vers la Bastille.
On supposait que cette forteresse recélait un dépôt
d'armes considérable ; elle pouvait foudroyer le faubourg Saint-Antoine, une partie des boulevards et
du quartier Saint-Paul. C'était d'ailleurs, en quelque
sorte, la représentation architecturale du despotisme,
et depuis plusieurs années, le projet de la détruire
avait été mis en avant (1). La garnison de la Bastille
ne se composait que de quatre-vingt-deux soldats
invalides, deux canonniers de la compagnie de Mon-
signy, trente-deux suisses du régiment de Salis-Cha-
made, commandés par Louis de Fluc, lieutenant de
grenadiers ; mais les munitions étaient plus que suffi-
santes ; elles consistaient en boulets de calibre, quatre
cents biscayens, quatorze coffrets de boulets sabottés,
quinze cents cartouches et deux cents barils de
poudre. Il y avait quinze pièces de canon sur les
plates-formes, et trois autres vis-à-vis le grand pont-
levis. On avait placé sur les remparts six fusils portant chacun une livre et demie de mitraille, et désignés sous le nom *d'amusettes du comte de Saxe.*

En outre, le gouverneur De Launay avait fait monter
sur les tours six charetées de pavés, de chenets, de vieux
boulets et de vieilles ferrailles. On avait réparé les

(1) *Mémoires sur la Bastille*, Londres, 1783. — *Cahiers du
tiers-état de Paris, de Dreux, de Montfort-l'Amaury*, etc.

ponts-levis, enlevé les garde-fous, entaillé les embrasures, pratiqué des meurtrières; et les Suisses, à
l'instigation du gouverneur, juraient de faire feu sur
les invalides, si ceux-ci refusaient d'obéir.

A midi, une bande désarmée se groupe autour du
pont-levis de l'*avancé*, en criant: « Laissez-nous entrer! donnez-nous des armes et des munitions. »

De Launay ordonne de baisser le pont, le fait
relever aussitôt que la députation est dans la première
cour, et ouvre un feu roulant sur des malheureux
qu'il a mis dans l'impossibilité de fuir. De toutes parts
on crie! « Trahison! à bas la troupe! » Louis Tournay, ancien soldat au régiment Dauphin, monte sur
le toit du corps-de-garde attenant à *l'avancé*, et brise
avec une hache les supports du pont-levis. L'attaque
commence, quinze blessés sont recueillis dans les
maisons de la rue de la Cerisaie; un jeune homme
atteint d'une balle au bras, un garde-française expirant sur un brancard, sont conduits au *comité permanent*, auquel on demande de décréter le siége,
tandis que d'autres citoyens vont chercher du renfort
en racontant dans Paris la perfidie du gouverneur.
Le siége de la Bastille, qui n'était que le rêve de
quelques hommes, devient une pensée générale. Sou-
levée par les récits des premiers assaillants, la population entière s'ébranle; ouvriers, soldats, pompiers,
journaliers des campagnes, femmes, abbés, capucins,
grossissent l'armée assiégeante, les uns avec des carabines, d'autres avec des arquebuses à rouet, des

massues, des haches, des javelots, des lames de sabre emmanchées au bout de perches. En moins d'une heure, on a pénétré dans la *cour du gouvernement*, et l'on échange des coups de fusil avec les chefs suisses postés derrière le pont-levis de la grande cour.

Une députation du *comité* s'avance au pied de la forteresse. Elle est composée de MM. Delavigne, Chignard, de l'abbé Fauchet, et de M. Bottidoux, député suppléant des communes de Bretagne. En approchant, ils agitent leurs mouchoirs en signe de paix; néanmoins, la fusillade continue. Trois hommes, frappés mortellement, tombent auprès de M. Delavigne, et c'est au bruit de la mousqueterie, que ce courageux parlementaire fait lecture de la proclamation suivante :

« Le *Comité de la Milice parisienne*, considérant qu'il ne doit y avoir à Paris aucune force militaire qui ne soit sous la main de la ville, charge les députés de la ville qu'il adresse à M. le marquis de Launay, commandant de la Bastille, de lui demander s'il est disposé à recevoir dans cette place les troupes de la milice parisienne, qui la garderont de concert avec les troupes qui s'y trouvent actuellement, et qui seront aux ordres de la ville.

« *Signé :* DE FLESSELLES, *prévôt des marchands et président du comité;* DELAVIGNE, *président des électeurs;* MOREAU DE SAINT-MÉRY, *président des électeurs,* etc. »

La députation se retire sans que le combat ait cessé. Postés au haut des tours, les officiers de l'état-major encouragent eux-mêmes les tirailleurs par leur exemple. Les Suisses, placés dans la cour principale, ont pratiqué une meurtrière dans le tablier du grand pont-levis, et foudroient les assiégeants avec l'un de ces fusils appelés *amusettes du comte de Saxe.*

Une autre ambassade arrive, tambour battant, précédée d'un drapeau blanc.

Elle a pour mission :

D'engager ceux qui environnent la Bastille à se retirer dans leurs districts respectifs, pour y être promptement incorporés dans la milice ;

De rappeler à M. de Launay combien il est important de ne pas exciter l'animosité du peuple, et d'épargner la vie des citoyens ;

De le sommer enfin de cesser toute hostilité, et de recevoir les défenseurs de la ville à la garde et dans l'intérieur de la forteresse. »

Les envoyés de la ville sont MM. Ethis de Corny, Francotay, Contans, Joannon fils, Boucheron, de Milly, Poupart de Beaubourg et Piquot de Sainte-Honorine. A leur aspect, on arbore le pavillon blanc sur la plate-forme des tours ; les Invalides renversent leurs fusils, élèvent leurs chapeaux ; leur attitude fait espérer un accommodement.... Mais soudain plusieurs coups de feu retentissent : une balle sillonne l'épaulette de M. Poupart de Beaubourg ; une autre perce le chapeau d'un député. « Retirez-vous, crie-t-on à

M. Francotay; vous voyez bien que la trahison est manifeste.

— C'est plutôt à vous de vous retirer, répond l'électeur, vous vous sacrifiez inutilement. Attendez, et trois cents gardes françaises vont arriver avec cinq pièces de canon. Si vous restez ici, ils ne pourront pénétrer dans cette cour encombrée.

— Nous n'avons pas besoin de renfort!... Laissez-nous, nous périrons ou nous mangerons tous ces b...... là !

— Mais à quoi bon vous exposer ?

— Nous épargnons de la besogne aux gardes françaises ; si nous sommes tués, nos corps serviront à combler le fossé ! »

Francotay s'éloigne plein d'admiration pour ce noble dévouement. Les assiégeants, furieux, amènent trois voitures de paille et s'en servent pour mettre le feu aux bâtiments de la cour du gouvernement. Les flammes dévorent l'hôtel de De Launay, quand on voit déboucher de la rue Saint-Antoine un détachement de grenadiers de Ruffeville, commandé par le sergent-major Wargnier, des fusiliers de la compagnie de Lubersac, sous les ordres du sergent de grenadiers La Barthe, et une troupe de bourgeois armés que dirige Hulin, ancien officier au service de Genève, employé à la buanderie de la Reine (1). Un canon,

---

(1) Le même qui, devenu comte et lieutenant-général, commandait la place de Paris en 1812.　　　(*Note de l'Éditeur.*)

plaqué en argent, présent du roi de Siam à Louis XIV, un mortier, quatre pièces de quatre, sont mis en batterie par les gardes-françaises.

Serré d'aussi près, ne voyant pas arriver les secours promis par MM. de Bezenval et de Flesselles, le gouverneur prend la résolution de s'ensevelir sous les ruines de la forteresse; il saisit la mèche de l'un des canons braqués dans la grande cour, et va droit à la Sainte-Barbe. « Vous ne passerez pas, lui dit le sous-officier Ferrand, en lui présentant la baïonnette. De Launay insiste : « N'avancez pas, s'écrie Ferrand, ou je vous tue comme un chien. » Le gouverneur, éperdu, recule, et descend à la *Tour de la Liberté*, où sont déposées les poudres introduites au château dans la nuit du 12 au 13 ; mais Bécard, autre sous-officier, l'oblige à se retirer, et prévient un acte de démence qui aurait fait sauter la Bastille, les maisons voisines et une partie du faubourg Saint-Antoine.

De Launay revient dans la grande cour : « Nous allons être égorgés, dit-il aux soldats ; remontons sur les tours, et mitraillons ces misérables. » Mais la garnison est lasse de combattre ; elle hésite, elle refuse de verser le sang plus longtemps. On bat donc la chamade ; le drapeau blanc est arboré sur la tour de la Bassinière. M. de Flue, commandant des Suisses, harangue les assaillants à travers un créneau, et leur tend un billet écrit au crayon, en disant : «Nous voulons bien nous rendre si l'on promet de ne pas massacrer la troupe ; nous désirons sortir avec les honneurs de la guerre. »

Le jeune Réoles, mercier près l'église Saint-Paul, s'aventure sur une planche jetée en travers du fossé, prend le papier et le remet à Élie, ancien officier au régiment de la Reine-infanterie, l'un des directeurs du siége. Élie, imposant silence à ses compagnons, lit à haute voix : « Nous avons vingt milliers de poudre ; nous ferons sauter la garnison et tout le quartier si vous n'acceptez pas la capitulation.

— Foi d'officier, nous l'acceptons ! dit Élie ; baissez vos ponts !

Au bout de quelques minutes on baissa le petit pont-levis de passage, puis le grand pont. Il était alors cinq heures trois quarts. Arné, de Dôle, grenadier aux gardes françaises, pénètre le premier dans la place, et les assiégeants se précipitent sur ses traces. La garnison avait déposé les armes le long du mur ; à droite étaient les invalides, à gauche les Suisses, couverts de sarreaux de toile. Ils ôtent leurs chapeaux, battent des mains, et crient : Bravo ! Les premiers entrés fraternisent avec eux ; malheureusement quelques soldats placés sur les plates-formes tirent plusieurs coups de fusil, et les survenants, qui ignorent la capitulation, se ruent sur les invalides, qui auraient tous péri sans l'intervention généreuse des gardes françaises. Le canonnier Asselin tombe expirant; par une fatale erreur, Bécard, celui qui a sauvé le quartier d'une explosion, reçoit deux coups d'épée, et un

coup de sabre qui lui abat le poignet. On va porter
dans les rues cette main à laquelle tant de citoyens
doivent leur salut. La multitude aveuglée prend Bécard pour un canonnier, l'entraîne à la Grève avec
Asselin, et les pend à la potence de fer d'une lanterne, au coin de la maison d'un épicier.

Pendant qu'on brise les portes massives des prisons, qu'on enlève de la chapelle un tableau représentant *saint Pierre aux liens*, qu'on visite les
souterrains, qu'on pénètre dans les cachots, le gouverneur paraît, la tête nue, vêtu d'un frac gris, sans
insignes militaires, et tenant une canne à épée dont il
essaye de se percer. Le grenadier Arné la lui arrache ;
le grenoblois Cholat, marchand de vin rue des Noyers-
Saint-Jacques, fait prisonnier le commandant désarmé. Quelques minutes après, les vainqueurs prennent le chemin de l'hôtel de ville. Élie, porté en
triomphe, est en possession des clefs de la Bastille, et
brandit son épée, au bout de laquelle il a mis la capitulation. Maillard, fils d'un huissier à cheval au Châtelet de Paris, tient le drapeau de la Bastille. Derrière
eux marche un jeune homme nommé Guigon, montrant au bout de sa baïonnette le recueil des règlements de la place, volumineux registre scellé d'une
agrafe de fer. Puis vient M. de Launay, protégé par
Hulin, Arné, et par de l'Épine, clerc de maître Morin,
procureur au parlement. Autour et à la suite de ce
groupe principal se meut une foule compacte,
bruyante, animée par l'exaltation de la victoire et la

4

soif de la vengeance. Des cris de mort retentissent
aux oreilles du gouverneur ; des mains s'avancent
pour lui arracher les cheveux ; des épées, des baïonnettes sont dirigées vers sa poitrine. « Messieurs,
dit-il à ses gardes, vous m'avez promis de ne pas
m'abandonner ; restez avec moi jusqu'à l'hôtel de
ville. » Cependant l'Épine reçoit sur la tête un coup
de crosse heureusement amorti par son chapeau ;
Hulin, épuisé des efforts qu'il a faits pour défendre le
prisonnier, tombe anéanti sur un banc. Aussitôt le
gouverneur est assailli par une multitude de furieux.
Meurtri de coups de crosse, sanglant et mutilé, il
murmure d'une voix éteinte : « Mes amis, tuez-moi,
tuez-moi sur-le-champ ; ne me faites pas languir. »
Il tombe ; on lui coupe la tête, et on l'élève au bout
d'une pique avec cet écriteau : DE LAUNAY, GOUVER-
NEUR DE LA BASTILLE, PERFIDE ET TRAITRE ENVERS LE
PEUPLE.

Delosme Salbray, major de la Bastille, fut également massacré sur la Grève, vis-à-vis l'arcade Saint-
Jean, malgré les efforts du marquis de Pelleport, dont
il avait été le consolateur pendant une captivité de
cinq années. M. de Miray, aide-major, M. Pierson,
capitaine de la compagnie des Invalides, furent tués,
l'un rue des Tournelles, l'autre sur le Port-au-blé.

La clameur publique accusait le prévôt des marchands : il avait envoyé la compagnie du district des
Mathurins chercher des armes aux Chartreux, à
l'Arsenal et dans d'autres maisons où il n'y en avait

point. Il avait annoncé au *comité permanent* que M. de Pressoles, intéressé à la manufacture de Charleville, allait lui expédier douze mille fusils, et les caisses estampillées *artillerie*, qu'on supposait contenir cet envoi, étaient remplies uniquement de chiffons, de copeaux et de bouts de chandelles. M. de Flesselles s'était constamment opposé aux mesures prises par les électeurs, et l'on avait trouvé dans la poche du gouverneur le billet suivant : « J'amuse les Parisiens avec des cocardes et des promesses ; tenez bon jusqu'à ce soir, et vous aurez du renfort.   DE FLESSELLES.»

Au moment où les héros du siége entrèrent dans la grande salle de l'hôtel de ville, le prévôt des marchands était en butte aux reproches des électeurs. « Puisque je suis suspect à mes concitoyens, dit-il , il est indispensable que je me retire.» Il sortit, en effet, accompagné de plusieurs personnes, auxquelles il parlait de très-près et avec beaucoup d'agitation : « Messieurs, disait-il, vous verrez chez moi quelles ont été mes raisons ; quand vous serez à la maison je vous expliquerai tout cela.» Il cherchait à s'entourer de son escorte comme d'une sauvegarde : mais au coin du quai Pelletier, un jeune homme lui crie : « Traître, tu n'iras pas plus loin ! »  et d'un coup de pistolet dans l'oreille il renverse le complice de de Launay.

Dans la nuit, les troupes royales se replièrent sur Sèvres ; toutefois, comme on redoutait encore une attaque, le tocsin sonnait sans interruption dans toutes les paroisses ; bourgeois et ouvriers étaient en armes.

Le brasseur Santerre avait été nommé par le peuple commandant-général du faubourg Saint-Antoine. Les gardes françaises qui avaient refusé de rentrer dans leurs casernes étaient répartis dans les couvents de Sainte-Geneviève, des Feuillants de la place Vendôme, des Jacobins de la rue Saint-Honoré, et se tenaient prêts à marcher au premier signal. Un grand nombre de rues étaient barricadées, des pierres avaient été montées dans les maisons, les fenêtres étaient ouvertes et illuminées, et l'on entendait les patrouilles crier par intervalles : «Ne vous couchez pas ; soignez vos lampions, nous avons besoin de voir très-clair cette nuit.» Cependant les plombiers fondaient des balles et des lingots, les armuriers fabriquaient des piques; une batterie de canons occupait la terrasse des Tuileries. Paris semblait un immense atelier, un camp formidable, où chacun se préparait au combat, mais plein de confiance et de courage, paraissant moins craindre qu'attendre avec impatience et désirer l'approche de l'ennemi.

# CHAPITRE III.

Deux jours après, les électeurs nommèrent M. de La Fayette commandant général de la garde parisienne. Son buste, hommage des Etats-Unis à la municipalité, décorait la grande salle de l'hôtel-de-ville. Plusieurs membres du *comité permanent* ayant représenté qu'il fallait mettre un homme éminent à la tête de la milice, le président, Moreau de Saint-Méry, désigna ce buste, sans prononcer un seul mot. L'assemblée se rappela aussitôt les opinions libérales de La Fayette, sa conduite en Amérique, son opposition au parti de la cour, et il fut choisi à l'unanimité pour remplacer M. de La Salle.

4.

Homme de prudence et de modération, il apportait dans ses nouvelles fonctions, moins un patriotisme fougueux qu'un esprit d'ordre et de conciliation. Il en donna des preuves dès le premier jour, en se rendant à l'hôtel de ville pour prendre possession de son grade ; il vit une foule immense qui se dirigeait vers le carrefour Bétizy.

« Qu'y a-t-il donc ? demanda-t-il.

— Ce n'est rien, lui répondit-on ; c'est un abbé qu'on va pendre. »

Le commandant général s'élança au milieu des groupes, et aperçut un pauvre ecclésiastique dont les habits étaient lacérés, et qui avait déjà au cou la corde fatale. On prétendait que c'était l'abbé Roi, connu par son exagération aristocratique. La Fayette l'interrogea, le reconnut pour l'abbé Cordier, et parvint à le conduire à la Grève. Là, la victime désignée prouva son identité, et ceux qui avaient voulu le *lanterner* le reconduisirent en triomphe. A peine à l'hôtel de ville, La Fayette raconta ce qui s'était passé, et en tira la conclusion qu'il était urgent de fortifier le plus promptement possible la milice parisienne, à laquelle il proposa de conserver le titre de *garde nationale*, déjà adopté par quelques districts. Il demanda aussi qu'on ajoutât les couleurs de la monarchie à celles de la ville ; et de cette combinaison naquit le drapeau tricolore, amalgame de symboles passés, qui devait guider les peuples vers l'avenir.

Louis XVI avait cédé ; il congédiait les troupes, il

rappelait Necker, et il venait à Paris sanctionner la révolution. Le 17 juillet, la garde nationale se mit sous les armes pour le recevoir. Deux cent mille hommes se rangèrent en triple haie, depuis la barrière de Passy jusqu'à la Grève. Ils étaient armés de fusils, de piques, de mousquets, de dards, de fourches, de de pioches, de faulx, de toutes sortes de ferrailles attachées à des bâtons. On remarquait dans leurs rangs, le fusil sur l'épaule et le sabre à la main, des femmes, des jeunes filles, des moines, des capucins. Les Mathurins du quartier latin portaient la bannière de leur ordre en guise de drapeau de district. Louis XVI eut à traverser ces masses silencieuses, d'où s'élevait seulement par intervalles le cri de : *Vive le roi !* Quatre officiers de la garde nationale tenaient les boutons des portières du carrosse royal, autour duquel caracolait M. de La Fayette, en frac uni, le chapeau orné d'un panache et de la cocarde de la milice de Paris. Au moment où Louis XVI descendait de voiture, le maire de Paris, Bailly, lui présenta cette cocarde, en disant : « Sire, Votre Majesté veut-elle accepter le signe distinctif des Français? » Le roi la prit, la plaça à son chapeau, et monta l'escalier de l'hôtel de ville sous une voûte d'épées entrelacées. Assis sur le trône qu'on lui avait préparé, il s'empressa de dire à ceux qui l'environnaient : « Messieurs, je suis très-satisfait ; j'approuve l'établissement de la garde bourgeoise ; mais la meilleure manière de me prouver votre attachement, est de rétablir la tranquillité, et de remettre entre les mains de la justice ordinaire les malfaiteurs qui seront arrêtés. M. Bailly, instruisez l'Assemblée de mes intentions. Je suis bien aise que vous soyez maire, et que M. de La Fayette soit commandant général! »

Ces paroles, reproduites par Bailly, excitèrent des applaudissements ; et lorsque le roi parut à la fenêtre et qu'on s'aperçut qu'il portait la cocarde, toute défiance cessa ; l'air retentit de vivats qui se mêlaient au bruit de l'artillerie, aux sons de la musique, aux fanfares des trompettes, au frôlement des drapeaux balancés, au cliquetis des armes entrechoquées. L'arrivée du roi avait été sinistre ; son départ pour Versailles fut un triomphe. Ses chevaux et sa voiture étaient parés de cocardes nationales ; celle qu'il avait acceptée était placée à côté de lui, en dehors de la portière. Les gardes nationaux criaient avec enthousiasme *Vive le roi!* et renversaient leurs armes en signe de paix. Le roi lui-même abattit le fusil d'un de ceux qui bordaient la haie. D'autres tiraient en l'air pour manifester leur allégresse. Les journaux du temps évaluent à *plus de vingt mille* le nombre des coups de fusil qui partirent sur les quais dans la soirée du 17 juillet.

A cette journée de joie succédèrent des scènes d'horreur. Foulon et Berthier furent massacrés le 23 juillet. La Fayette, dont la voix avait été méconnue en cette circonstance, écrivit à Bailly : « Le peuple n'a pas écouté mes avis ; le jour qu'il manque à la confiance

qu'il m'avait promise, je dois quitter un poste où je
ne peux plus être utile. » Néanmoins les supplications
des électeurs le déterminèrent à retirer sa démission.
Il s'occupa activement de régulariser le service. Dès
le 3 août, un grand nombre de citoyens étaient revêtus d'uniformes (1). Les soixante districts firent tour à
tour bénir leurs drapeaux dans leurs paroisses respectives. Le 9 août, dans l'après-dîner, dit le *Journal de
Prudhomme*, plusieurs districts, tels que ceux de
Saint-Roch, des Petits-Pères, se montrèrent au Palais-Royal et en d'autres lieux, au bruit des tambours
et d'une musique guerrière, drapeaux déployés, et
l'on remarqua l'ordre et l'ensemble de ces nouveaux
soldats-citoyens. »

Toutes les villes imitèrent successivement l'exemple
de la capitale. Versailles eut, dès le 14 juillet, une
milice nombreuse, dont le commandement fut confié
au prince de Poix.

Necker, à son retour, le 30 juillet, fut reçu par les
milices de Sèvres et de Viroflay. A Saint-Germain-
en-Laye, cinq ou six cents jeunes gens se réunirent
en milice, quoiqu'ils fussent sans armes. Des environs
de Paris le mouvement gagna les provinces. Des terreurs paniques, jointes à de justes sujets de crainte,
hâtèrent l'armement de la France entière. On répan-

---

(1) Cet habit est bleu de roi, parements et revers blancs, collet rouge, boutons jaunes frappés au blason de la ville, avec culotte et veste blanches. *Journal de Prudhomme*, n° 5, p. 6.

dit le bruit que des *brigands* parcouraient les campagnes, coupaient les blés en vert et rançonnaient la
population. On signala leur présence, au nombre de
plusieurs milliers, à Montmorency, à Rouen, à Lusi-
gnan, aux environs de Soissons (1). Ces fausses alarmes se propagèrent dans toutes les provinces. A Beau-
caire, le 30 juillet, sur les six heures du matin, le
courrier apporte la nouvelle qu'une *armée de brigands*
dévaste la province ; plusieurs personnes montent sur
les ruines du château et s'écrient avec effroi qu'elles
aperçoivent l'avant-garde de la bande, et que la ville
de Tarascon, située de l'autre côté du Rhône, est
devenue la proie des flammes. On s'apprêtait à couper
le pont, lorsqu'on reconnaît dans les prétendus *bandits*
les Tarasconais, qui, également effrayés par de fausses
nouvelles, venaient chercher asile sur la rive droite
du fleuve.

On a attribué à Mirabeau l'idée de rallier les esprits
et d'improviser une force publique en supposant un
danger imminent ; mais, si l'on examine les écrits du
temps, on reconnaîtra que cette appréhension fut
spontanée, et qu'elle vint naturellement de l'effervescence populaire. Les *brigands* étaient simplement les
paysans, les anciens serfs, exaspérés par de longues
souffrances et trop disposés à se venger par des vio-
lences. *Brigand*, dans les documents de cette époque,

(1) *Journal de Prudhomme*, n° 111, p. 12 et 27. *Étrennes
d'Apollon*, an. 1790, p. 78.

désigne quiconque commet des excès. Ce sont des
*brigands* qui brûlent les barrières de Paris, des *brigands* qui dévastent la maison de Saint-Lazare (1) ;
ce sont des *brigands* qui détruisent les archives sei-
gneuriales (2). Les électeurs siégeant à l'hôtel de
ville, les journalistes, des députés de l'Assemblée
nationale, répètent tant de fois cette qualification de
*brigands*, que l'on conçoit aisément l'inquiétude universelle. Elle amena, malgré son exagération, les
plus heureux résultats. Partout la classe moyenne se
souleva pour sauver la liberté du désordre. Partout
les milices rendirent d'éminents services. Elles s'opposèrent autant que possible aux vengeances particulières et au pillage des châteaux, protégèrent la circulation des grains, firent des perquisitions chez les
ennemis de la révolution, et dissipèrent les bandes
tumultueuses. La garde nationale de Paris, pendant
les mois d'août et de septembre 1789, déploya un
zèle infatigable. Non-seulement les hommes rivalisaient d'ardeur, mais on voyait dans les rangs des
enfants, des femmes revêtues du costume masculin.
Elles étaient même commandées de garde, s'il faut
admettre comme authentique le billet suivant, que
rapporte le journal des *Révolutions de Paris* (3) :

(1) *Précis*, par Rabaut Saint-Étienne, liv. III. *Moniteur*, récit
du 14 juillet.

(2) *Journal de Prudhomme*, n° 5, p. 21.

(3) N° 4, p. 29.

« District de l'abbaye Saint-Germain-des-Prés.

« Mademoiselle Dubief, marchande lingère, rue
« Dauphine, n° 31, montera la garde au corps-de-
« garde, rue Dauphine, au Musée, où elle montera la
« garde à dix heures précises du matin, le 3 août
« 1789.

« *Signé* OUDET, *capitaine.* »

L'histoire de la garde nationale de Paris, durant
cette période, se compose d'une multitude d'incidents
peu importants, mais qui attestent l'activité avec laquelle elle s'acquittait de ses devoirs.

Le 25 juillet, elle arrête trois hommes qui se prépa-
raient à incendier un magasin d'épicerie.

Le 28, elle découvre à Vincennes cent vingt-sept
hommes armés, qu'elle conduit en prison. Le même
jour, les volontaires de la Basoche (1) sont envoyés
aux environs de Rouen pour protéger les convois de
grains et disperser les brigands.

Le 1er août, le maire de Saint-Denis périt dans une
émeute. Les patrouilles bourgeoises repoussent ceux
qui apportaient à Paris sa tête ensanglantée, s'avancent jusqu'à Saint-Denis, et arrachent plusieurs citoyens au supplice.

(1) On nommait ainsi la communauté des clercs des procureurs
du Parlement.

Cent gardes nationaux vont au devant du baron de Bezenval, détenu à Brie-Comte-Robert, et avec le concours de la milice de cette ville, l'empêchent d'être massacré par des soldats suisses, qui voulaient le couper en treize morceaux *en l'honneur des treize cantons.*

Le 6 août, le marquis de la Salle, accusé de trahison et menacé de la lanterne, est sauvé par les détachements du district, qui, se formant en carré sur la place de Grève, parviennent à en éloigner les furieux.

Le décret du 10 août lia plus intimement encore les gardes nationales à la cause de l'ordre. Il portait : « que toutes les municipalités du royaume, tant dans les villes que dans les campagnes, veilleraient au maintien de la tranquillité publique ;

« Que sur leur simple réquisition, les milices nationales, ainsi que les maréchaussées, seraient assisées de troupes, à l'effet de poursuivre et d'arrêter les perturbateurs du repos public, de quelque état qu'ils pussent être ;

« Que tous attroupements séditieux, même sous prétexte de chasse, seraient incontinent dissipés par les milices nationales ;

« Que toutes les milices nationales prêteraient serment entre les mains de leur commandant, de bien et fidèlement servir pour le maintien de la paix, pour la défense des citoyens, et contre les perturbateurs.»

Les représentants de la commune de Paris, pour répondre aux intentions de l'Assemblée nationale, char-

5

gèrent le commandant général «de prendre les mesures les plus promptes et les plus sûres pour maintenir
une police exacte. Elle s'occupa activement d'un ré-
glement militaire, et fixa d'abord les attributions du
général en chef. Il devait être élu pour trois ans, par
la généralité des citoyens assemblés en district, sur la
présentation de trois membres du Conseil de ville. Il
pouvait, en cas de contravention à la discipline, ordonner les arrêts, ou condamner les délinquants à huit
jours de prison. Il était tenu de faire une fois l'année
l'inspection et la revue de la milice bourgeoise.»

Un bureau des gardes nationales fut installé à
l'hôtel de ville, pour en achever l'organisation, qu'il
basa sur des principes tout différents de ceux qui pré-
valent aujourd'hui. Au lieu de comprendre dans un
vaste cadre tous les citoyens, ou du moins tous ceux
qui présentaient quelques garanties, la garde nationale
fut un corps de vingt-quatre mille volontaires. Personne n'y fut admis au-delà de ce contingent limité,
très-minime relativement au chiffre total des habitants, qui était alors, suivant une statistique exacte,
de 980,452 (1). Notre système actuel, plus libéral et
plus démocratique, met sous les armes le quart de la
population.

A cette troupe non soldée s'adjoignirent six mille
hommes soldés, recrutés presque tous parmi les gardes

(1) *Nouvelle description des curiosités de Paris*, par Dulaure,
1791, in-18, t. I. p. 8.

françaises, que Louis XVI avait autorisés à s'incorpo-
rer dans la milice parisienne. La commune décréta
que chacun d'eux recevrait vingt sous par jour et por-
terait une médaille commémorative (1)

Paris fut partagé en six divisions de dix districts
chacune. Un commandant était à la tête de chaque
division, et l'on établit dans chaque district un bataillon composé de cinq compagnies de cent hommes
chaque, dont une, soldée et casernée, fut placée au
milieu des quatre bourgeoises, sous le nom de *Compagnie du Centre*. On créa en dehors de ce cadre un
corps de cavalerie et plusieurs compagnies de chasseurs, spécialement chargées de la surveillance des
barrières et de l'arrestation des contrebandiers.

La nomination des six commandants fut attribuée
à une assemblée de division, formée des représentants
des districts. On laissa à ceux-ci l'élection de leurs
officiers, et au général en chef la faculté de composer
l'état-major. La Fayette nomma major-général M. de
Gouvion, son compagnon d'armes en Amérique, et
aide-major, M. de La Jarre, qui s'était distingué en
Hollande dans les rangs du parti démocratique. Parmi
les officiers qui furent élus, nous retrouvons, dans les

---

(1) Cette médaillle, en forme de lozange, avait d'un côté un
faisceau de chaînes brisées, avec cette légende : *La Liberté conquise*, 14 *juillet* 1789 ; au revers, une épée surmontée d'une couronne de chêne et de laurier, avec cette inscription :

Ignorant ne datos, ne quisquam serviat, enses.

feuilles du temps, les noms de MM. d'Ormesson, de Montholon, de Saint-Christeau, de Lally Tollendal et du prince Léon ; de MM. Dumas, de Bazencourt, de Laleu, de Saint-Vincent, de Vinezac, d'Herbelay, majors de division ; du duc d'Aumont, du prince de Salm, de MM. Soufflot, Leclerc, Clermont de Saint-Pallay, de Merville, commandants de bataillon. Les citoyens du district de la Sorbonne, pour témoigner au général La Fayette « leur reconnaissance et leur admiration », conférèrent le grade de sous-lieutenant à son fils, âgé seulement de dix ans. Le duc de Chartres (Louis—Philippe) fut élu par acclamation *capitaine d'honneur* du district de Saint-Roch. Le 30 août, à deux heures, tous les officiers, au nombre de neuf cents, l'épée à la main, vinrent prêter serment de fidélité à la commune, en présence du général La Fayette et des officiers municipaux (1).

Les canons et les armes furent distribués à tous

---

(1) Ceux qui désireraient des détails plus circonstanciés sur la garde nationale de cette époque, peuvent consulter un livre curieux, qui contient l'état nominatif des gardes nationales de deux mille cinq cents villes et villages. Il a pour titre : *État militaire de la Garde nationale de France, contenant le tableau nominatif, l'état-major, officiers et bas-officiers des troupes patriotiques de Paris, de la banlieue, et de toutes les villes et gros bourgs du royaume; la couleur de l'uniforme, l'empreinte des boutons, les devises et emblèmes des drapeaux ; dédié à* **M. de La Fayette.** Paris, Garnery, libraire, quai des Augustins et rue Serpente, n° 17, 1789; 2 vol. in 12.

les districts; le roi, afin de faciliter l'armement de tous les citoyens, fit présent de six mille fusils à la ville de Paris, et de mille à celle de Versailles. Plusieurs districts ouvrirent des souscriptions publiques pour fournir des uniformes, en stipulant qu'on tairait également le nom de ceux qui donneraient de l'argent, et de ceux qui recevraient des habits (1). Ce fut le district Saint-André-des-Arts qui se montra le premier, le 24 août, complètement équipé. Un mois après, La Fayette passait en revue aux Champs-Élysées une division tout entière, dont les assistants admiraient l'air martial et la tenue imposante.

Divers particuliers, les membres des communautés religieuses, ou les *citoyennes patriotes*, offrirent à chaque district son drapeau, enjolivé de symboles variés. Le drapeau de Saint-Étienne-du-Mont, donné par les marguillers de l'église Sainte-Geneviève, représentait la Religion guidant, au milieu des flots orageux, le vaisseau de la liberté. Sur le drapeau de Saint-Jacques-du-Haut-Pas se confondaient des fleurs de lys, des bonnets phrygiens, et au centre était figurée la Bastille, avec ces mots : *ex servitute libertas*. L'enseigne du district des Jacobins-Saint-Dominique portait une pyramide au milieu des nuages, une palme, un rameau d'olivier, une épée autour de laquelle s'enlaçait un serpent, et pour légende : *force et prudence*. Tous les drapeaux étaient ornés de

(1) Délibération du district des Petits-Pères, du 16 août 1789.

5.

même de compositions plus ou moins compliquées, qui se détachaient sur un fond aux couleurs nationales, et qu'expliquaient différentes devises où se reflétaient les sentiments de la population : *loi, concorde, liberté ; crains Dieu, honore le Roi ; n'obéir qu'à la loi ; union et force ; patrie, liberté.*

Déjà bénis partiellement, les drapeaux des districts le furent encore dans une cérémonie solennelle. Pendant qu'on en faisait les préparatifs, M. Guignard de Saint-Priest, ministre de la maison du roi, disait au général La Fayette : « Le roi m'a prescrit, M. le marquis, d'ordonner qu'on tirât du magasin des Menus, tout ce qui s'y trouve pouvant servir à l'ornement de l'église de Notre-Dame, le jour de la bénédiction des drapeaux. Je me fais honneur de de concourir à la dignité d'une cérémonie où l'on consacrera les drapeaux d'une troupe nationale dont Sa Majesté compte faire usage dans les circonstances importantes de l'État. Le repos actuel de la capitale est une de ces occasions essentielles. S. M. voit avec satisfaction que votre zèle et celui des milices parisiennes s'y consacrent sans réserve, et distingue ce genre de service par dessus tous les autres. »

Le dimanche 27 septembre, la municipalité et l'état-major se rendirent de l'hôtel de ville à Notre-Dame, escortés d'une troupe d'élite et à travers deux haies de soldats. Les six divisions étaient sous les armes. L'abbé Fauchet, après avoir officié, prononça un discours sur les moyens d'assurer la liberté,

et tel fut l'enthousiasme qu'il excita, « que nos ennemis mêmes s'émurent à la voix de l'orateur patriote.
L'explosion de mille fusils tirés au même instant fit
retentir les voûtes sacrées ; l'artillerie répondit au
dehors, et le serment de vivre et mourir libre, fut le
cris unanime de tous les citoyens (1). »

(1) *Hist. de la Rév.*, par deux amis de la liberté, 1792, in-18,
chap. XVIII, t. II. p. 317.

# CHAPITRE IV.

Journées des 5 et 6 octobre 1789. — Revues passées par Louis XVI et
La Fayette. — Règlement pour le service des postes. — Projet d'un
bataillon de vétérans. — Affiliations et fédérations. — Journée du 30
mai 1790, à Draguignan et à Lyon. — Fête nationale du 14 juillet
1790.

———————

Malgré tant de manifestations patriotiques, l'aristocratie vaincue n'avait pas perdu tout espoir; des
souscriptions s'ouvraient dans la noblesse et le clergé
pour faciliter l'accomplissement d'une contre-révolution; Louis XVI devait se retirer à Metz, d'où il aurait
révoqué toutes ses concessions. Quinze cents uniformes
verts à parements rouges avaient été commandés. Les
compagnies du centre, dont les soldats avaient autrefois partagé avec les gardes-du-corps le service du château, demandèrent à aller reprendre leurs postes, afin
de surveiller les projets et les actes de la cour. La
Fayette comprima ce mouvement, mais craignant de

n'être pas toujours obéi, il avertit du danger le comte d'Estaing, commandant de la garde nationale de Versailles.

Celui-ci rassemble à la hâte son état-major, lui communique la lettre du général parisien, et l'on décide qu'on demandera au roi un renfort de mille hommes. Sur quarante-deux compagnies dont la garde nationale de Versailles était composée, vingt-huit désavouent cette requête; néanmoins, le régiment de Flandre, mandé par les ministres, s'avance à marches forcées. Il entre à Versailles avec deux pièces de canon, huit barils de poudre, six caisses de balles, un caisson de mitraille et six mille neuf cent quatre-vingt-six cartouches. On le conduit sur la place d'armes, où il prête serment en présence des officiers de la garde nationale; mais bientôt il dévoile ses véritables intentions. Dans les banquets des 1er et 3 octobre, des gardes-du-corps, des gardes-suisses, des dragons, des grenadiers du régiment de Flandre, boivent à la santé du roi, et rejetant avec dédain celle de la nation, arborent la cocarde blanche, foulent aux pieds les trois couleurs, et lancent des imprécations contre l'Assemblée nationale.

Ces nouvelles surprennent Paris au milieu d'une famine cruelle et d'un malaise universel. Le peuple s'émeut; les femmes sont les premières, le 4 octobre, à former des groupes sur la place de Grève, chamarrées de rubans et munies de lances, de fourches, de bâtons, de fusils et de pistolets. Elles veulent entrer à l'hôtel de ville, et appellent à grands cris le maire et les représentants de la Commune. M. d'Ermigny, aide-major-général de la garde nationale, ne pouvant se décider à employer la force contre des femmes, imagine de leur céder la place, et de leur confier la garde de l'hôtel. En effet, elles s'emparent de tous les postes, ne laissent approcher que des personnes de leur sexe, et repoussent les hommes armés de piques et de bâtons, qui cherchent à occuper la Maison commune; mais leur zèle est infructueux. L'attroupement grossit, envahit les cours, brise les portes, enlève un amas de piques, de hallebardes et de fusils, et allume des torches, pour brûler les papiers de la Commune. Sans le courage de trois compagnies de grenadiers, qui parviennent à faire évacuer l'hôtel de ville, les archives et peut-être l'édifice tout entier devenaient la proie des flammes.

Cependant, aux sons du tocsin et de la générale, les bataillons se rassemblent sur les places de chaque district. La majorité des compagnies du centre paraît sur la place de Grève, où elles sont accueillies par les plus vives acclamations. « Ce ne sont pas des applaudissements que nous vous demandons, s'écrient les soldats; la nation est insultée, prenez les armes, et venez avec nous recevoir les ordres des chefs. » Des détachements de tous les districts se rangent successivement sur la place; une députation de grenadiers se présente à La Fayette : « Mon général, dit l'un d'eux, nous ne vous **croyons pas un traître, mais nous nous croyons trahis** par le gouvernement. Le peuple est malheureux ; la source du mal est à Versailles ; il faut aller chercher le roi et l'amener à Paris. Nous ne pouvons tourner nos baïonnettes contre des femmes qui nous demandent du pain. Nous irons à Versailles exterminer le régiment de Flandre et les gardes-du-roi qui ont osé fouler aux pieds la cocarde nationale. »

La Fayette hésite ; il harangue les grenadiers, leur rappelle le serment qui les lie à la nation, à la loi et au roi ; mais sa voix se perd au milieu des cris sans cesse renouvelés : « *Du pain ! à Versailles !* » Il espère encore maîtriser le mouvement, mais « l'impulsion était irrésistible. La garde nationale, tout entière, était alors sous les armes, et la garde nationale, tout entière, partageait le vœu public (1). » Vers cinq heures du soir, le Conseil de ville prend cet arrêté : « Vu les circonstances et le désir du peuple, et sur la représentation faite par M. le commandant général, qu'il lui est impossible de s'y refuser, l'Assemblée autorise M. le commandant général et même lui ordonne de se transporter à Versailles. En même temps, elle lui recommande la sûreté de la ville ; déclare que, pour le surplus, elle s'en rapporte à sa prudence ; nomme quatre membres de l'Assemblée pour l'accompagner, et arrête qu'elle ne se séparera que lorsqu'elle sera assurée de la tranquillité de la capitale, et qu'elle aura reçu des nouvelles de Versailles. »

(1) *Hist. de la Rév.*, par deux amis de la liberté, 1792, in-8, t. III., p. 162.

La Fayette était à cheval, à la tête de l'état-major, attendant les ordres du pouvoir civil. En les recevant, dit Prudhomme (1), il change de couleur et promène un regard douloureux sur la brillante armée et sur le peuple qui remplissait la place. Il détache aussitôt, pour former l'avant-garde, trois compagnies de grenadiers et une de fusiliers avec trois pièces de canon. Sept à huit cents hommes, armés de fusils, de piques ou de bâtons, marchent en éclaireurs, sous les ordres de M. Collard, lieutenant de la troupe non soldée du district Saint-Germain-l'Auxerrois.

A cinq heures sept minutes, la garde nationale débouchait par le quai Pelletier sur trois rangs. Le corps d'armée mit quarante minutes à défiler, salué par d'unanimes applaudissements. Quelques citoyens en uniforme, qui étaient parmi les curieux, furent accablés d'injures; on leur lança même des pierres, notamment sur la terrasse des Tuileries. « Le peuple, ajoute à ce sujet Prudhomme, ne songeait pas que si l'on eût dégarni Paris de toute la garde nationale, les aristocrates qu'il renferme dans son sein auraient sûrement fait quelque tentative. »

« La bonne contenance de nos guerriers, malgré la pluie, la fatigue de tout le jour, l'incertitude où ils étaient de trouver des subsistances et des logements, communiquait à toutes les âmes une joie martiale. Allez, bravez le trépas; vous portez avec vous le destin

(1) *Révolut. de Paris*, n° XIII, p, 13.

de la France ; nos cœurs vous suivent ; secourez notre roi ; sauvez nos députés ; soutenez la majesté nationale : quatre cent mille bras sont prêts à vous applaudir ou à vous venger. »

Plusieurs groupes, composés en majorité de femmes, avaient précédé le corps d'armée. L'un d'eux fut admis chez le roi ; un autre entra à l'Assemblée nationale ; un troisième déboucha sur la place d'armes, dirigé par le garde national Brunout. Ce chef s'approcha de M. de Savonnières, lieutenant des gardes-du-corps, et le somma de quitter la cocarde blanche ; celui-ci ne répondit qu'en tirant son sabre ; mais au moment même une balle lui fracassa l'épaule. Le coup partait du poste où la milice de Versailles s'était retranchée ; elle pouvait craindre des représailles de la part des compagnons du blessé ; toutefois, elle fit si bonne contenance, que les gardes-du-corps n'osèrent entamer les hostilités.

Le comte d'Estaing était au château. M. de Gouvernet, commandant en second, avait pris place dans les rangs de la garde du roi. Lecointre, lieutenant colonel de la première division, s'empare de l'autorité ; fait annoncer au son du tambour l'approche des Parisiens, en invitant chaque citoyen de Versailles à leur donner l'hospitalité. Puis, suivi d'un aide-de-camp et d'un aide-major, il s'avança hardiment vers les gardes-du-corps, rangés en bataille devant le château. « Le peuple se croit en danger, dit-il, et nous désirons savoir ce qu'on doit attendre de vous. — Monsieur, répond un officier, nous oublions le traitement fait à l'un des nôtres, et nous ne sommes animés que du désir de vivre en bonne intelligence. » Après avoir fait part à la milice de ces dispositions pacifiques, Lecointre apostrophe les officiers du régiment de Flandre, qui s'écrient : « Jamais nous n'avons eu l'intention de faire du mal aux bourgeois ; » et les soldats, pour gage de leurs sentiments, délivrent aux volontaires nationaux une assez grande quantité de cartouches.

Un moment après, les Parisiens arrivent, et à la lueur des torches, se rangent en bataille sur la place d'armes. La Fayette entre dans le cabinet du roi. « Sire, lui dit-il, la commune de Paris, instruite que votre auguste personne n'est pas en sûreté, nous envoie vous offrir ses services. » Louis XVI fait une réponse affectueuse, et déclare qu'il se verra avec satisfaction protégé par la milice parisienne. En effet, une partie des gardes nationaux se distribue dans les postes extérieurs du château ; d'autres, cédant à des invitations réitérées, vont loger chez les habitants ; quelques-uns, harassés de fatigue et trempés de pluie, se réfugient dans les églises. Le calme semble rétabli ; mais, vers cinq heures et demie, une bande armée s'élance vers le château et menace de l'envahir. Un garde-du-corps tire un coup de fusil par une fenêtre et tue un garde national, fils d'un sellier de Paris. Aussitôt la foule pénètre dans les appartements : trois gardes-du-corps sont saisis et décapités ;

et tous auraient péri victimes de la fureur populaire, si Lafayette n'était sorti du cabinet du roi en criant : *Grâce !* et si la garde nationale, accourant à la hâte, n'avait répété le même cri. C'est ce que constata plus tard le *Comité des Recherches*, chargé de faire une enquête sur les événements des 5 et 6 octobre.

« Le forfait exécrable qui a souillé le château de Versailles, dans la matinée du mardi 6 octobre, n'a eu pour instruments que des bandits, qui se sont mêlés et confondus parmi les citoyens. Le comité ne rappellera point tous les excès auxquels ces brigands se sont livrés, et qu'ils auraient multipliés sans doute *s'ils n'avaient été arrêtés par les troupes nationales* destinées à réprimer les désordres et à assurer la tranquillité du roi et de l'Assemblée nationale. Elles remplissaient à leur arrivée cet objet sacré, dont elles s'étaient fait la loi par le serment de fidélité et de respect pour le roi, qu'elles avaient renouvelé à leur entrée à Versailles. Placées à l'extérieur du château, dans les postes que le roi avait ordonné de leur confier, elles s'occupèrent à y maintenir le bon ordre. Tout paraissait calme, grâce à leur zèle et aux dispositions sages de leur commandant ; la confiance et l'harmonie régnaient partout ; on ne parlait que de reconnaissance, d'amour et de fraternité, lorsque, entre cinq et six heures de la matinée du mardi, une troupe de ces bandits armés, accompagnés de quelques femmes et d'hommes déguisés en femmes, fit, par des passages intérieurs du jardin, une irruption

soudaine dans le château, força les gardes-du-corps
en sentinelle dans l'intérieur, enfonça les portes, se
précipita vers l'appartement de la reine, massacra
quelques-uns des gardes qui veillaient à sa sûreté et
pénétra dans ses appartements, que Sa Majesté avait
eu à peine le temps de quitter pour se retirer auprès
du roi. La fureur de ces assassins ne fut réprimée que
par les *gardes nationales*, qui, averties de ce carnage,
accoururent de leurs postes extérieurs pour les repousser, et arrachèrent de leurs mains d'autres gardes-
du-corps qu'ils allaient immoler. »

En empêchant cette mémorable expédition de dé-
générer en massacre, la garde nationale en assura les
résultats. Louis XVI sanctionna la constitution commencée et consentit à fixer son séjour à Paris; et la
faction rétrograde, surveillée désormais par des forces
redoutables, dut renoncer momentanément à ses projets.

Dès les premiers jours de son arrivée, le 18 octobre,
Louis XVI passa en revue une division de la garde
nationale, dans l'avenue des Champs-Élysées; il s'y
rendit à pied, malgré la pluie, escorté de cinq cents
gardes d'honneur, sans armes, de la troupe non soldée,
et parcourut les rangs, accompagné de La Fayette.
Dans une seconde revue, qui eut lieu le 20 novembre,
le commandant général recommanda aux citoyens la
bonne intelligence entre eux et la régularité du service. Il annonça qu'on avait à craindre de nouveaux
troubles, et que tous les volontaires nationaux de-

vaient se tenir prêts à prendre les armes au signal
donné par trois coups de canon que tireraient des
batteries établies sur le terre-plein du Pont-Neuf. On
mit en vigueur un règlement rédigé par le *comité
militaire* de la municipalité. On y déterminait avec
soin le service journalier des postes, détachements et
patrouilles, les formalités auxquelles étaient astreintes
les gardes montantes et descendantes. On peut juger,
par les extraits suivants, que les obligations imposées
aux soldats-citoyens étaient alors plus rigoureuses
qu'aujourd'hui.

« Une sentinelle ne pourra jamais quitter ses armes,
même dans sa guérite. Elle ne pourra ni dormir, ni
s'asseoir, lire, chanter, siffler, manger, ni fumer. Elle
se promènera portant l'arme au bras, sans s'éloigner
du poste de plus de trente pas.

« Les soldats et les bas-officiers de la troupe non
soldée s'absenteront une heure pour prendre le repos,
avec l'agrément du commandant du poste. Le soldat
ou bas-officier non soldé qui aura été absent plus
d'une heure sera puni par un tour de service de plus.

« Tout soldat ou bas-officier soldé qui s'absentera
du poste sans permission sera envoyé à la salle de
discipline pour quatre jours. Celui qui quittera le
poste sans y revenir, y sera mis pour quinze jours, *au
pain et à l'eau*.

« Lorsque deux patrouilles se rencontreront de
nuit, celui des deux commandants qui découvrira le
premier l'autre patrouille criera : *Qui vive*? On lui

6.

répondra : *Patrouille*. Il criera : *Quel bataillon?* On
lui répondra le nom du bataillon. Alors il ajoutera :
*Halte là, avance qui a l'ordre.* A l'instant les commandants des deux patrouilles s'approcheront l'un de
l'autre, chacun ayant deux fusiliers deux pas en
arrière; celui qui aura été sommé de s'avancer donnera à l'autre la moitié du mot d'ordre, et en recevra
l'autre moitié.

« Les patrouilles arrêteront tous ceux qui, après
neuf heures en hiver et dix heures en été, porteront
des paquets, des malles et des meubles, à moins qu'ils
ne justifient *sur-le-champ et évidemment* de la propriété desdits effets ou d'une destination non suspecte;
en un mot toutes personnes qui commettraient ou
seraient accusées d'avoir tenté de commettre quelques
actions contraires à l'ordre et à la sûreté publique (1). »

Chargée en outre de dissiper les attroupements,
d'arrêter les contrebandiers, d'appréhender au corps
les colporteurs d'imprimés non autorisés par la Ville,
la garde nationale y suffisait à peine. Un vieillard de
de soixante-quatre ans, M. Callières de l'Étang, avocat au parlement et caporal du bataillon des Cordeliers, proposa d'échauffer le zèle des citoyens décou-
ragés en formant une troupe de vétérans, dont
l'exemple enflammerait *la jeunesse et la virilité*. Il

_____

(1) Le règlement complet se trouve dans l'*Encyclopédie mé-
thodique*, jurisprudence, t. X, p. 214.

demanda à l'assemblée de son district, le 24 novembre 1789, qu'il fût créé un bataillon de cinq cent quarante vieillards, tous âgés de plus de soixante ans ; que chaque district fournît un contingent de neuf vieillards, et que leur drapeau eût pour devise : *Dulce et decorum est pro patriâ mori.* « Je réponds, ajouta le motionnaire, de la facilité de former ce bataillon. Je me suis déjà assuré d'un bon nombre de vieux patriotes, qui sont impatients de voir agréer leurs services. Quant à moi, qui sens sur ma tête le poids de soixante-quatre années, je vous prends à témoins si, dans ces funestes révolutions, l'ardeur et les forces ont manqué à votre caporal ! » L'assemblée générale du district des Cordeliers, présidée par Danton, adhéra à la motion, qu'elle fit imprimer à ses frais, en exprimant la certitude « qu'une pareille institution était faite pour imposer aux ennemis de la régénération française et pour les ramener dans le sein de leurs frères. »

Ce but, auquel aurait médiocrement contribué le bataillon de vétérans projeté, fut atteint par les affiliations et fédérations qui se succédèrent depuis le mois de novembre 1789 jusqu'au 14 juillet 1790. Rouen, le Havre, Clermont-Ferrand, Lyon, et beaucoup d'autres villes, fraternisèrent avec Paris, par lettres et par députations.

L'adresse des Lyonnais, l'une des plus énergiques, peut donner une idée des intentions qui présidaient à ces démarches : « La milice de Lyon, dont l'existence est si ancienne, a juré et vous renouvelle ici son serment de rester invariablement unie à ses principes, de braver avec vous tous les dangers qui menacent la Constitution et ses intrépides défenseurs. Tels sont les sentiments de vos frères, de vos amis, de vos émules, les gardes nationaux de la ville de Lyon. Ils y persisteront jusqu'à leur dernier soupir, et ils ne regretteront pas la vie, si leurs derniers regards ont vu périr enfin cette aristocratie intolérable et si justement abhorrée (1). »

Les jeunes gens des villes de Bretagne et de Normandie signèrent un pacte, par lequel ils s'engageaient, « de concert avec les Parisiens, à soutenir, par la force des armes, l'œuvre sacrée et difficile de la liberté. La seule ville de Laval se soumit à fournir soixante mille livres pour les frais du voyage de l'armée, s'il fallait venir à Paris exterminer les ennemis de la liberté (2). » En Dauphiné, douze mille six cent cinquante soldats citoyens se rassemblèrent sur les bords du Rhône, le 29 novembre, et prêtèrent serment en ces termes : « Nous, soldats citoyens de l'une et l'autre rive du Rhône, réunis fraternellement pour le bien de la chose publique, jurons à la face du ciel, sur nos cœurs et sur nos armes consacrées à la défense de l'État, de rester à jamais unis; abjurant toute distinction de province; offrant nos bras et nos fortunes à la patrie, pour le soutien des lois émanées de

(1) Journal de Camille Desmoulins, n° 5, p. 199.
(2) Annales patriotiques de Carra.

l'Assemblée nationale; jurons de nous donner mutuellement toute assistance pour remplir des devoirs aussi sacrés :

« Jurons de voler au secours de nos frères de Paris, ou de toute autre ville de France qui serait en danger pour la cause de la liberté. »

Le 13 décembre, on vit sous les murs de Montélimart six mille gardes nationaux, représentant les milices du Vivarais, de la Provence et du Languedoc. Ils jurèrent « à Dieu et à la patrie de veiller jusqu'à la mort à l'exécution des décrets de l'Assemblée nationale, et de se porter à cet effet tous les secours nécessaires (1): » Draguignan eut sa fédération le 30 mai 1790. On écrivait de cette ville à Camille Desmoulins (2). « Nous venons d'assister au spectacle imposant d'une confédération des gardes nationaux des districts de Draguignan et Avignon, dans la plaine de Valbourges. Huit mille citoyens soldats étaient sous les armes, et plus de vingt mille spectateurs embellissaient l'amphithéâtre des coteaux voisins. Après la messe, célébrée avec tout l'appareil militaire, le bruit du canon annonce la prestation du serment. Il est prononcé par le général. Les officiers et les volontaires levèrent la main, et comme si ce geste sacré n'était pas assez manifeste, tous les chapeaux sont élevés subitement au bout des armes, et l'explosion de mille et mille voix frappe les

(1) *Moniteur* du 24 décembre 1789.
(2) *Révolutions de France et de Brabant*, n° 30, p. 261.

airs; l'armée de frères quitte les rangs, se confond avec la foule des spectateurs; on s'embrasse, on se répand dans les bosquets d'alentour; chaque arbre ombrage un festin; on dirait les noces de la Liberté. »

Lyon eut sa fédération le même jour. Cinquante mille hommes, divisés en vingt-huit bataillons, se rangèrent en bataille au Grand-camp (plaine des Brotteaux). Leurs drapeaux, comme ceux des Parisiens, portaient différents emblèmes; c'était Hercule assommant un aristocrate; la *Belle Cordière* offrant ses vers à la Liberté; Minerve présentant à un voyageur le livre de la Constitution; le Saint-Esprit dans un nimbe tricolore; un garde national veillant sur la tour de Pierre Size, etc. Près de deux cent mille spectateurs, retenus par un simple ruban tricolore, environnaient la plaine des Brotteaux, au milieu de laquelle s'élevait un monticule, couronné par une statue de la Liberté. Le piédestal, formé par un faisceau de colonnes, reposait sur un autel où quatre ecclésiastiques officièrent simultanément. Une salve d'artillerie annonça l'élévation. Après la messe, le général en chef, Dervieux de Villars, gravit le rocher, et prononça d'une voix éclatante la formule du serment, et les troupes nationales, disposées en double carré, firent entendre comme un seul cri, ces mots : « Nous le jurons! »

De semblables cérémonies eurent lieu à Tours, à Clermont, à Metz, à Lille, à Dijon, à Bar-le-Duc, à

Tarascon. Louis XVI fit dire à l'Assemblée nationale, par le ministre de la guerre, La Tour-du-Pin, le 4 juin, « qu'il approuvait ces associations fraternelles. » Le lendemain, Bailly, maire de Paris, à la tête d'une députation de la commune, proposa un pacte fédératif de tous les Français. La capitale, dit-il, a reçu de toutes parts des gages d'amitié et des promesses de secours. La commune de Paris s'est empressée de rendre hommage à ces promesses et ces témoignages d'amitié; elle a adhéré à plusieurs de ces fédérations; elle est jalouse d'en proposer une à son tour. Toutes nos sections (1) se sont réunies pour un même sentiment et pour un seul vœu, c'est celui d'une fédération générale de tous les départements, celui de ne plus former qu'une garde nationale, animée d'un même esprit pour défendre la liberté publique, pour faire respecter les lois de l'empire et l'autorité légitime du monarque. On admire partout le zèle, le courage et le patriotisme de la garde nationale. Nous en pouvons juger par l'armée parisienne; on voit que c'est la vertu civique qui lui a fait prendre les armes, et en observant la composition et la tenue de ce corps qui a crû tout-à-coup au milieu de nous, on reconnaît un général citoyen qui commande une armée de citoyens.

« Nous proposons à nos frères de venir, par députés des districts et des départements, se réunir à nous,

(1) Les soixante districts de Paris étaient remplacés par quarante-huit sections.

dans nos murs, en votre présence, et d'ajouter au serment civique, déjà prêté par tous les Français, celui d'être tous inséparablement unis, de nous aimer toujours et de nous secourir, en cas de nécessité, d'un bout du royaume à l'autre ; et nous proposons que cette réunion, que cette fédération générale soit jurée le 14 juillet prochain, que nous regardons tous comme l'époque de la liberté ; ce jour sera destiné à jurer de la défendre et de la conserver. »

Sans attendre la décision de l'Assemblée nationale, la Commune avait expédié une adresse dans tous les départements. « Venez, leur disait-on, chers et braves amis ; dix mois sont à peine écoulés depuis l'époque mémorable où des murs de la Bastille conquise s'élança un cri soudain : « *Français ! nous sommes libres ;* » qu'au même jour, un cri plus touchant se fasse entendre : « *Français ! nous sommes frères !* »

Déjà, au mois de mai, les villes d'Arras et d'Orléans avaient sollicité une fédération générale ; le *côté droit* l'avait fait ajourner ; cette fois, il ne put que céder à l'entraînement de la majorité, et un décret fut rendu, sur le rapport de Talleyrand, conformément aux vœux exprimés par Bailly. Les gardes nationales furent convoquées dans chaque district (1), pour élire six hommes sur cent ; ceux-ci auraient à choisir, dans la totalité des gardes nationales, un député sur deux cents, qui se rendrait à Paris aux frais du district. Chaque

_____

(1) Les départements avaient été divisés en districts.

régiment de l'armée devait être représenté par un officier, un bas-officier et quatre des plus anciens soldats, grenadiers, chasseurs, fusiliers ou tambours.

Dans la même séance, La Fayette dissipa les alarmes qu'avaient inspirées les projets de quelques flatteurs, qui rêvaient pour lui le titre de *commandant général des gardes nationales du royaume.* « Par l'organisation des gardes nationales, s'écria-t-il, la liberté
française est assurée à jamais ; mais il ne faut pas qu'à
cette grande idée d'une nation tranquille sous ses drapeaux civiques, puisse se mêler un jour de ces combi-
naisons individuelles qui compromettraient l'ordre
public, peut-être même la Constitution. Je crois, messieurs, qu'au moment où l'Assemblée nationale et le roi
impriment aux confédérations un si grand caractère,
où toutes vont se réunir ici par députés, il convient de
décréter que personne ne pourra avoir un commandement de gardes nationales dans plus d'un départe-
ment(1).» Des applaudissements universels accueillirent
ce discours, et le principe fut immédiatement adopté.

Pour faire un corps homogène de la grande armée
patriotique, l'Assemblée nationale ordonna qu'on sup-
primerait toutes les compagnies spéciales : clercs de
bazoche, compagnie de l'Arquebuse, chevaliers de
l'Arc et de Saint-Jean de Latran ; que leurs drapeaux seraient déposés aux voûtes des églises principales, pour

(1) *Exposé des travaux de l'ass. génér. de la commune,* pa
Godard, 1790, in-8°, p. 203.

7

y demeurer consacrés à l'union, à la concorde, à la
paix; que tous les chefs de citoyens *actifs* (1) s'inscri-
raient, à l'âge de dix-huit ans, sur des registres spéciaux, en qualité de gardes nationales.

Déjà s'était constitué un *régiment des Enfants de
Paris*, composé, non de jeunes gens de dix-huit ans,
mais d'enfants de douze à treize ans au plus. Il vint,
le soir du samedi, 12 juin, offrir à l'Assemblée nationale ses hommages et ses *dons patriotiques*. Tous ces
petits soldats étaient en uniforme et parfaitement équi-
pés. Leur orateur, qui n'avait que huit ans, débita
sans se troubler une harangue emphatique : « Nos-
seigneurs, disait-il, nous sommes cette génération destinée à recueillir les fruits de vos augustes travaux...
Vous ne verrez pas sans attendrissement les enfants de
cette capitale... Nous vous supplions de nous permettre de porter les armes, pour concourir à la garde de
l'héritier présomptif du trône, à la garde de ce prince
que le ciel destine à être le père de son peuple, et
non l'esclave des flatteurs. Nos mains innocentes ju-
rent, dans le temple de la liberté, de ne jamais porter
les armes que pour elle, d'être fidèles à la nation, à la
loi et au roi, de maintenir un jour de tout notre pouvoir la Constitution du royaume. »

« C'est pour vous surtout, réplique le président, que
la Révolution sera heureuse ; pour vous, qui perdrez

_____

(1) On nommait ainsi ceux qui, payant une contribution de la
valeur de trois journées de travail, jouissaient du droit électoral.

bientôt le souvenir des troubles qui ont accompagné sa naissance, pour jouir des biens qu'elle doit perpétuer (1). » Tel était l'esprit du temps : confiance illimitée dans l'avenir, rêves de bonheur et de stabilité. Il semblait que les bases sociales dussent être à jamais fixées par la fédération. On y préludait avec enthousiasme, en multipliant les fêtes partielles, les revues, les adresses, les banquets. On remarqua celui que donnèrent les gardes nationaux du bataillon de Henri IV à la compagnie du centre, le 13 juin, au grand salon de Vaugirard. Après le repas, ils firent entrer dans le jardin, et placer à table plus de deux cents pauvres, qui furent successivement remplacés par d'autres ; et, pendant qu'ils dînaient, on fit, à leur bénéfice, une quête abondante. M. Carles, commandant du bataillon, reçut le lendemain la lettre suivante, qui n'est pas la pièce la moins honorable des fastes de la garde nationale.

« Paris, 14 juin 1790.

« Je n'ai pu apprendre sans attendrissement, monsieur, la conduite tenue hier par votre bataillon. Déjà, la Garde Nationale avait donné de grands exemples de patriotisme et de valeur ; mais les soldats citoyens que vous commandez ont bien prouvé, dans la journée d'hier, que le véritable courage est inséparable de la bienfaisance et de l'humanité.

(1) *Journal de Paris*, n° 165, p. 662.

« La place à laquelle la confiance publique m'a
élevé m'impose la douce obligation de prendre aux
pauvres un intérêt particulier ; je ne puis être insensible au bonheur qu'ils éprouvent, ou aux maux dont ils
sont soulagés ; et dans ce moment je ne résiste pas au
plaisir de vous charger de faire agréer aux soldats citoyens de votre bataillon les sentiments de ma plus
vive reconnaissance.

« Après avoir recouvré et maintenu la liberté publique, il est beau de voir la Garde Nationale faire un si
noble usage du prix de sa conquête ; et il était naturel
de retrouver les pères des pauvres sous le drapeau du
bataillon de Henri IV.

« J'ai l'honneur d'être, etc.

« Le Maire de Paris,

« BAILLY. »

Pendant un mois, Paris entier ne s'occupa que des
préparatifs de la grande fête patriotique. La municipalité publia une instruction où elle en faisait ressortir le véritable caractère.

« Quoique le décret de l'Assemblée nationale n'appelle au pacte fédératif que les gardes nationales du
royaume, la confédération ne sera pas moins celle de
tous les Français. Dans l'esprit de la constitution et
dans l'état d'un peuple libre , tout citoyen doit être
soldat ; c'est sous ces deux rapports que tous les Français vont se réunir pour le maintien de la constitution.»

Dix commissaires municipaux et cent vingt délé-

gués des sections furent chargés de régler le cérémonial de la grande journée. Quatre emplacements
leur étaient proposés : la plaine de Saint-Denis, la
plaine de Grenelle, la plaine des Sablons, et le Champ
de Mars. Ils choisirent ce dernier ; et quinze mille ouvriers furent employés à le niveler; mais on reconnut
bientôt qu'ils seraient insuffisants. Alors la population
se mit à l'œuvre. Les bataillons accoururent, portant
la pioche et la pelle, précédés de leurs tambours, et
répétant la chanson nouvelle de *Çà ira*. Des femmes,
ouvrières, bourgeoises, modistes, dames de la halle,
dames de la cour, marchaient pêle-mêle dans les
rangs. Les laboureurs des villages voisins arrivèrent,
sous la conduite de leurs maires. Les invalides, les
collégiens, les moines de différents ordres, les corps
de métiers, les élèves de l'école vétérinaire et de l'a-
cadémie de peinture, les acteurs, les journalistes, les
facteurs de la poste, formèrent une armée de cent cinquante mille terrassiers. « On voyait, attelés au
même chariot, une bénédictine, un invalide, un juge,
une nymphe de l'Opéra ; les plus jolies filles de Paris,
vêtues de robes blanches élégamment rattachées par
des ceintures et des rubans aux couleurs nationales,
allaient, venaient, chargeaient, piochaient, roulaient,
traînaient, et à l'aide de quelques aides officieux, arrivaient au haut des talus, d'où elles redescendaient
avec rapidité pour charger de nouveaux matériaux et
de nouvelles terres (1). » En vingt jours, la surface

(1) *Hist. de la Rév.*, par deux amis de la liberté, t. V, p. 146.

7.

irrégulière du Champ de Mars fut aplanie ; une enceinte circulaire établie et entourée de talus ; un arc de triomphe élevé à l'entrée principale ; un pont de bateaux jeté sur la Seine, et un vaste amphithéâtre adossé à l'École militaire.

Les fédérés, à mesure qu'ils arrivèrent, firent vérifier leurs pouvoirs à l'hôtel de ville, et reçurent une médaille portant ces mots : *Confédération nationale*. Manuel, administrateur de la police, avait inscrit les noms des citoyens *qui étaient jaloux de loger leurs frères* (1). La concurrence fut ardente : c'était à qui recevrait les nouveaux venus ; à qui leur ferait les honneurs de la ville. L'Assemblée nationale avait disposé pour eux de toutes les places des tribunes. Louis XVI leur avait ouvert tous les établissements dépendant de la couronne. Les théâtres jouaient pour eux à l'envi des pièces de circonstance : le *Réveil d'Épiménide*, avec une scène nouvelle ; *le Chêne patriotique ; la Famille patriote, ou la Fédération ; le Camp du Champ de Mars ; la Fête du grenadier au retour de la Bastille*.

Le 13 juillet, la commune de Paris offrit un *oriflamme* aux représentants des troupes, et quatre-vingt-trois bannières aux députés des départements. Ceux-ci allèrent en corps saluer l'Assemblée, qui vota des remercîments pour les services que tous les gardes nationaux du royaume avaient rendus à la liberté et à la Constitution.

(1) *Lettres aux journaux*, 15 juin 1790.

Le 14, dès le point du jour, les fédérés s'échelon-
nèrent de la Porte Saint-Martin à la Bastille.

Le cortége se mit en marche à sept heures du matin, par les rues Saint-Denis, la Ferronnerie et Saint-
Honoré. Il s'ouvrait par un détachement de la garde
nationale à cheval, et une compagnie de grenadiers;
puis venaient successivement les électeurs de 1789,
une compagnie de volontaires; les représentants de
la commune; le comité militaire; une compagnie de
chasseurs; les tambours de la ville; les présidents des
soixante districts; les députés de la commune pour la
fédération; les soixante administrateurs de la municipalité; un corps de musique et de tambours; le bataillon des enfants; les drapeaux de la garde parisienne; un bataillon de vétérans, organisé tout exprès
pour la cérémonie, suivant le plan de M. Caillères
de l'Etang; les députés des quarante-deux premiers
départements, par ordre alphabétique; le porte-ori-
flamme; les députés des troupes de ligne; les députés
de la marine; les députés des quarante-un derniers
départements; une compagnie de chasseurs volontaires, et une compagnie de cavalerie. A la place
Louis XVI, l'Assemblée nationale, présidée par M. de
Bonnay, se plaça entre les enfants et les vétérans, et
l'immense convoi prit la route du Champ de Mars, où
l'attendaient cent soixante mille spectateurs.

Au centre de l'enceinte, sur un stylobate carré,
était posé un autel de forme cylindrique, devant lequel se rangèrent en demi-cercle les doyens d'âge des

départements et des troupes. A trois heures et demie, l'évêque d'Autun, assisté des soixante aumôniers de la garde nationale, officia, et bénit les drapeaux. Puis La Fayette, que le roi avait nommé major de la fédération, tenant de la main droite son épée, dont il appuyait fortement la pointe sur l'autel, dit, au milieu du plus religieux silence : « Je jure d'être à jamais fidèle à la nation, à la loi et au roi ;.

De maintenir la Constitution décrétée par l'Assemblée nationale et acceptée par le roi ;

De protéger, conformément aux lois, la sûreté des personnes et des propriétés; la libre circulation des grains et subsistances dans l'intérieur du royaume, et la perception des contributions publiques, sous quelque forme qu'elles existent ;

De demeurer uni à tous les Français par les liens indissolubles de la fraternité ! »

Tous les fédérés s'écrièrent : *Je le jure !* et saisis d'un transport subit, s'élancèrent sur les marches de l'autel, pour voir de près La Fayette, pour l'embrasser, lui serrer les mains. « Cette effusion de tendresse, dit Camille Desmoulins (1), pensa lui coûter la vie : étouffé par les caresses, il était devenu plus blanc que son cheval. » C'était le héros du jour, l'idole de la France constitutionnelle.

L'Assemblée nationale prêta serment. Le roi, placé sous un dais près de l'école militaire, se leva, et tendit

(1) N° 34, p. 464.

le bras droit vers l'autel, en disant : « Moi, roi des Français, je jure à la nation d'employer tout le pouvoir qui m'est délégué par la loi constitutionnelle de l'État, à maintenir la Constitution, et à faire exécuter les lois. »

Des salves d'artillerie annoncèrent la fin de la fête. Le commandant général, en se retirant, fut abordé par la femme d'un imprimeur, qui avait récemment publié un libelle intitulé : *Vie privée de Blondinet, général des Bluets.* Elle se jeta aux pieds de La Fayette, qui la releva, et lui promit la grâce de son mari. Les fédérés présents applaudirent ; car l'oubli des injures, le sentiment de la fraternité, étaient dans tous les cœurs. Les repas, les illuminations, les danses, les concerts, se prolongèrent pendant plusieurs jours ; et les poètes exercèrent leur verve pour célébrer l'alliance qui venait d'être scellée (1).

On avait remarqué les vêtements disparates des fédérés : ce fut l'objet d'un rapport de Lechapelier, au nom du comité de Constitution ; et l'Assemblée décréta, le 19 juillet :

« Il n'y aura qu'un seul et même uniforme pour

(1) *Poëme séculaire, ou chant pour la fédération* (par de Fontanes); *Hymne,* par M. Chénier; *Pacte fédératif,* par François. peintre, citoyen de Paris ; *Le Serment des Français,* par Charlemagne, *Paris,* in-8° de 14 pages. *Ode à la Nation Française,* par La Martelière, garde national. *Paris,* in-4° de 4 pages. *Couplets,* chantés par Sedaine, *cités* dans les *Actes des Apôtres,* n° 145, p. 13.

toutes les gardes nationales. En conséquence, tous les citoyens français admis dans les gardes nationales ne pourront porter d'autre uniforme que celui qui va être prescrit.

« Habit bleu de roi, doublure blanche ; parements et revers écarlate ; le passe poil blanc ; collet blanc et passe-poil écarlate ; épaulettes jaunes ou en or ; la manche ouverte à trois boutons ; les poches en dehors en trois pointes (sur le bouton il sera écrit : district de...) ; le retroussis de l'habit écarlate. Sur l'un des retroussis, il sera écrit, en lettres jaunes ou en or, le mot de *constitution*, et sur l'autre retroussis, le mot *liberté*. »

# CHAPITRE V.

Mouvement de la Presse. — Affaire de Nancy. — Menaces contre la
garde nationale. — Ses opinions politiques en 1790. — 28 février 1791.
— Les démolisseurs de Vincennes et les chevaliers du poignard. —
18 avril 1791. — Démission de La Fayette. — Fuite de Louis XVI. —
Massacre du Champ de Mars. — Lois constitutionnelles relatives à la
garde nationale.

---

Les espérances d'union qu'on avait conçues le
14 juillet 1790 ne tardèrent pas à se dissiper. L'ordre,
dont la garde nationale était le plus ferme appui, ne
pouvait être maintenu. Louis XVI couvait l'arrière-
pensée de reconquérir son autorité ; les nobles rêvaient
le retour de leurs priviléges, tandis que le parti populaire attaquait avec énergie la fixation d'un cens électoral, le *veto* accordé au roi, les millions votés pour la
cour, la loi martiale, les décrets rendus contre la
presse, et les imperfections nombreuses de la Constitution. La fermentation qui régnait dans Paris dicta

à M. de La Fayette un ordre du jour conçu en ces termes :

« Le commandant-général, persuadé que la révolution, qui a rendu au peuple ses droits et prépare son bonheur, ne peut s'affermir que par l'ordre public ;

« Regardant comme ennemi de la liberté et de la Constitution quiconque ne hait pas la licence et l'anarchie ;

« Sachant que ce n'est pas en vain que la force armée du royaume s'est liée par un serment sacré ;

« A partagé l'indignation de ses frères d'armes en voyant les efforts de quelques hommes pervers ou égarés pour agiter la capitale, qui, après avoir donné au royaume le signal du courage, lui doit l'exemple non moins utile de la soumission à la loi.

« Depuis quelques jours les poignards et la calomnie se sont multipliés ; les conseils les plus incendiaires ont été répandus dans les écrits et les lieux publics ; on a prêché l'insurrection contre les décrets de l'Assemblée nationale et de l'autorité constitutionnelle du roi ; de coupables manœuvres et un agent corrupteur ont été employés, et tandis que les citoyens de Paris soupirent après cet ordre public, fruit essentiel d'une constitution libre qui garantisse à chacun sa sûreté, son repos, sa propriété, les moyens de faire valoir ses talents et son industrie, on ne voit pas sans étonnement cette effervescence factice qui cherche à compromettre ici, comme dans plusieurs parties du royaume, la fortune publique et le sort des créanciers de l'État, par des terreurs, des désordres ou le refus de l'impôt ;

« Qui mettant à profit tous les événements, inventant à leur défaut d'absurdes mensonges, essayant d'éveiller toutes les prétentions, toutes les jalousies, n'ont évidemment pour but que de renverser la Constitution naissante, et d'y substituer les horreurs de l'anarchie et de la division intestine.

« Mais c'est en vain que les ennemis publics espèrent, en multipliant les fatigues de la garde nationale, décourager son activité et sa constance.

« Voués par nos principes comme par nos serments au maintien de la Constitution et de l'ordre public, sûrs (et le commandant-général est autorisé à le déclarer en leur nom), sûrs d'être soutenus par tous les gardes nationaux de France, nous ferons notre devoir avec un zèle inaltérable, et, s'il le faut, avec une inébranlable fermeté.

« En conséquence, toute personne qui criera autre chose que des actes émanés de l'Assemblée nationale du royaume, d'une autorité légale, sera arrêtée et amenée au comité de police de la nation.

« Les gardes nationaux qui ne sont pas de service sont invités à commencer, dès dimanche, à être en uniforme. Le commandant-général s'en rapporte à leur vigilance et à leur patriotisme pour déjouer les tentatives des malintentionnés. »

Cet arrêté fut inséré avec éloges dans le *Journal de Paris*, mais il souleva les réclamations virulentes de

8

tout le parti exalté. «Voilà donc, s'écriait Loustalot (1), la garde nationale, même n'étant point de service, séparée du corps du peuple en vertu de l'habit bleu. — Y a-t-il rien de plus tyrannique? disait Camille Desmoulins (2). M. *Motier* élève un nouvel ordre, le plus formidable de tous, l'ordre des citoyens armés de fusils et de sabres; il assimile les gardes nationales aux anciens Francs, conquérants des Gaules, et toujours armés; et nous, nous devenons les Gaulois vaincus, et sans armes! » Marat traitait La Fayette de f.... général, chef des contre-révolutionnaires, souillé d'une *longue chaîne d'horreurs* (3); et pendant que les écrivains populaires accusaient le gouvernement de vouloir asservir la patrie, les pamphlétaires de l'aristocratie le traitaient de démagogue. « Espérons, disait l'un d'eux, que ce héros des halles et du Palais-Royal expiera tous ses crimes par une chute honteuse; il mérite la mort comme traître et chef de révoltés (4). » Un autre folliculaire avait rédigé ce dialogue :

D. Que sont les Parisiens?

R. Des rebelles qui, pour soutenir leur insurrection, se sont constitués en corps d'armée permanente, et ont pris à leur solde six mille hommes de troupes de ligne, qu'ils ont débauchés.

(1) *Révol. de Paris,* n° 56.
(2) N° 37, p. 616.
(3) *L'Ami du Peuple,* n° 251, p. 13.
(4) *Nouveau dictionnaire français,* composé par un *aristocrate, en France, d'une imprimerie aristocratique.*

D. Qu'est-ce que M. de La Fayette ?

R. Un factieux (1).

Les pamphlets royalistes de 1790 abondent en pareilles diatribes. Celui qui a pour titre *le Nouveau tableau de Paris* est destiné presque en entier à flétrir la milice parisienne et surtout la troupe soldée. Selon l'auteur anonyme, « les volontaires, guidés par l'ambition de porter l'uniforme national, bien plus que par le désir d'être utiles à leur patrie, ont abandonné leurs travaux, la conduite de leur ménage, pour promener leur oisiveté et leurs ridicules. Les compagnies du centre sont le refuge des brigands, des vagabonds errants et sans aveu, dont fourmillait la capitale avant la révolution. La garde soldée n'est, à proprement parler, que l'élite de la canaille parisienne, qui s'est servie de cette ressource pour se mettre à l'abri de la misère et du travail (2).

Toutes ces excitations avaient pour effet la désunion ; la garde nationale perdait de son prestige, et plusieurs fois, pendant le courant du mois d'août, elle fut assaillie à coups de pierres en conduisant en prison des voleurs que le peuple voulait pendre : plu-

(1) *Dialogue entre le docteur Quickly et Mamen, patriote impartial de la garde nationale parisienne, touchant M. Motier de La Fayette, maréchal-de-camp des ci-devant armées du roi, actuellement commandant des gardes nationales parisiennes.* Londres, 1790, in-8°, p. 4.

(2) *Nouveau tableau de Paris, Paris, de l'imprimerie de la Vérité,* 1790, in-8°, p. 51.

sieurs fois les détachements furent obligés de faire usage de leurs sabres.

On marchait à la guerre civile. Elle éclata avec violence à Nancy. Les régiments du roi, de Château-vieux et de Mestre-de-camp, cavalerie, y étaient en rébellion ouverte contre leurs officiers. Chargé par l'Assemblée nationale de réprimer le désordre, le lieutenant général marquis de Bouillé arriva à Nancy, le 31 août, avec deux mille quatre cents hommes de troupes, et les gardes nationales de Metz, de Toul et de Pont-à-Mousson. Un combat sanglant s'engagea, et se termina par la défaite complète des insurgés. Dans cette cruelle affaire, les gardes nationales « montrèrent le plus grand zèle et le plus courageux dévouement (1). » Louis XVI le constata dans la lettre qu'il adressa à l'Assemblée nationale. « J'ai chargé M. de la Tour-du-Pin de vous informer des événements qui ont rétabli l'ordre et la paix dans la ville de Nancy. Nous le devons à la fermeté et à la bonne conduite de M. de Bouillé, et à la fidélité des gardes nationales et des troupes qui, sous ses ordres, se sont montrées soumises à leur serment et à la loi. »

Les événements de Nancy furent diversement appréciés. Le parti populaire approuvait l'insurrection et accusait le marquis de Bouillé de n'avoir pas assez fait pour éviter l'effusion du sang. Sur les soixante bataillons de la milice parisienne, vingt-cinq repous-

(1) *Lettre du marquis de Bouillé*, 1er septembre.

sèrent tout d'abord la motion faite par le commandant
général de voter des remercîments aux gardes nationaux de la Meurthe et de la Moselle. Elle finit par
être adoptée, mais les journaux hostiles à La Fayette
en profitèrent pour l'attaquer avec une nouvelle acri-
monie. Dans le numéro 67 des *Révolutions de Paris*,
la garde nationale fut même menacée. Le rédacteur,
après avoir réclamé la suppression de l'uniforme,
ajoutait : « Citoyens, si vous ne prenez ce parti, craignez le ressentiment mal étouffé du peuple. Le peuple
sous les armes au mois de juillet offrait une phalange
de trois cent mille guerriers. Vingt - quatre mille
hommes bien vêtus auraient mauvaise grâce de me-
nacer de la loi martiale une phalange de trois cent
mille individus jaloux de leurs droits et armés. Craignez de teindre votre uniforme de votre propre sang
versé par vos frères trop longtemps méconnus. »

Insensible aux outrages, la milice parisienne suivait d'un pas ferme le sentier politique qu'elle s'était
tracé depuis 1789. Elle protégeait les lois constitutionnelles contre les rétrogrades qui redemandaient
l'ancien régime et contre les patriotes ardents, dont
les progrès obtenus ne satisfaisaient pas les vœux.
Organe d'un parti considérable, elle se maintenait
entre les deux extrêmes, entre l'oligarchie nobiliaire
et la démocratie, entre le passé et l'avenir. On la vit,
dans une même journée, le 28 février 1791, combattre
les agitateurs des faubourgs et les gentilshommes des
Tuileries.

8.

On réparait le donjon de Vincennes. « C'est une nouvelle Bastille, disent les ouvriers du quartier Saint-Antoine; » et, au nombre de deux mille, ils partent pour le démolir. La garde nationale de Vincennes ne s'oppose pas à leurs projets, et lorsque celle de Paris accourt, rassemblée par la générale, elle trouve l'œuvre de destruction commencée. Les lits et autres meubles qui garnissaient les cachots avaient été mis en pièces, et les parapets de la plate-forme du donjon encombraient le fossé de leurs débris.

Le détachement parisien reste d'abord spectateur indifférent du désordre; quelques soldats vont jusqu'à dire que le mal n'est pas grand et qu'on fait bien de renverser la forteresse. La Fayette parcourt les rangs, harangue les soldats-citoyens, et, lorsqu'il s'est assuré de leur concours, va trouver le maire de Vincennes. «Monsieur, lui dit-il, en qualité de commandant de la garde nationale, je suis sous vos ordres, je ne puis agir sans votre autorisation; mais je vous préviens que si vous manquez de fermeté, si vous ne faites pas respecter la loi, je vous dénonce demain à l'Assemblée nationale. »

La municipalité prend une décision conforme aux vœux du commandant général. Un escadron de cavalerie entre dans la cour, qu'elle fait évacuer sans éprouver trop de résistance, pendant que la garde à pied arrête sur la plate-forme soixante-quatre démolisseurs.

Le retour ne s'opéra pas sans obstacles. Une avant-garde et quelques pièces de canon précédaient la colonne, au centre de laquelle étaient placés les prisonniers. Depuis la barrière du Trône jusqu'à la Conciergerie des cris tumultueux partirent des groupes qui couraient sur les flancs de l'escorte ; des pierres furent lancées et atteignirent un aide-de-camp ; un cavalier fut blessé dans le faubourg d'un coup de feu tiré par une fenêtre.

Pendant ce temps, on avait arrêté aux Tuileries, dans les appartements du dauphin, le chevalier de Court-la-Tombelle. Conduit au comité de la section des Feuillants, il fut trouvé muni d'un couteau de chasse et de pistolets. Ce fut assez pour accréditer le bruit qu'on avait voulu attenter aux jours de Louis XVI. Sous prétexte de le protéger, mais en réalité pour tenter un mouvement contre-révolutionnaire, arrivèrent en foule des hommes connus par leur patriophobie, les députés de Beauharnais, Foucault, Frondeville et Despréménil, MM. de La Bourdonnaye, d'Agoult et plusieurs membres du club monarchique de la rue du Mail. Tous portaient des pistolets et des poignards. M. Gouvion, major général, alla prévenir le roi de l'invasion de ses appartements par une bande de gens armés. Louis XVI sortit de son cabinet et s'avança au milieu d'un groupe de conjurés, auxquels il demanda l'explication de leur conduite. « Sire, répondit l'un d'eux, c'est votre fidèle noblesse qui accourt auprès de votre personne sacrée pour la défendre. — Ma personne, répliqua Louis XVI, est en sûreté au milieu de la garde citoyenne. Si vous voulez me protéger, c'est sous l'uniforme qu'elle porte qu'il faut vous présenter. Retirez-vous ! »

Les conjurés obéirent. Le matin, la garde descendante, pressentant une alerte, n'avait pas voulu quitter les Tuileries et avait obtenu la permission de rester avec la garde montante. Toutes les deux réunies formèrent aux portes du château une double haie très-serrée pour fouiller les *chevaliers du poignard*. Il se passa une scène tragi-comique, que Camille Desmoulins raconte plaisamment (1) : « La garde nationale parisienne en général est bonne, et très-bonne, en dépit de l'état-major et de son chef. Ces braves soldats-citoyens, indignés de voir cette multitude de croix de saint Louis, de gardes-du-corps, d'archinoirs et d'uniformes de toutes les couleurs, inonder les galeries et y mesurer leurs forces, ont enveloppé tous ces ci-devant, qui ont rendu leurs pistolets, leurs poignards, leurs cannes à sabre. Notez qu'on a trouvé dans les appartements de ces mannes où l'on sert les plats, lesquelles étaient remplies de pistolets. Notez qu'il s'est trouvé beaucoup de pistolets semés dans le jardin des Tuileries. Tout ce qu'on devine que je prescrirai dans mon *Traité des délits et des peines*, au chapitre des huées, boues, crachats, étrivières, fut administré avec une justice distributive admirable. Il y eut un de ces régicides, et, ce qui est plus criminel

(1) N° 67, p. 59.

encore, de ces liberticides, à qui un grenadier arracha
son cordon rouge. »

Lafayette, revenu vers dix heures du soir, répri-
manda vivement MM. Villequier et Duras, gentilshommes de la chambre. Il commanda qu'on ne laissât
entrer au château que des citoyens en uniforme national et sans armes, et rendit compte de l'événement
par l'ordre du jour suivant :

« Le commandant général croit devoir prévenir
l'armée qu'il a pris les ordres du roi, pour que les appartements du château ne se remplissent plus de ces
hommes, dont quelques-uns, sans doute, par un zèle
sincère, mais dont plusieurs aussi, par un zèle très-
justement suspect, ont osé, hier, se placer entre la
garde nationale et le roi. Le commandant général,
d'après les ordres du roi, a intimé aux chefs de la do-
mesticité du château, qu'ils eussent à prendre des
mesures pour prévenir pareille indécence. Le roi de la
Constitution doit et ne veut être entouré que de soldats de la liberté. »

On supposa, avec quelque raison, que l'intention
des chevaliers du poignard avait été d'enlever le roi.
Les appréhensions universelles n'étaient pas calmées,
lorsque, le 18 avril, Louis XVI se prépara à partir
pour Saint-Cloud. Le peuple s'ameuta immédiatement
pour s'opposer à un voyage qui pouvait être le pré-
lude d'une évasion. Au son du tocsin de Saint-Roch,
une multitude immense accourut au Carrousel. Plusieurs compagnies de garde nationale s'y rendirent

en même temps ; mais la plupart avaient les baïonnettes renversées en signe de fraternité. Le roi monta en
voiture ; mais une muraille d'hommes, compacte et
impénétrable, s'élevait devant les chevaux, et des
milliers de voix répétaient : « Le roi ne partira pas !
Nous ne voulons pas qu'il parte ! »

Des officiers, des aides-de-camp parlementèrent
vainement avec la foule pendant plus d'une heure.
La Fayette parla à son tour : il rappela les services
rendus par lui à la liberté des deux mondes. « C'est moi,
ajouta-t-il, qui ai rédigé le premier une déclaration des
droits de l'homme ; il m'est permis de vous parler au
nom de la loi. Obéissez, ou je renonce au commandement. » Ces paroles furent sans effet. Désespéré, le
commandant général ordonna à la garde nationale
d'ouvrir le passage, et la garde nationale demeura
immobile. Il se rendit à la municipalité, et de là au
directoire du département, pour réclamer l'applica-
tion de la loi martiale ; mais ils n'osèrent pas assumer
sur eux la responsabilité d'une pareille mesure. A
deux heures, Louis XVI renonça à son projet, et re-
monta dans ses appartements.

Trois jours après, La Fayette envoya sa démission à
la municipalité. Sitôt que la nouvelle s'en fut propa-
gée dans les sections, les bataillons furent convoqués,
et, les uns sans armes, les autres armés, enseignes déployées et tambours en tête, ils allèrent chez La Fayette
pour l'engager à reprendre le commandement. Il était
absent. Les bataillons y laissèrent une députation, et

se transportèrent à l'hôtel de ville, où le corps municipal s'était rassemblé, pour délibérer sur une résolution qu'il regardait comme une calamité publique.

Rentré à huit heures du soir, La Fayette se voit
assailli par les députés des bataillons. On détèle les
chevaux de sa voiture ; on la traîne dans la cour ; les
prières, les supplications, sont mises en œuvre pour
obtenir une rétractation. Le commandant général oppose un refus formel à toutes les instances. Toutefois,
ses refus ne découragent pas ses frères d'armes. Ils
dirigent sur la place de Grève la masse de la garde
nationale, et réclament à grands cris l'intercession de
la municipalité. Le maire, Bailly, et plusieurs membres du conseil, vont trouver le commandant général,
qui répond avec émotion aux instances des magistrats de la Cité, et demande la permission de porter
le lendemain sa réponse au conseil.

Il s'y rendit le lendemain, vêtu d'un simple habit
bourgeois, et après avoir laissé calmer l'agitation
qu'occasionnait sa présence, il remercia ses camarades des sentiments qu'ils lui manifestaient, et rappela
les principes constitutionnels en vertu desquels il avait
demandé leur concours. Un orateur, répondant au
nom des députés des bataillons, exprima l'attachement de toute l'armée pour son général. Des cris unanimes et répétés pressèrent alors La Fayette de retirer sa démission. « On attache, répliqua-t-il, trop
d'importance à ma personne ; le salut public ne dépend pas d'un individu, mais des moyens qui peu-

vent assurer à celui qui commande la certitude d'être
obéi. Il importe qu'il puisse garantir les personnes,
les propriétés et la tranquillité publique, qui ne saurait exister sans la plus entière soumission aux lois.
Maintenant que je vous ai fait connaître mes idées,
permettez-moi de me retirer. L'expression de vos sentiments de bienveillance me jette dans une agitation
que j'ai besoin de calmer. »

Le lendemain 23 avril, cinquante-et-un bataillons
prirent un arrêté ainsi conçu :

« Tous les soldats-citoyens renouvelleront indivi-
duellement, et par leurs signatures, le serment d'être
fidèle à la nation, à la loi et au roi, et d'obéir dans
toutes les circonstances à M. de La Fayette, auquel
ils jureront de nouveau un attachement inviolable et
une confiance sans bornes. Celui des volontaires et de
la compagnie centrale qui sera réfractaire à ce serment, sera expulsé du bataillon. »

La Fayette ne résista plus, et reprit le commandement, aux applaudissements universels du parti constitutionnel. Celui de l'opposition protesta énergique-
ment. Dubois-Crancé, député, et grenadier du bataillon des Blancs-Manteaux, déclara, dans une lettre
rendue publique, « qu'il eût porté sa tête sur l'échafaud plutôt que de signer le serment formulé par les
cinquante-et-un bataillons. » Dans les groupes du Palais-Royal, aux clubs des Cordeliers et de la *Société
fraternelle*, il fut question de *lanterner* La Fayette à
la première occasion. Le journal des *Révolutions de*

*Paris*, compara les Parisiens aux Siamois, adorateurs
de l'*Éléphant blanc* (1). « Si les arts étaient plus avan-
cés à Siam, il y aurait un beau tableau à peindre.
Qu'on se figure deux mille automates bien vêtus, ju-
rant sur leurs javelots soumission parfaite et dévouement entier aux ordres de l'*Éléphant blanc*. C'était la
condition tacite du retour de ses bonnes grâces ; et
près d'un tiers de la ville de Siam eut la lâcheté d'y
souscrire. Aussi, depuis ce moment, on ne l'appelle
plus que la *ville des idolâtres* ; et on nomme *serment
des aveugles*, la promesse d'obéir en tout à l'*Éléphant
blanc*. »

L'un des premiers soins du commandant général fut
de resserrer les liens qui unissaient la garde nationale
au roi de la Constitution.

La démonstration du 18 avril n'avait pas fait renoncer Louis XVI au projet de fuite qu'il méditait
depuis quatre ou cinq mois (2) ; mais il jugeait prudent
de dissimuler. Il avait témoigné au corps municipal
une *sainte indignation* de ce qu'on avait pu soupçon-
ner son dévouement à la Constitution et aux lois, qui
devaient et pouvaient seules la maintenir (3). Il acheva
de dissiper la méfiance, en adressant aux puissances
étrangères un manifeste tout patriotique (4). On y li-

(1) N° 96, p. 213.
(2) *Mémoires de madame Campan*, t. II, p. 312.
(3) *Journal de Paris*, n° 47, p. 448.
(4) *Séance de l'Assemblée constituante* du 23 avril 1791, *Point
du jour*, par Barère, n° 653, p. 361.

sait : « Les ennemis de la Constitution ne cessent de répéter que le roi n'est pas heureux ; comme s'il pouvait exister pour un roi d'autre bonheur que celui du peuple ! Ils disent que son autorité est avilie ; comme si l'autorité, fondée sur la force, n'était pas moins puissante et plus certaine que l'autorité de la loi ! enfin, que le roi n'est pas libre ; calomnie atroce, si l'on suppose que sa volonté a pu être forcée ; absurde, si l'on prend pour défaut de liberté le consentement que Sa Majesté a exprimé plusieurs fois de rester au milieu des citoyens de Paris, consentement qu'il devait accorder à leur patriotisme, même à leur crainte, et surtout à leur amour. »

Deux députés par compagnie se réunirent à l'hôtel de ville, le 26 avril, pour aller remercier Louis XVI de sa déclaration solennelle. La Fayette les conduisit aux Tuileries, et, au nom de la garde nationale parisienne, il félicita le roi d'une aussi éclatante et aussi patriotique démarche. « Sire, dit-il en terminant, nous sentons plus que jamais le besoin de déposer dans le sein d'un père tendre et indulgent le serment que nous avons tous renouvelé, de remplir nos devoirs avec une constance infatigable, avec une inébranlable fermeté. Recevez, sire, cet hommage de notre obéissance à la loi, de notre zèle pour le maintien de l'ordre constitutionnel, de notre horreur pour l'intolérance, le désordre et l'anarchie. — Je reçois avec sensibilité, répondit Louis XVI, les assurances d'attachement et de zèle que vous me donnez au nom de la garde nationale de Paris. J'aimerai toujours à compter sur la fidélité de ceux à qui le soin de maintenir la liberté et la tranquillité publique est particulièrement confié. C'est à la garde nationale parisienne qu'il appartient de donner l'exemple de cette obéissance constitutionnelle qui doit faire la force et la sûreté de l'État; qu'elle ne doute jamais de mes sentiments pour elle et pour son chef, si digne de sa confiance (1).

· Tout en redoublant ses protestations, Louis XVI s'occupait de ses préparatifs de départ et des moyens d'assoupir la vigilance de la milice citoyenne. Il paraissait difficile d'y échapper. Tous les jours, cent gardes nationaux montaient la garde aux Tuileries, et partageaient les postes avec les gardes-suisses. Des sentinelles étaient échelonnées de cent pas en cent pas sur la terrasse du bord de l'eau ; toutes les issues du château et du jardin étaient occupées par la milice citoyenne; elle avait deux corps-de-garde au Pont-Tournant, jeté sur le fossé du côté de la place Louis XV, et deux gardes à cheval stationnaient sans cesse devant la grande porte du Carrousel. A l'intérieur, les officiers de la garde nationale faisaient le service de gardes-du-corps, et l'on trouvait des sentinelles jusque dans les corridors des combles et les escaliers de service.

Comment se dérober à tant de surveillance? Ce fut

(1) *Journal de Paris*, n° 50, p. 479.

la reine qui en découvrit la possibilité. Le palais était à cette époque séparé de la place du Carrousel par une rangée de bâtiments. L'espace intermédiaire était divisé en trois cours. La cour *royale*, au centre; la cour *des princes*, du côté du quai, et la cour *des suisses* ou *des écuries*. Il fallait parvenir à descendre clandestinement dans l'une de ces cours, dont chacune avait une porte donnant sur le Carrousel. Une fois en bas, à la faveur de la nuit et d'un déguisement, on avait bien des chances pour sortir sans encombre, car les sentinelles étaient accoutumées à voir passer beaucoup de monde sur les onze heures du soir, lorsque le service du château était terminé.

Marie-Antoinette remarqua qu'une petite pièce, occupée par une de ses femmes, M$^{me}$ Rochereuil, communiquait, par un escalier, avec un appartement du rez-de-chaussée, qui avait une sortie sur la cour royale, et une autre sur la cour des princes. Cet appartement venait d'être abandonné par M. de Villequier, émigré à la suite de la conspiration des *poignards*. On donna à M$^{me}$ Rochereuil une autre chambre; et un passage sûr, dont l'existence n'était pas connue, fut ainsi à la disposition des fugitifs.

Le duc de Choiseuil et M. de Gognelat, officier d'état-major, furent dépêchés au marquis de Bouillé, qui commandait en Lorraine, pour lui ordonner de concentrer ses troupes à Montmédy, où le roi avait intention de se rendre. Le soin de se procurer des moyens de transport fut confié au comte Axel de Fersen, mestre-de-camp, propriétaire du régiment royal suédois. C'était, l'on doit en croire la chronique scandaleuse du temps, *l'ami intime* de la reine. Elle lui avait fait obtenir une pension de cent cinquante mille francs, et il en recevait une autre de cent mille francs, en considération de la distinction de ses services (1). Cet homme dévoué se chargea de venir prendre les voyageurs auprès des Tuileries, et de les conduire à la barrière Saint-Martin, où les attendrait une voiture de poste à six chevaux et à six places, qu'il commanda chez un carrossier de la rue Guénégaud, nommé Pascal.

Pour obtenir un passeport, le comte de Fersen s'adressa à la baronne de Korff, dame de la cour de Rus-

---

(1) *Le Livre rouge, ou liste des pensions secrètes sur le trésor public*, 1re livraison, p. 18. Les observations dont les rédacteurs de ce recueil font suivre l'article du comte de Fersen sont conçues en termes grossiers, qui ne permettent point d'admettre un témoignage dicté par la haine. L'accusation qu'on y porte contre Marie-Antoinette tomberait d'elle-même, si elle n'était confirmée par un écrivain ultra-royaliste, le comte Alexandre de Tilly, page de la reine. Après avoir consacré plusieurs pages à la défense de sa souveraine, il nomme le duc de Coigny et le comte de Fersen, et ajoute : « Ses deux affections tendres, je les ai dites ; mais j'offre d'avancer, sur la responsabilité de ma vie, qu'elles sont les seules dont elle aurait à répondre devant le souverain juge, s'il réprouvait et châtiait de telles fragilités, et si les dernières années et la mort de cette illustre victime ne suffisaient pas pour l'absoudre devant le ciel comme devant la postérité. » (*Mémoires du comte A. de Tilly ;* 1828, in-8 ; t. II, p. 120.)

9

sie. Elle allait quitter Paris avec une suite assez considérable, et avait fait demander, par M. de Simolin, plénipotentiaire du czar, un passeport à M. de Montmorin, ministre des affaires étrangères. M. de Fersen convint d'abord avec elle, que dès qu'elle aurait passé la frontière, elle lui renverrait ce passeport ; mais, réfléchissant qu'un accident imprévu pourrait en retarder l'expédition, il pria la baronne d'en solliciter un second, sous prétexte que le premier avait été jeté au feu par mégarde. Cette pièce essentielle fut entre les mains du roi dès les premiers jours de juin. Elle était ainsi conçue :

« DE PAR LE ROI : A tous officiers civils et militaires chargés de surveiller et de maintenir l'ordre public dans les différents départements du royaume, et à tous autres qu'il appartiendra, salut :

« Nous vous mandons et ordonnons que vous ayez à laisser passer librement la baronne de Korff, allant à Francfort, avec deux enfants, une femme, un valet-de-chambre et trois domestiques, sans lui donner ni souffrir qu'il lui soit donné aucun empêchement. Le présent passeport valable pour un an, mais seulement.

« Donné à Paris, le 5 juin 1791. *Signé* LOUIS, par le roi ; MONTMORIN. »

Des travestissements furent commandés, et la famille royale se partagea les rôles que chacun avait à jouer dans le drame de l'évasion. M^me de Tourzel, gouvernante du Dauphin, devait remplir celui de la

baronne de Korff; la reine devenait M^me Rochet,
gouvernante des enfants de la baronne; le roi, Durand, valet-de-chambre; M^me Royale et le dauphin,
habillé en fille, passeraient pour Amélie et Aglaé,
enfants de la baronne. Trois gardes du corps, MM. de
Malden, de Moustier et de Valory, sous les noms de
Saint-Jean, Melchior et François, prendraient la veste
jaune et la casquette des jockeys (1).

Il était impossible d'éviter toute espèce de soupçons.
Le projet fut ébruité par des familiers du château;
plusieurs avis parvinrent à M. de Lafayette, au major
général Gouvion (2). Vingt officiers de la garde nationale passèrent plusieurs nuits à rôder dans les cours
et dans les jardins; mais la conduite du roi et de la
reine était de nature à calmer toutes les craintes. L'un
promettait à une députation de l'Assemblée nationale
d'assister à la procession de la Fête-Dieu; l'autre offrait
quatre chevaux blancs pour la cérémonie de l'apo-
théose de Voltaire, qui devait avoir lieu le 4 juillet. Elle
disait en riant au commandant de la garde nationale :
« Parle-t-on encore de la fuite du roi? — Non, madame, on est trop persuadé de l'attachement du roi à
la Constitution. — On a bien raison. » Au moment
où elle tenait ce langage, tout était préparé pour le
départ.

(1) *Mémoires de Weber*, t. II, p. 55.
(2) *Histoire de la Révolution*, par Toulongeon; 1801; in-8;
t. II, p. 20. *Histoire de la Révolution*, par Montgaillard, t. II,
p. 365.

Il s'effectua le 20 juin au soir. M. de Fersen, déguisé en cocher, se plaça au coin de la rue de l'Échelle, avec un carrosse de remise. Il y reçut, à dix heures et demie, un premier groupe, composé des enfants du roi, de Mᵐᵉ Élisabeth, de Mᵐᵉ de Tourzel, et de M. de Malden. Un quart d'heure après, Louis XVI descendit, accompagné de M. de Valory. Il portait, sur une perruque, un large chapeau rond, et était revêtu d'un habit gris de fer. La boucle d'un de ses souliers se cassa au moment où il atteignait le Carrousel, et il fut obligé de le raccommoder, presque sous les yeux du garde national de faction. La reine sortit la dernière, donnant le bras à M. de Moustier. Au moment où elle passait le seuil de la grande porte, la voiture de M. de La Fayette traversait le Carrousel pour gagner le Pont-Royal, avec une escorte de gardes nationaux à cheval et de valets portant des flambeaux. La nuit était obscure, le ciel couvert de nuages. Marie-Antoinette avait un chapeau qui lui couvrait le visage ; elle se rangea près de la muraille, pour laisser passer la voiture du commandant général. Echappée à ce premier danger, elle dit à M. de Valory de la conduire au coin de la rue de l'Échelle ; mais ni elle ni son guide ne connaissaient Paris. Ils prirent à droite au lieu de prendre à gauche, franchirent les guichets de la grande galerie, et se trouvèrent sur les quais. Après avoir erré longtemps, ils furent obligés de demander leur chemin à la sentinelle du Pont-Royal, revinrent sur leurs pas, et rejoignirent enfin le reste de la famille. La voiture de remise descendit la rue Saint-Honoré, et suivit les boulevards extérieurs jusqu'à la barrière Saint-Martin, où les voyageurs montèrent dans la chaise de poste qui devait les conduire à la frontière.

La disparition du roi ne fut connue à Paris que le 20 juin, à neuf heures du matin. Trois coups de canon, tirés sur le Pont-Neuf, l'annoncèrent à la population. On battit la générale, on sonna le tocsin, et en un clin d'œil toute la garde nationale fut debout (1); les ouvriers s'armèrent à la hâte, et vinrent grossir les rangs. Santerre, commandant du bataillon des Enfants-Trouvés, distribua deux mille piques aux habitants du faubourg Saint-Antoine. Des aides-de-camp furent immédiatement expédiés dans toutes les directions, pendant que l'Assemblée nationale se mettait en mesure de parer aux inconvénients de la situation.

L'un des plus importants décrets qu'elle rendit dans cette mémorable séance, fut celui qui ordonnait la mobilisation de toutes les gardes nationales.

« L'Assemblée nationale, voulant pourvoir, dans les circonstances, à la sûreté extérieure et intérieure de l'État et au maintien de la Constitution, décrète ce qui suit :

« La garde nationale du royaume sera mise en activité.

« Les départements du Nord, du Pas-de-Calais, de

(1) *Courrier français* du 22 juin 1791, n° 173, p. 421.

l'Aisne, des Ardennes, de la Moselle, de la Meuse, de la Meurthe, du Bas-Rhin, du Haut-Rhin, de la Haute-Saône, du Doubs, du Jura, du Var, fourniront le nombre de gardes nationales que leur situation exige, et que leur population pourra leur permettre.

« Les autres départements fourniront de deux à trois mille hommes, et, néanmoins, les villes pourront ajouter à ce nombre ce que leur population leur permettra.

« En conséquence, tout citoyen et fils de citoyen en état de porter les armes, et qui voudra les prendre pour la défense de l'État et le maintien de la Constitution, se fera inscrire dans sa municipalité, laquelle enverra aussitôt la liste des enregistrés aux commissaires que le Directoire du département nommera, soit parmi les membres du conseil général, soit parmi les autres citoyens, pour procéder à la formation des bataillons.

« Les gardes nationales enregistrées seront réparties en bataillons de six compagnies chacun, et chaque compagnie composée de cinquante gardes nationales, non compris les officiers, sous-officiers et tambours.

« Chaque compagnie sera commandée par un capitaine, un lieutenant, un sous-lieutenant, deux sergents, un fourrier et quatre caporaux.

« Chaque bataillon sera commandé par un colonel et deux lieutenants-colonels.

« Tous les individus composant la compagnie nommeront leurs officiers et sous-officiers; l'état-major sera nommé par tout le bataillon.

« Du jour du rassemblement de ces compagnies, tous les citoyens qui les composeront recevront, savoir : le garde national, 15 sous par jour; le caporal et le tambour, une solde et demie ; le sergent et le fourrier, deux soldes ; le sous-lieutenant, trois soldes ; le lieutenant, quatre soldes; le capitaine, cinq soldes ; le lieutenant-colonel, six soldes, et le colonel, sept soldes.

« Lorsque la situation de l'État n'exigera plus le service extraordinaire de ces compagnies, les citoyens qui les composent cesseront d'être payés, et rentreront dans leurs compagnies de gardes nationales, sans conserver aucune distinction. »

Sans attendre les ordres des représentants de la nation, les gardes nationales des départements imitaient celles de Paris. Elles se levaient en masses, disposées à combattre à la fois l'aristocratie et l'étranger. On écrivait de Bordeaux : « La Gironde a quatre-vingt mille gardes nationales prêtes à marcher ; mais nous n'avons pas autant de fusils que d'hommes et de patriotes intrépides ; faites-nous donner des fusils. — Nous n'avons que deux cents hommes en état de porter les armes, mandaient à l'Assemblée les habitants d'une petite ville de Normandie ; mais ils sont jeunes, courageux, agiles; si l'on entreprend la moindre chose contre la France, ils fondront sur l'ennemi.

Du département de l'Allier, de Nevers, de Moulins, on écrivait : « Nous avons des plaines couvertes de moissons et d'hommes ; hommes et moissons, tout sera prêt pour la patrie, si elle en a besoin. A Givet, les citoyens, pensant que la fuite de Louis XVI serait suivie d'une invasion, réparaient les fortifications, de concert avec les soldats des régiments de Foix et d'Alsace; et ceux-ci disaient à l'entrepreneur, qui se plaignait de manquer de fonds : « Nous vous en fournirons ; nous avons chacun un louis de masse, nous l'avancerons ; nous donnerons notre prêt ; nous mangerons du pain. Disposez de nos bras ; nous sommes les défenseurs de la patrie, nous voulons être encore les travailleurs de l'État. » La ville de Verdun envoyait à l'Assemblée constituante cette simple adresse : « Nous jurons de mourir pour l'exécution de vos décrets. » Suivaient quatre pages de signatures.

Si les gardes nationales de la Meurthe, de la Moselle et des Ardennes n'avaient marché à la première alerte, Louis XVI serait arrivé à Montmédy, et aurait commencé la guerre contre ceux qu'il appelait ses sujets rebelles. Pendant qu'il relayait à Sainte-Ménehould, il fut reconnu par Drouet, fils du maître de poste, fédéré du 14 juillet 1790. Drouet, pour s'assurer qu'il ne se trompait pas, prit un assignat de 50 livres, et compara le portrait qui y était gravé avec l'original. Il laissa toutefois partir la voiture, mais il la suivit à cheval, et, prenant un chemin de traverse, il arriva avant elle à Varennes, sur les onze heures du soir. Le 21 juin, il descendit chez l'aubergiste Leblanc, à l'enseigne du *Bras d'or*. « Camarade, lui dit-il, es-tu bon patriote? — Sans doute. — Eh bien! mon ami, cours vite avertir tout ce que tu connais d'honnêtes gens ; dis-leur que le roi est en haut de Varennes ; qu'il va descendre, et qu'il faut l'arrêter. L'aubergiste va sur-le-champ prévenir M. Sausse, marchand de chandelles et procureur de la commune. Le commandant de la garde nationale, M. de Sigemont, est également averti. Assisté de Guillaume, commissaire du district, de Mangin, chirurgien, et de l'ex-oratorien Billaud, Drouet barricade le pont avec des charrettes, et fait sonner le tocsin.

A minuit, la chaise de poste paraît ; le commandant de la garde nationale et le procureur de la commune se montrent à la portière, et invitent les voyageurs à descendre pour faire viser leurs passeports, et attendre qu'on ait déblayé le pont encombré.

La famille royale ne put refuser ; elle suivit Sausse dans sa boutique ; et Louis XVI, affectant un air d'indifférence, demanda à se rafraîchir. Il mangea un morceau de fromage, but un verre de vin de Bourgogne, et entama avec son hôte une conversation familière. Sausse la prolongea pour gagner du temps ; il l'interrompait par intervalles, s'échappait sous différents prétextes, et donnait les ordres nécessaires. En moins d'une heure, quatre mille gardes nationaux des communes voisines étaient réunis à Varennes. En présence de ces forces, les détachements de hussards et de dragons que le marquis de Bouillé avait dirigés sur Varennes, durent renoncer à toute tentative en faveur

10

de la famille royale, qui demeura à la discrétion des habitants.

Sausse, voyant *pleuvoir les hommes* à Varennes (1), retourna auprès de Louis XVI, et, lui montrant une gravure suspendue au mur : « Sire, lui dit-il, voilà votre portrait. » Le fugitif essaya d'abord de nier, ce qui entraîna une légère altercation. La reine, retirée dans un coin, était restée silencieuse et impassible; mais s'apercevant que les interlocuteurs de son époux n'avaient pas pour lui toute la déférence désirable, elle se rapprocha, et dit fièrement : « Si vous le connaissez pour votre roi, parlez-lui donc avec le respect que vous lui devez. » Dès lors Louis XVI cessa de feindre : « Eh bien! oui, dit-il, je suis votre roi. Placé à Paris, au milieu des poignards et des baïonnettes, je viens chercher en province, au milieu de mes fidèles sujets, la liberté dont vous jouissez tous : je ne puis plus rester à Paris sans y mourir, ma famille et moi. » Puis il embrassa ceux qui l'entouraient, et finit en proposant de se remettre volontairement entre les mains de la garde nationale, d'être conduit par elle à Montmédy, ou à telle autre ville qu'elle désignerait, pourvu que ce ne fût pas à Paris. « Sire, réplique Sausse, que ces supplications avaient ému, rien n'est plus raisonnable que ce que vous nous demandez; mais il est trop tard, et il y va de ma tête, si vous ne reprenez la route de Paris. — Veux-tu donc me trahir, reprit

(1) *Lettre écrite de Verdun. Courrier français*, n° 184.

Louis XVI, me livrer à mes plus cruels ennemis ? Ah ! mon ami, c'est ton roi qui est en ton pouvoir, c'est ton roi qui t'implore. Sauve-moi ; je me mets sous ta protection. Sauve ma femme, sauve mes enfants ; accompagne-nous, guide-nous. Je te promets une fortune immense à toi et aux tiens. J'élèverai ta ville au-dessus de toutes les villes du royaume. Tiens, tiens. » Et il fouillait dans toutes ses poches, comme pour y chercher de l'argent ; mais le procureur de la commune lui ôta tout espoir, en disant : « N'espérez pas me rien faire faire de contraire à l'honneur : j'ai juré d'être fidèle à la nation, à la loi et à vous. Je vous trahirais également tous trois en cédant à vos demandes. Je trahirais la Constitution, que vous avez promis de défendre, et la cause de la liberté. — Toujours cette f.... liberté ! dit le roi avec emportement (1).

Déjà, en effet, les six chevaux étaient attelés à la chaise de poste, tournée vers l'avenue de Paris. Une double file de gardes nationaux était établie depuis la maison de Sausse jusque sur la route, et s'allongeait à chaque minute par l'arrivée de nouveaux renforts. Le 22 juin, à six heures du matin, M. de Romeuf, aide-de-camp de La Fayette, entra dans la boutique où la famille royale avait passé la nuit : il était porteur d'un ordre de son général (2), et du décret de

____

(1) *Lettre écrite de Verdun. Courrier français*, n° 184.

(2) M. de Romeuf, mon aide-de-camp, est chargé d'apprendre partout sur sa route que les ennemis de la patrie ont emmené

l'Assemblée qui enjoignait d'arrêter *toute personne quelconque* sortant du royaume. La reine, qui connaissait le jeune officier, lui demanda comment il avait pu se charger d'une pareille commission. M. de Romeuf essaya de justifier le commandant général ; il fit observer que la fureur populaire avait rendu M. de La Fayette responsable de l'évasion du roi ; que sur la place de Grève on avait descendu la lanterne pour l'y attacher. « N'importe, reprit Marie-Antoinette, c'est notre ennemi ; il n'a en tête que ses États-Unis et la république américaine. Il verra ce que c'est qu'une république française ; eh bien ! monsieur, montrez-moi donc ce décret dont vous êtes porteur ? »

L'aide-de-camp lui en remit une copie. « Les insosolents ! » s'écria la reine en en lisant les premières phrases ; et elle la rejeta avec indignation. Le papier tomba sur la couchette où dormaient paisiblement le dauphin et sa sœur. La reine le ramassa avec vivacité, et le jeta à terre en disant : « Il souillerait le lit de mes enfants (1) ! »

L'arrestation de la famille royale fut connue le soir même à Paris. L'Assemblée constituante nomma trois commissaires, Latour-Maubourg, Barnave et Pétion,

le roi, et d'ordonner à tous les amis du bien public de mettre obstacle à son passage. Je prends sur moi toute la responsabilité de cet avis.                    LA FAYETTE.

(1) *Mémoires* de Weber, t. II, p. 119.

pour assurer le retour du roi. Craignant quelque attaque imprévue des étrangers et quelque défection
dans l'armée, dont les officiers regrettaient presque
tous l'ancien ordre de choses, elle arrêta qu'ils prêteraient un nouveau serment civique ainsi formulé : « Je
jure d'employer les armes remises en mes mains à la
défense de la patrie, et à maintenir contre tous ses
ennemis du dedans et du dehors la constitution décrétée par l'Assemblée nationale. Je jure de mourir
plutôt que de souffrir l'invasion du territoire français
par des troupes étrangères ; de n'obéir qu'aux ordres
qui seront donnés en conséquence des décrets de l'Assemblée nationale. » Une députation de la milice parisienne vint prononcer ce serment, le 23 juin, ayant à
sa tête La Fayette. « Vous voyez devant vous, dit le
commandant général, des citoyens qui n'ont jamais
mesuré qu'aux besoins de la patrie le dévouement
qu'ils lui doivent. Recevez de ces soldats, éprouvés
par de grandes circonstances, la nouvelle assurance
d'un dévouement auquel la France se confiera. Croyez
que ceux-là seront fidèles à la nation, qui, dans ces
temps de troubles, ont su maintenir l'ordre public, ne
craindre que pour la liberté, et qui nous répondent
encore de l'un et de l'autre. » — « Messieurs, répondit
le président Alexandre de Beauharnais, après avoir
donné le premier exemple à toutes les gardes nationales du royaume, et après avoir, par cet accord
unanime, assuré le succès de notre révolution, vous
avez trouvé des forces pour préserver la tranquillité

10.

publique, et fait jouir la nation de la paix qui était
nécessaire à l'établissement de la constitution. La
France entière sait trop ce qu'elle vous doit pour ne
pas apprécier tous les services que vous pouvez rendre
encore. Elle a proclamé avec enthousiasme vos vertus
civiques, et l'Assemblée nationale a plus d'une fois,
avec intérêt, offert pour prix de vos veilles l'expression de sa reconnaissance. Elle voit sans inquiétude
des événements qui peuvent rendre pénibles encore
vos honorables fonctions ; car si nos ennemis oublient
que le peuple français est libre, vous saurez leur
prouver que les forces des citoyens armés pour leur
liberté sont aussi inépuisables que leur courage. »

Après ce discours, le président lut la formule du
serment, et l'on entendit, tant dans la salle qu'au
dehors, des milliers de voix crier : « Nous le jurons ! »
Les musiciens de la députation prirent place sur les
bancs dégarnis du côté droit, et jouèrent le *Ça ira*,
l'air *Où peut-on être mieux?* et autres chants patriotiques, pendant que les gardes nationaux s'avançaient la main levée, dans une attitude fière et tranquille. Ils entraient en ordre du côté gauche, et
sortaient par la porte opposée. Dans leur rangs marchaient des citoyens de toutes les classes, les uns
munis de sabres ou de piques, les autres sans armes,
quelques-uns portant dans leurs bras leurs enfants
qu'ils tendaient vers l'Assemblée, comme pour les
offrir à la patrie. On distinguait parmi eux les forts
de la halle, en costume de travail et le fusil sur l'é-

paule ; les boulangers précédés d'un pain au bout d'une pique. Tous, en passant, levaient la main, et répétaient : « Nous le jurons ! Nous voulons vivre libres ou mourir ! Vive la nation ! vive la loi ! Nous jurons d'aller vaincre aux frontières ! » La procession mit trois heures à défiler, au bruit des instruments, au milieu des applaudissements, des chants révolutionnaires, des démonstrations du plus chaleureux enthousiasme.

Cependant Louis XVI s'acheminait tristement vers la Capitale. «Nous avons joint le roi, écrivaient les commissaires, à peu de distance d'Épernay ; il était dans une voiture avec la reine, le dauphin, madame Royale, madame Élisabeth et M. de Touzelle. Trois domestiques étaient sur le siége (1); deux femmes suivaient dans un cabriolet. Un peuple immense et en armes était sur la route. Nous nous sommes approchés de la personne du roi; nous lui avons fait part de notre mission, et nous lui avons donné lecture du décret de l'Assemblée nationale. Nous en avons également fait lecture aux braves citoyens qui lui servaient de cortége. Nous avons institué M. Dumas leur commandant (2), et nous nous sommes rendus en bon ordre à Dormans, où nous passons la nuit. De-

(1) Les trois gardes-du-corps habillés en vestes de chamois jaune.

(2) Mathieu Dumas, colonel, directeur général du dépôt de la guerre, depuis général de division.

main nous serons à Meaux, et après-demain à Paris.
Ce qui ralentit notre marche, c'est l'affluence des
gardes nationales, qui se rendent de toute part sur le
passage du roi pour l'escorter, et dont nous devons
louer le zèle et la conduite prudente et généreuse. »

La milice parisienne alla au devant du captif jusqu'à Bondy ; et quand il entra dans Paris, le 26 juin,
à sept heures du soir, son escorte, qui s'était constamment grossie, avait fini par être une armée formidable, divisée en détachements de cavalerie et d'infanterie, et précédée de seize pièces de canon. Elle suivit les boulevards extérieurs depuis la barrière Saint-
Martin jusqu'à l'avenue des Champs-Élysées, et entra
aux Tuileries par le pont Tournant. Il faisait une chaleur étouffante, et une poussière enflammée couvrait
l'atmosphère. Les gardes nationaux et les citoyens
armés de piques, qui bordaient la haie, avaient leurs
armes renversées, comme dans un jour de deuil.
Derrière était le peuple, la tête couverte, muet, lugubre, observant fidèlement la consigne qu'on avait
placardée le matin : *Celui qui applaudira le roi aura
des coups de bâton, celui qui l'insultera sera pendu.*
Les domestiques, postés aux fenêtres du château, se
découvrirent respectueusement du plus loin qu'ils
aperçurent la voiture ; mais les gardes nationaux de
l'avant-garde leur crièrent, en les couchant en joue :
« Remettez vos chapeaux ! » On s'arrêta dans le jardin,
devant la porte centrale. Louis XVI, en mettant pied
à terre, dit aux gens de l'escorte : « Eh bien ! me voilà ;

je ne suis pas perdu. » La reine était sombre et rési-
gnée ; elle répondit à un garde national qui cherchait
à la rassurer : « Monsieur, je suis préparée à tout. »
Les gardes-du-corps, entourés de groupes menaçants,
furent protégés par la garde nationale, qui les conduisit à l'Abbaye. Pendant plusieurs jours, cette
prison fut assiégée par la foule; on parla d'enlever et
de *lanterner* les *habits jaunes;* mais les soldats citoyens réussirent, sans violence et par la seule per-
suasion, à dissiper les rassemblements.

L'agitation qui régnait dans Paris imposa à la
garde nationale de nouvelles obligations. Pendant la
nuit du 28 au 29 juin, une patrouille mit en fuite des
voleurs qui s'étaient introduits dans le jardin de madame de Brunois, aux Champs-Élysées. L'un d'eux,
qui, grimpé sur le mur, refusait d'en descendre, fut
tué d'un coup de fusil.

Le 30 juin, un spéculateur de la Bourse, qui avait
offert de l'argent à un prix au-dessus du cours, fut
traîné sous la lanterne, et il avait déjà la corde au
cou, quand la garde nationale vint le délivrer. « Cette
garde secourable n'a jamais été mieux louée que par
le propos de ces bourreaux qui disaient en s'enfuyant :
*Les chiens d'hommes ! On les rencontre partout* (1).»

Les ateliers nationaux, créés après le 14 juillet 1789,
venaient d'être dissous par un décret. L'Assemblée
constituante avait distribué la plupart des ouvriers

(1) *Courrier français*, n° 185.

dans les départements, pour y être employés à des
travaux de canalisation (1); mais il restait encore à
Paris près de vingt mille individus sans pain et sans
travail. Ils s'attroupèrent sur la place Vendôme et à la
place de Grève, et enlevèrent des canons au poste du
petit Saint-Antoine; mais la garde nationale apaisa
le tumulte, et reprit les pièces d'artillerie. Une nouvelle rixe s'engagea, le 6 juillet, dans le faubourg
Saint-Germain, entre une patrouille et un groupe
d'ouvriers des ateliers. La garde nationale eut d'abord
le dessous; mais les passants prirent son parti, et l'aidèrent à conduire à la Force une vingtaine de prisonniers.

L'Assemblée avait décrété qu'une garde serait donnée au roi et à la reine, sous les ordres du commandant général de la garde nationale parisienne (2).
Trois commandants de bataillon, quatre capitaines et
huit officiers eurent constamment les yeux sur la famille royale. On fit clore avec soin toutes les issues
secrètes des Tuileries, sans même en excepter un
égoût qui aboutissait à la Seine. On n'entra plus au
château sans cartes signées par un officier de garde
et par madame d'Ossun, dame d'honneur de la reine.
Les consignes étaient tellement strictes qu'un soir
Louis XVI faillit ne point se coucher, parce que les
sentinelles barrèrent le passage au grand-maître de la

(1) Le *Point du jour*, par Barrère; n° 705, p. 233.
(2) Séance du 25 juin.

garde-robe, M. de Liancourt, qui, aux termes du vieux cérémonial, avait seul le droit de *passer la chemise du roi* (1).

Les commandants de bataillon, placés dans le grand cabinet qui précédait la chambre à coucher de la reine, avaient ordre d'en tenir toujours la porte ouverte. Le roi ferma un jour cette porte ; mais l'officier de garde la rouvrit, en disant que c'était sa consigne, et qu'ainsi Sa Majesté prenait une peine inutile. On obtint toutefois que la reine se renfermerait pour s'habiller et se déshabiller; mais lorsqu'elle était couchée, l'officier rouvrait la porte et s'installait sur un fauteuil, la tête tournée du côté du lit (2).

Malgré ces précautions en apparence hostiles, une grande partie de la garde nationale restait sincèrement dévouée au monarque constitutionnel, et voyait avec inquiétude les menées des démocrates, qui demandaient hautement la déchéance de Louis XVI. Depuis le retour de Varennes, les diatribes les plus violentes, les accusations les moins mesurées, se succédaient sans interruption. Vadier, à l'Assemblée constituante, obtenait les applaudissements des tribunes, en qualifiant le roi de *brigand couronné.* Prud'homme le traitait de *ci-devant,* de *rustre,* de *scélérat,* de *tyran,* de *misérable au cœur rempli de venin.* « Il est clairement démontré, ajoutait-il, que Louis XVI est déchu de la couronne,

(1) *Courrier français* du 13 juillet, n° 194, p. 103.
(2) *Mémoires* de madame Campan, t. II, p. 148.

qu'il a commis une foule de crimes de lèse-nation ;
que non-seulement il n'est pas un honnête homme,
mais qu'il n'est pas même un roi excusable. Le glaive
de la loi est suspendu sur sa tête ; il ne reste plus qu'à
examiner si la politique exige que nous le tenions encore quelques instants suspendu. Que la tête de Louis
tombe, ou bien qu'on la dédaigne, elle est assez mé-
prisable ; que le trône et tous les pompeux hochets
de la royauté soient livrés aux flammes ; que l'Assemblée nationale de la monarchie fasse place au Sénat
de la République (1). »

Dans une brochure intitulée le *Catéchisme des
Français*, publiée par S. Adrien, *ami de la vérité*, on
lisait : « Louis XVI est un pourceau nourri dans la
fange, ayant en lui tous les germes de la cruauté, qui
n'a pas craint de plonger vingt-cinq millions d'hommes dans les horreurs d'une guerre civile et étrangère ;
un imbécile, se laissant mener par le nez par une
furie qui aurait autant de plaisir à se baigner dans le
sang des Français, qu'elle en prend journellement à le
faire... Louis XVI est un nigaud, sans honneur, sans
vertu, une machine dont se sert une âme ambitieuse
et corrompue pour faire revivre tous les abus et nous
replonger dans l'esclavage. Louis XVI est un scélérat,
coupable envers la nation des crimes de trahison, de
parjure, d'ingratitude, de révolte contre la constitu-

_____

(1) *Révolutions de Paris*, n° 103, p. 579, 667, 609 ; n° 104,
p. 662.

tion, criminel de lèse-nation au premier chef, indigne en tout du nom de roi.

> Louis est, en un mot, le même qu'à Versailles,
> Sans pudeur, sans esprit, sans âme, sans entrailles. »

Le foyer du mouvement républicain était au club des Jacobins. Chaque soir le roi de la Constitution y était attaqué avec violence, et de fougueux orateurs réclamaient sa condamnation. « Louis XVI, s'écriait Antoine (1), s'échappe à la faveur des ténèbres, et fuit le trône de ses ancêtres ; parjure, il a violé le serment solennel juré par lui le 14 juillet, à la face de toute la France ; perfide, il a fait semblant d'aller de lui-même au devant de cette constitution qu'il abhorre ; cruel, il a exposé son peuple et ses plus zélés défenseurs au meurtre et à une guerre intestine ; lâche, il a fui. L'Assemblée nationale doit donc le destituer. » Dans la séance du 3 juillet, Réal fut plus violent encore. « Je n'entreprendrai pas, dit-il, de vous montrer que Louis XVI est le plus criminel et le plus imbécile des hommes ; ce serait abuser de vos moments. En un instant il s'est couvert de tous les crimes : fonctionnaire public déserteur et parjure ; ami lâche et atroce ; roi parricide ; père dénaturé ; perfide avec assurance sur le trône ; menteur avec bassesse depuis qu'il en

(1) Séance du 30 juin.

11

est tombé. Un pareil homme peut-il régner sur ce bel empire? »

Le club des Jacobins chargea Laclos et Brissot de rédiger une pétition, pour demander aux représentants de la nation de ne rien préjuger sur le sort du roi, sans avoir consulté le vœu des départements. Elle fut signée, le 15 juillet, par environ dix mille patriotes assemblés au Champ de Mars ; et un arrêté du club des Cordeliers, affiché dans les principales rues, les convoqua de nouveau pour le dimanche 17. On convint qu'on se réunirait sur la place de la Bastille, à onze heures, et qu'on se rendrait processionnellement à l'autel de la patrie. La municipalité, instruite du projet, s'empressa de faire afficher un extrait de ses délibérations. Elle invitait tous les bons citoyens « à se rallier et à se réunir à la garde nationale, qui, depuis quelques jours, maintenait, avec des soins si louables, la tranquillité publique et le bon ordre. » La Fayette, de concert avec Bailly, donna des ordres pour que, dans la matinée de dimanche, la place de la Bastille fût occupée par plusieurs compagnies du centre.

Le dimanche, dès huit heures du matin, l'autel de la patrie était couvert de curieux. Un perruquier et un invalide s'étaient glissés sous les planches de l'escalier que l'un d'eux perçait avec une vrille. On les découvre, on les conduit chez le commissaire de la section du Gros-Caillou. Lorsqu'on leur demande pourquoi ils se sont furtivement glissés sous l'autel, ils donnent pour motifs à leur conduite une curiosité lubrique. Le

commissaire les remet en liberté ; mais des furieux les
accusent d'avoir voulu faire sauter l'autel. L'invalide
tombe percé de coups de couteau ; le perruquier est
pendu à un réverbère ; la corde casse ; il retombe encore vivant, et sa tête, séparée du tronc avec une
scie, est placée au bout d'une pique.

Le récit de ces atrocités parvint presque aussitôt à
l'Assemblée constituante, mais d'une manière inexacte.
« Deux bons citoyens, dit le président Dupont, viennent d'être victimes de leur zèle. Ils étaient au champ
de la Fédération, et disaient au peuple rassemblé qu'il
fallait exécuter la loi ; ils ont été pendus sur-le-
champ. »

A ces mots, un mouvement d'indignation se mani-
festa sur tous les bancs. Le curé Dillon essaya de le
calmer; en disant « que le fait n'était pas tel qu'on
l'avait rapporté. — Qu'importe, lui répondit Regnault
de Saint-Jean-d'Angély ; j'ai aussi entendu dire qu'ils
avaient été pendus pour avoir prêché l'exécution de la
loi ; mais que cela soit ainsi ou autrement, leur mort
est toujours un attentat qui doit être poursuivi selon la
rigueur des lois. Je demande que M. le président
s'assure des faits, afin que l'on puisse prendre toutes
les mesures nécessaires; et, dussé-je être moi-même
victime, si le désordre continue, je demanderai la
proclamation de la loi martiale. »

Ce qui se passait au Champ de Mars n'était pas de
nature à provoquer cette mesure extrême. Tout y était
calme. Un escadron de cavalerie de la garde nationale

avait dispersé l'attroupement qui promenait les têtes des victimes. Desmottes, aide-de-camp de La Fayette, insulté par quelques exaltés, en avait fait arrêter quatre, sans éprouver de résistance. Les clubistes, repoussés de la Bastille, arrivaient au lieu du rendez-vous par bandes peu nombreuses. A une heure, un commissaire des Jacobins vient annoncer que l'Assemblée constituante avait statué sur le sort de Louis XVI; que, par décret de la veille, il avait été seulement *suspendu de ses fonctions royales;* et qu'une nouvelle pétition devenait indispensable. On nomma aussitôt quatre commissaires, au nombre desquels se trouvaient Danton et son secrétaire Robert, éditeur du *Mercure national.* La femme de ce dernier, mademoiselle de Kéralio, était à ses côtés, et prit part à la rédaction du placet démocratique. Il était adressé aux représentants de la nation, et se terminait par ces mots : «Tout nous fait la loi de vous demander, au nom de la France entière, de revenir sur votre décret, de prendre en considération que le délit de Louis XVI est prouvé; que ce roi a abdiqué; de recevoir son abdication, et de convoquer un nouveau corps constituant, pour procéder d'une manière vraiment nationale, au jugement du coupable et surtout au remplacement et à l'organisation d'un nouveau pouvoir exécutif. »

Quand la pétition fut achevée, Danton la lut, et de vifs applaudissements l'accueillirent. Des exemplaires en furent déposés sur les trépieds qui garnissaient les quatre angles du soubassement de l'autel, et ce fut à

qui apposerait son nom le premier. On compta, parmi
les signataires, des électeurs, des officiers municipaux,
et plus de deux mille gardes nationaux de tous les bataillons de Paris et de la banlieue (1). On continuait à
signer, quand parurent trois officiers municipaux,
M. Le Roux, Regnault et Hardy, ceints de leurs
écharpes, et escortés de la compagnie du centre du
bataillon de Bonne-Nouvelle, sous les ordres de
M. Bellisaire. Une députation quitta l'autel et s'avança
à leur rencontre. « Messieurs, dit l'un d'eux, nous
sommes charmés de connaître vos dispositions. On
nous avait dit qu'il y avait ici du tumulte; on nous
avait trompés. Nous ne manquerons pas de rendre
compte de ce que nous avons vu. » On leur demanda
la liberté des quatre individus arrêtés le matin; ils
répondirent qu'il fallait s'adresser à la municipalité,
et en se retirant, ils emmenèrent avec eux douze
commissaires chargés de présenter cette requête.

Pendant ce temps, la Grève se couvrait de troupes;
la première et la seconde divisions de la garde nationale l'occupaient, et s'entretenaient avec émotion
des rassemblements du Champ de Mars. On racon-
tait avec horreur les assassinats commis au Gros-
Caillou; on parlait de *brigands* soudoyés, d'insultes
faites à la garde nationale; on prêtait aux pétitionnaires l'intention d'*anéantir l'Assemblée nationale*.
Les administrateurs de la Commune crurent le salut

____

(1) *Révolutions de Paris*, n° 105, p. 60.

de la ville compromis, et prirent la résolution suivante :

Le corps municipal, informé que des factieux réunis au champ de la Fédération mettent la tranquillité publique en péril ;

Considérant qu'il est responsable de la sûreté des
citoyens ; que déjà deux meurtres ont été commis par
des scélérats ;

Que la force armée, conduite par les autorités légitimes, ne peut effrayer les bons citoyens, les hommes bien intentionnés ;

Arrête que la *loi martiale* sera publiée à l'instant ;
que la générale sera battue ; que le canon d'alarme
sera tiré ; que le drapeau rouge sera déployé ;

Ordonne à tous les bons citoyens, à tous les soldats
de la loi, de se réunir sous ses drapeaux, et de prêter
main-forte à ses organes ;

Arrête, en outre, qu'il transportera sur-le-champ
sa séance à l'hôtel de l'École royale militaire, pour y
remplir ses devoirs. »

Quand les douze commissaires entrèrent à l'hôtel de
ville, l'arrêté du corps municipal était déjà connu ; le
drapeau rouge flottait au-dessus de l'horloge, et les
gardes nationaux chargeaient leurs armes. Le maire
se mit à la tête de la municipalité et des troupes, et
marcha sur le Champ de Mars. Il y entra, le soir,
à huit heures moins un quart, par la porte qui
fait face à Chaillot, avec La Fayette, Charton,
commandant de la première division, et un colonel

portant le drapeau rouge. Une seconde colonne déboucha par la rue Saint-Dominique, et une troisième
par la grille de l'École. Tous les témoignages s'accor-
dent sur deux points : c'est qu'à son apparition, la garde
nationale fut provoquée, et qu'elle ne prit pas le
temps de faire des sommations (1).

En la voyant, on cria : A bas le drapeau rouge ! à
bas les baïonnettes ! Des pierres furent lancées ; un
coup de pistolet fut tiré, et la balle, passant devant
Bailly, traversa la cuisse d'un dragon qui s'était joint
à la garde nationale. Une première décharge fut faite
en l'air ; une seconde, nécessitée par de nouvelles at-
taques, mit des séditieux en fuite, et en renversa plusieurs. Le nombre des victimes n'a jamais été bien
connu. Bailly l'évalue à dix ou douze ; Weber à une
trentaine ; Prud'homme à cinquante ; le marquis de

---

(1) *Procès-verbal de la municipalité de Paris.*

La vérité nous oblige de dire que la garde nationale fit, en
cette occasion, tout ce qui dépendait d'elle pour éviter l'effusion du sang ; mais elle fut assaillie à coups de pierres ; et si el
tira, ce fut plutôt étant sur la défensive que sur l'offensive.
(*Mém.* de Weber, t. II, p. 149.)

D'un côté, on est convaincu que, dans un endroit du Champ
de Mars, des individus qu'on ne connaît pas jetèrent des pierres
à des gardes nationaux ; de l'autre, il est constant que l'on tira
sur les citoyens avant que les formalités de la loi martiale eussent été remplies. Le premier de ces deux faits peut seul expli-
quer le second. (*Adresse* de Maximilien Robespierre aux Français ; Paris, chez Paquet, rue Jacob, n° 29 ; 1791, in-8°.).

Ferrières à quatre cents Du côté des gardes nationaux un seul homme resta sur la place.

Tel fut le *Massacre du Champ de Mars*, que Bailly
expia sur l'échafaud, et La Fayette en exil. Quatre ou
cinq mille gardes nationaux y participèrent; les autres n'avaient pas répondu à l'appel, ou faisaient
cause commune avec les pétitionnaires. La deuxième division, qui occupait les environs de l'Ecole-
Militaire, s'abstint de tirer, et protégea même les
fuyards.

M. Thiers, dans son *Histoire de la Révolution*, a
fait un récit fantastique de ce déplorable événement.
Il nous représente La Fayette brisant, le matin, *les
barricades déjà élevées ;* deux invalides égorgés; Bailly faisant les *sommations d'usage*; tous faits contredits
par les documents contemporains (1); mais l'historien
apprécie avec sagacité les causes du conflit. « Le roi,
la majorité de l'Assemblée, la garde nationale, les autorités municipales et départementales, étaient d'accord alors pour établir l'ordre constitutionnel, et ils
avaient à combattre la démocratie au dedans, l'aristocratie au dehors. L'Assemblée et la garde nationale
composaient cette nation moyenne, riche, éclairée et
sage, qui voulait l'ordre et les lois; et elles devaient
dans ce moment s'allier naturellement au roi, qui, de

(1) Procès-verbal de la municipalité ; *Révol. de Paris*, n° 106 ;
*Mém.* de Bailly, t. I ; *Hist.* par deux amis de la liberté. t. VI,
p. 238.

son côté, semblait se résigner à une puissance limitée. Mais s'il leur convenait de s'arrêter au point où elles en étaient arrivées, cela ne convenait pas à l'aristocratie, qui désirait un bouleversement, ni à la populace, qui voulait acquérir et s'élever davantage. »

En revenant à Paris, les compagnies soldées proposèrent d'abattre à coups de canon la salle des Jacobins. « J'occupais alors, dit Beaulieu (1), un appartement dans l'intérieur de cette maison (2), et j'ai entendu ces militaires demandant à grands cris qu'on leur en donnât l'ordre.» Mais le commandant général s'y opposa.

Le lendemain, Bailly vint à la barre de l'Assemblée constituante. « La municipalité, dit-il, est profondément affligée des événements arrivés dans la journée d'hier. La municipalité, dans l'administration paternelle qui lui a été confiée, n'avait jusqu'ici prouvé que sa modération ; on n'accusera point sa sévérité. Nous osons vous assurer qu'elle était indispensablement nécessaire. L'ordre public était entièrement détruit ; la patrie en danger ; ses ennemis avaient formé des ligues et des conjurations ; nous avons publié la loi contre les séditions. Si nous avons marché au champ de la Fédération avec l'enseigne d'une loi redoutable et entourés de la force publique, c'était

(1) *Essais historiques;* Paris, an IX, 1801.
(2) Rue Saint-Hyacinthe-Saint-Honoré. La porte du club existe encore, et sert d'entrée à un cabaret.

pour y rappeler l'ordre, pour y prêcher la paix et l'obéissance ; mais les séditieux ont provoqué la force ; ils ont fait feu sur les magistrats, sur la garde nationale ; et leur crime est retombé sur leur tête coupable. — L'Assemblée, répondit le président, voit avec satisfaction que la garde nationale parisienne, que les soldats de la liberté et de la loi, que les citoyens mêmes à qui leurs occupations ne permettent pas de faire un service constant, et dont on s'était efforcé de calomnier les intentions, ont donné des preuves éclatantes de leur attachement à la Constitution et à la loi, et ont continué de justifier la haute estime et la reconnaissance de la nation, par leur zèle, leur modération et leur fidélité. »

Les vaincus s'étaient répandus dans Paris et cherchaient à soulever le peuple contre la garde nationale. Une patrouille de cavalerie, qui suivait les rues de la Tacherie et de la Corroierie, pendant la nuit du 18 au 19, fut assaillie d'une grêle de pierres et de pots de de fleurs, lancée des derniers étages. On lui tira même un coup de fusil. Des grenadiers de la première division jugèrent à propos de calmer les masses, et de réfuter les accusations dont la garde nationale était l'objet. Dès le lendemain, on lisait sur les murs ce placard :

« 15 juillet.

« Fidèles au serment solennel qu'ils avaient prêté, les soldats de la patrie ont assuré l'exécution de la loi. Ils avaient promis de courir à la mort pour cette cause sacrée; ils ont fait davantage : ils ont bravé la haine d'un peuple égaré. Des écrivains séditieux calomnieront cette conduite honorable. On osera les accuser d'avoir trempé leurs mains dans le sang de leurs concitoyens. On tâchera d'exciter les hommes faibles, d'aigrir les caractères ardents; on s'efforcera de leur persuader qu'il est barbare d'obtenir, à main armée, le respect que l'on doit aux décrets. On publiera que les malheureux rassemblés au Champ de Mars ne voulaient faire qu'une pétition. Un seul mot répond à ces déclamations : *La loi défend les pétitions collectives.* Depuis trois jours, ceux qui composaient ces attroupements dangereux, égarés par des orateurs perfides, par des adresses incendiaires, affichaient ouvertement la révolte. Ils résistaient aux conseils des citoyens, aux menaces de l'autorité. Gardes nationaux ! défenseurs de la patrie et soutiens de ses lois, vous avez rempli des devoirs pénibles, mais sévères; achevez votre ouvrage; montrez aux factieux une contenance ferme et tranquille. Restez unis. Opposez les applaudissements, l'estime, le respect de tous les bons citoyens, aux déclamations, aux injures des mauvais. Cette conduite suffira pour arrêter leurs complots, déjouer leurs intrigues et conserver la tranquillité générale qui peut seule assurer le bonheur public. »

« *Signé*, RICARD, AUGUSTE VOLNY, DURAND,
« DUCHATEL. »

Des sentiments analogues étaient exprimés dans
une adresse de la garde nationale de Rouen à l'Assemblée constituante. « La garde nationale et citoyenne de Rouen, informée des mouvements des
factieux, tendant à détruire la monarchie pour établir sur ses ruines le gouvernement républicain,
vient, messieurs, vous offrir son appui pour maintenir une forme de gouvernement que vous avez con-
sacrée par vos décrets. Nous vous déclarons donc
que nous ne souffrirons jamais qu'il lui soit porté
atteinte. Nous jurons de la maintenir de tout notre
pouvoir, et d'employer les armes qui nous ont été
confiées pour la soutenir avec la plus grande énergie,
ainsi que le pouvoir d'un monarque, qui ne peut et
ne doit régner désormais que par la constitution. »

Soutenue par de zélés défenseurs, délivrée de ses
adversaires, l'Assemblée constituante put achever
paisiblement sa tâche. Les clubs étaient fermés ; la
presse opposante gardait le silence ; une loi sévère
avait « imprimé la terreur aux ennemis du bien public (1). » Tout semblait présager aux représentants
du peuple qu'ils posaient les dernières pierres du
plus durable des édifices. Le calme fut assez solide-
ment rétabli, le 7 août, pour que la municipalité re-
tirât le drapeau rouge et le remplaçât par un drapeau blanc, qui resta jusqu'au 14 exposé à la fenêtre

_____

(1) *Proclamation du corps municipal. Moniteur* du 8 août
1791, n° 220.

de l'hôtel de ville. Toutefois, quoique l'on commençât à oublier les scènes sanglantes du Champ de Mars, le tribunal du sixième arrondissement informa contre les promoteurs du mouvement du 17 juillet. Presque tous les inculpés étaient ou devinrent des personnages célèbres : c'étaient Danton, Marat, Fréron, le graveur Sergent, Hébert (le *Père Duchêne*), Momoro, Coffinhal, Anaxagoras Chaumette, qui tous trois déposèrent dans le procès de Bailly. Georges Brune, imprimeur de l'*Orateur du peuple,* et depuis maréchal de France, était accusé « d'avoir prêché le républicanisme, et dit que les républicains avaient des baïonnettes à opposer aux bons citoyens. » Le boucher Legendre avait tenu des propos incendiaires contre le commandant général, et déclaré qu'il tirerait sur la garde nationale. On reprochait à Camille Desmoulins d'avoir, au café Procope, déclamé contre les soldats citoyens. Santerre, qui devait bientôt commander la garde nationale, avait dit qu'il fallait tirer sur elle, en se vantant d'avoir le faubourg pour lui. Une amnistie générale, prononcée par l'Assemblée nationale, mit fin aux procédures commencées.

Avant de se séparer, les représentants fixèrent l'organisation des gardes nationales : elles comprirent les citoyens actifs, à l'exception des juges, des administrateurs, des ecclésiastiques, des sexagénaires et des infirmes. Toutefois, ces classes d'individus, sans être assujétis au service personnel, devaient contribuer par une taxe aux frais qu'il occasionnerait. Le

12

contingent de chaque compagnie fut limité à cinquante-trois hommes, le tambour en dehors, et à cent deux hommes dans les villes au-dessus de cinquante mille âmes. Six à dix compagnies formaient un bataillon ; huit à dix bataillons, une légion. Chaque légion était sous les ordres d'un chef de légion , d'un adjudant général, et d'un sous-adjudant général. Les légions réunies avaient pour chef un commandant de légion, qui exerçait ce commandement à tour de rôle pendant trois mois. Dans les villes au-dessus de cent mille âmes, il y avait un commandant général des légions.

Les officiers étaient élus le second dimanche de mai, pour un an, et ne pouvaient être réélus qu'après avoir été soldats pendant une année. L'uniforme ne pouvait être exigé (1). Les drapeaux devaient être aux

---

(1) Il fut ainsi fixé :

Habit bleu de roi, doublure blanche, parement et collet écarlate, et passe-poil blanc ; revers blancs et passe-poil écarlate, manches ouvertes à trois petits boutons, poche en dehors à trois pointes, et trois boutons avec passe-poil rouge ; l'agrafe du retroussis écarlate ; veste et culotte blanches. (*Moniteur* du 21 août 1791, n° 233.)

Le bouton sera de cuivre jaune ou doré, et monté sur os ou sur bois. Il portera pour empreinte, dans l'intérieur d'une couronne civique, ces trois mots : la *nation*, la *loi*, le *roi*. Entre la bordure et la couronne sera inscrit circulairement : *District de...* Dans les districts où il y aura plusieurs sections, elles seront distinguées par un numéro placé à la suite du nom de district. (Le *Point du jour*, t. VII, p. 459.)

trois couleurs et porter ces mots : *Le peuple français. La liberté ou la mort.*

« L'Assemblée nationale, voulant rendre honneur à la vieillesse des bons citoyens, permet que, dans chaque canton, il se forme une compagnie de vétérans, de gens âgés de plus de soixante ans. Organisés comme les autres, et vêtus du même uniforme, ils seront distingués par un chapeau à la Henri IV et une écharpe blanche à la ceinture : leur arme sera un esponton.

« Ces vétérans ne seront employés que dans les cérémonies publiques ; ils assisteront armés aux exercices des gardes nationales, adjugeront les prix, et seront appelés les premiers, dans chaque district, au renouvellement de la fédération générale du 14 juillet.

.« L'Assemblée nationale permet également qu'il s'établisse dans chaque canton, sous la même forme d'organisation, une compagnie composée de jeunes citoyens au-dessous de l'âge de dix-huit ans.»

La milice parisienne fut l'objet d'un décret spécial. On maintint les six divisions ou légions de dix bataillons chacune.

PREMIÈRE DIVISION (chef, M. de Charton). — Bataillons de Saint-Jacques-du-Haut-Pas, de Saint-Victor, de Saint-André-des-Arts, de Saint-Marcel, de Saint-Louis-en-l'Ile, du Val-de-Grâce, de Saint-Étienne-du-Mont, de la Sorbonne, de Saint-Nicolas-du-Chardonnet, des Mathurins.

Deuxième division (chef, le marquis de Courte-mer). — Bataillons des Prémontrés, de Henri IV, des Cordeliers, de Notre-Dame, de Saint-Séverin, des Petits-Augustins, de l'Abbaye-Saint-Germain-des-Prés, des Jacobins-Saint-Dominique, des Théatins, des Carmes-Déchaussés.

Troisième division (chef, M. de Romainvillers).— Bataillons des Récollets, de Saint-Nicolas-des-Champs, de la Trinité, de Saint-Méry, des Carmélites, des Filles-Dieu, de Saint-Martin, des Enfants-Rouges, de Saint-Laurent, des Pères-de-Nazareth.

Quatrième division (chef, M. de Saint-Christeau). — Bataillons de Saint-Jacques-l'Hôpital, de Bonne-Nouvelle, de Saint-Leu, de Saint-Lazare, de Sainte-Opportune, de Saint-Jacques-la-Boucherie, des Petits-Pères, de Saint-Eustache, de Saint-Magloire, de Saint-Joseph.

Cinquième division (chef, Le Fèvre d'Ormesson). — Bataillons de Sainte-Marguerite (faubourg Saint-Antoine), des Minimes de la place Royale, du Petit-Saint-Antoine, de Saint-Gervais, de Saint-Jean-en-Grève, de Saint-Louis, des Blancs-Manteaux, de Popincourt, des Capucins-du-Marais, des Enfants-Trouvés (faubourg Saint-Antoine).

Sixième division (chef, le duc d'Aumont). — Bataillons de l'Oratoire, des Feuillants, des Filles-Saint-Thomas, de Saint-Philippe, de Saint-Germain-l'Auxerrois, des Jacobins-Saint-Honoré, de Saint-Honoré, des Capucins-de-Saint-Louis (Chaussée-d'Antin), des Capucins-Saint-Honoré, de Saint-Roch.

Le rang des légions cessa d'être fixe ; on convint de le tirer annuellement au sort.

Chaque bataillon fut partagé en cinq compagnies, dont une de grenadiers. L'état-major de chaque bataillon était composé de deux commandants, d'un adjudant, d'un porte-drapeau, et d'un maître armurier ; l'état-major de chaque légion, d'un chef de légion, d'un adjudant-général et d'un sous-adjudant. Le poste de commandant-général fut supprimé ; chaque chef de légion en devait faire les fonctions pendant un mois, à tour de rôle.

On créa quatre escadrons de *gardes nationales volontaires parisiennes à cheval*. Les trois cents jeunes gens qui en formèrent le noyau servaient déjà depuis le commencement de la Révolution. Ils s'engagèrent à rester sous les drapeaux jusqu'au 15 novembre 1792, à subvenir à tous les frais de leur équipement et à l'entretien de leurs chevaux. Une solde quotidienne de vingt sous leur était allouée à partir du jour de leur entrée en campagne. Ces volontaires, appartenant tous à des familles aisées, se montraient pleins d'ardeur, et avaient hâte de quitter leur vie de luxe et de plaisir pour courir à la défense des frontières.

12.

# CHAPITRE VI.

———

Le 8 octobre, aux termes du décret du 13 septembre, La Fayette annonça que ses fonctions de commandant général cessaient. Il eut pour successeur M. Charton, chef de la première division, qui prit le commandement pour un mois. Bailly reçut le démissionnaire à l'hôtel de ville, et lui témoigna avec émotion la reconnaissance de la Commune (1). Le Corps municipal décida à l'unanimité :

« Qu'il serait frappé, en l'honneur de M. La Fayette, une médaille, dont l'Académie des Inscriptions serait

(1) Son discours a été inséré dans ses *Mémoires*, t. II, p. 401.

priée de donner les emblèmes et les inscriptions en
français ;

« Qu'une de ces médailles serait frappée en or, pour
M. La Fayette ;

« Que la statue de Washington, en marbre, fait par
M. Houdon, serait donnée à M. La Fayette, pour être
placée dans celui de ses domaines qu'il désignerait,
afin qu'il ait toujours devant les yeux son ami, et celui
qu'il avait si glorieusement imité ;

« Que l'arrêté contenant ces dispositions serait placé
dans le buste de La Fayette, donné, douze ans aupa-
ravant, par les Etats-Unis de l'Amérique, à la municipalité de Paris. »

La Fayette alla chercher le repos dans sa terre de
Chavagnes, en laissant à ses frères d'armes, dans une
lettre d'adieu, ses conseils et ses exhortations. Il les
invitait à soutenir de tous leurs efforts l'organisation
régulière qui succédait aux jours de la Révolution.
« La liberté, disait-il, naissait entourée de signes de
paix, lorsque ses ennemis, provoquant les défenseurs
du peuple, nécessitèrent la naissance inattendue des
gardes nationales, leur organisation spontanée, leur
alliance universelle, enfin ce développement de forces
civiques qui rappelait l'usage des armes à sa véritable
destination. Mais il est temps de donner d'autres
exemples, et ceux-là sont encore plus imposants ; ce
sont ceux d'une force irrésistible, qui ne s'exerce que
par le maintien des lois. Puissent tous les caractères,
tous les bienfaits de la liberté, en consolidant de plus

en plus le bonheur de notre patrie, récompenser dignement le zèle de toutes les gardes nationales de l'empire, armées pour la même cause, réunies par le même sentiment! »

Chaque compagnie députa l'un de ses membres à l'hôtel de ville pour rédiger une réponse. Ces représentants arrêtèrent que chaque chef de division nommerait un commissaire rédacteur ; que l'expression des regrets unanimes serait transmise au commandant général ; qu'on lui offrirait une épée à garde d'or, sur laquelle serait gravée cette inscription :

A LA FAYETTE,

L'ARMÉE PARISIENNE RECONNAISSANTE,

L'AN TROISIÈME DE LA LIBERTÉ.

Que l'Assemblée nationale serait suppliée, par une pétition, de prendre en considération les services de M. de La Fayette.

La confection de l'épée fut confiée à M. Auguste, orfèvre du roi ; il plaça l'inscription convenue sur la branche principale de la poignée ; sur la branche transversale, la devise des La Fayette : *Cur non?* La garde était ornée de cinq gravures qui représentaient la Révolution, symbolisée par une tour en ruines ;

La Fayette soumettant à l'Assemblée nationale la déclaration des Droits de l'Homme ;

La Fayette sauvant un homme de la fureur du peuple, le 24 mai 1790 ;

La Fédération;

La Fayette proclamé le 15 juillet 1789.

L'architecte Poullin donna quatre verrous de la Bastille, pour forger la lame, sur laquelle furent gravés ces mots:

ELLE ÉPARGNE LE SANG.

ELLE FUT LE SALUT DU PEUPLE.

ELLE FIT RESPECTER LA LOI.

Cette lame fut fabriquée à Londres, en présence de douze députés de l'Assemblée constituante. Dès que l'épée fut prête, les commissaires des bataillons allèrent l'offrir à leur ex-commandant, avec une longue épitre, où étaient exprimés les sentiments des gardes nationaux parisiens. Elle se terminait par ce serment : « Nous le jurons, sous la forme nouvelle que se créent nos bataillons, ils n'échappent point à votre salutaire influence, et si jamais, soldats citoyens, nous pouvions négliger quelques-uns de ces devoirs que vous nous rappelez pour la dernière fois, nos cœurs nous avertiraient à l'instant ; car nous y retrouverons toujours votre nom, vos conseils et votre exemple. »

Les gardes nationaux étaient précisément dans le cas d'avoir besoin de consulter leurs souvenirs. Le calme matériel qui régnait depuis le 17 juillet avait refroidi leur ardeur. Pétion, qui succéda à Bailly, se plaignit, en arrivant à la mairie, du relâchement qu'il remarqua. « Les rues sont sales et pleines de décombres ; les vols et délits de toute espèce se multiplient d'une manière effrayante ; les patrouilles sont rares, peu nombreuses, le service de la garde citoyenne se fait avec froideur, et ce grand moyen de surveillance s'est considérablement affaibli ; le public s'en plaint ; les citoyens soldats, dont l'ardeur ne s'est pas ralentie, s'en plaignent eux-mêmes, et je reçois des réclamations sans nombre (1).

« Il n'existe plus de feuilles qui indiquent, dans chaque poste, le nombre de patrouilles, l'heure à laquelle elles rentrent, ce qu'elles ont vu, ce qu'elles ont fait dans leur ronde. Autrefois, ces feuilles se tenaient avec exactitude ; chaque jour on en faisait le relevé, et chaque jour le résultat était mis sous les yeux du maire et du commandant général de la garde nationale ; de sorte que le magistrat civil savait, tous les matins, ce qui s'était passé dans Paris ; et il pouvait concerter avec le commandant général les mesures de prudence et de précaution à prendre pour maintenir l'ordre et la tranquillité.

« Dans les beaux jours de la liberté naissante, M. La Fayette se rendait lui-même tous les jours, chez M. Bailly ; ensuite il y envoyait un aide-de-camp ; puis ces démarches sont devenues plus rares, et enfin on s'est abstenu de les faire.

« Je me suis vu forcé d'écrire et de me plaindre de

(1) *Coup d'œil sur l'état dans lequel j'ai trouvé la place ;* 1790, In-8°.

ce manque de service, de cette indépendance dans laquelle la force armée se mettait au-dessus de l'autorité civile. J'ai demandé qu'on rétablît l'usage et la règle des feuilles dans chaque poste; j'ai reçu de M. Charton une réponse satisfaisante. »

Peut-être fallait-il attribuer le relâchement du service à l'incurie des commandants, qui se voyaient sur le point d'être remplacés, et aux préparatifs des élections nouvelles. Elles se firent au mois de décembre, et furent précédées du tirage du rang respectif des légions. Par un hasard prophétique, le n° 1 échut au faubourg Saint-Antoine;

Le n° 2 aux bataillons de Saint-Jacques-du-Haut-Pas, de Saint-Victor, de Saint-Marcel, etc. ;

Le n° 3 aux bataillons de Saint-Jacques-l'Hôpital, de Bonne-Nouvelle, etc. ;

Le n° 4 aux bataillons des Récollets, de Saint-Nicolas, etc. ;

Le n° 5 aux bataillons de l'Oratoire, des Feuillants, des Filles-Saint-Thomas, etc. ;

Le n° 6 aux bataillons des Prémontrés, de Henri IV, des Cordeliers, etc.

On nomma chef de la première légion, Julienne de Belair, ingénieur;

De la deuxième, André-Arnault Aclocque, brasseur, commandant du bataillon Saint-Marceau;

De la troisième, de Romainvilliers, chef de l'ancienne troisième division, et député du district des

Carmélites près le Comité Militaire de la Commune ;

De la quatrième, Antoine-Jean Galliot de Mandat, ancien capitaine aux gardes-françaises, député du district des Capucins-du-Marais près le Comité Militaire ;

De la cinquième, Anne-Louis Pinon de la Grange-Batelière, ex-président du Parlement de Paris ;

De la sixième, Baudin de La Chenaye, chevalier de Saint-Louis, commandant du bataillon Notre-Dame.

Ces nouveaux élus, accompagnés des officiers au nombre de quinze cents, prêtèrent le serment civique à la Commune, le 15 décembre, et, sous la conduite du maire, ils se rendirent immédiatement à l'Assemblée législative. Ils étaient précédés des officiers du bataillon des vétérans, et du bataillon des enfants. Pétion porta la parole en ces termes : « J'ai l'honneur de présenter aux législateurs français les nouveaux officiers de la garde nationale parisienne. Ils ont juré de soutenir la constitution de tout leur pouvoir ; ils seront fidèles à leur serment. Ils ont environné le berceau de la liberté, pour la protéger contre les tyrans, et ils ne l'abandonneront jamais. Ils vous seconderont de tous leurs efforts pour l'affermir, et ils défendront, au péril de leur vie, les lois émanées de votre sagesse.

« MM. les officiers de la garde nationale parisienne demandent la permission de défiler devant vous. »

Voici quelle fut la réponse du président Ducastel : « L'Assemblée nationale recevra toujours avec trans-

port les magistrats du peuple et les défenseurs de la
patrie. Le patriotisme des gardes nationales lui est un
sûr garant qu'elles seront victorieuses. » Les officiers
défilèrent sur deux colonnes, au bruit des applaudissements et au son des tambours qui, du dehors, battaient
une marche militaire ; et tous criaient en passant :
vive la nation ! vive la liberté ! la constitution ou la
mort (1) !

Effrayée de ces manifestations, l'aristocratie n'osait
attaquer la constitution dans son centre ; mais elle
agissait dans les provinces. Depuis que l'Assemblée
législative avait succédé à la Constituante (octobre
1791), tous ceux qu'avait atteints la révolution, ex-
nobles, parlementaires, prêtres insermentés, fermiers-
généraux, fonctionnaires destitués, redoublaient d'efforts pour allumer la guerre civile. Les villes du Languedoc, du Comtat, de la Bretagne et de la Vendée
étaient surtout en proie aux séditions. A Caen, le 5
novembre, les ennemis de la révolution, excités par
le curé Bunel, s'armèrent et firent feu sur la garde
nationale. Celle-ci résista et arrêta vingt-deux conspirateurs. Un jeune homme, commis de la poste, allait
être massacré par des patriotes, indignés de ses déclamations ultra-monarchiques, lorsque M. Gambey,
major de la garde nationale, survint à la tête d'une
patrouille de chasseurs, et para les coups portés à
l'imprudent, en s'écriant : « Camarades, frappez-moi,
plutôt que de tuer un homme désarmé. »

(1) *Moniteur* du 16 décembre 1791, n° 350.

13

A Rennes, un supérieur de capucins soulevait les fanatiques, et menaçait les patriotes d'une Saint-Barthélemy. « Les dragons d'Orléans et la garde nationale se sont supérieurement montrés dans cette circonstance, et ont sauvé la ville (1).»

A Montpellier, le 15 novembre, la garde nationale fut obligée d'engager une lutte sanglante avec des rebelles, et de les assiéger dans une maison où ils s'étaient retranchés. C'était cette même garde nationale qui, l'une des premières, avait demandé à être mobilisée. Dans une adresse lue, le 15 août 1790, à l'Assemblée constituante, elle réclamait, en cas d'invasion, l'honneur de se porter aux frontières, pour y périr tout entière avant qu'un seul ennemi les eût franchies.

La même ardeur patriotique enflammait les milices de tous les départements. L'exécution du décret du 28 juillet ne rencontrait d'autres obstacles que le trop grand nombre des enrôlés. Les bataillons mobilisés sillonnaient la France, et quoique la négligence ou la trahison du ministère les laissât souvent sans vivres, sans armes, sans souliers (2), ils s'avançaient joyeux et fiers vers les places fortes de l'Est et du Nord. Les dispositions de la population sont naïvement et fidèlement exprimées dans l'*Almanach du père Gérard*, opuscule dialogué de Collot d'Herbois (3).

(1) *Courrier français* du 24 novembre 1791, n° 318.
(2) *Révol. de Paris*, n° 121, p. 195. *Moniteur* du 18 décembre 1791.
(3) Paris, Buisson, 1792, in-32, p. 113.

UN PAYSAN. Nous avons fourni cent gardes nationaux sur les frontières, père Gérard, et s'il en avait
fallu trois fois autant, on les aurait trouvés.

LE P. GÉRARD. Il en a été de même dans toute la
France. Voilà ce qu'opère le saint amour de la liberté.
Autrefois un milicien pleurait pour aller au rendez-
vous donné ; il tremblait de tout son corps lorsqu'il
était en faction sur les murailles. Aujourd'hui la garde
nationale voudrait sauter par dessus, pour aller joindre
l'ennemi.

UN PAYSAN. Je suis marié, j'ai quatre enfants, mais
je suis prêt à marcher.

UN ENFANT, *brandissant son fusil*. Et moi aussi. Je
sais faire la charge en douze temps.

LE P. GÉRARD. L'impatience de ces enfants leur annonce une belle destinée. La liberté ne périra pas dans
leurs mains. Cependant, mes amis, modérez à propos
cette impétuosité ; faites-leur connaître que la vertu
guerrière ne tient pas lieu de tout ; car alors l'esprit
militaire deviendrait dangereux. Il est des vertus dont
la pratique est plus douce, et qui ne sont pas moins
nécessaires au bonheur et à la tranquillité des citoyens.

UN PAYSAN. Nous le savons bien, père Gérard. Tout
le monde ne peut pas être à se battre, et demain nous
devons travailler les terres de ceux qui sont partis pour
les frontières... Ce ne seront pas les plus mal culti-
vées ! C'est une besogne que chacun fait à son tour
avec joie.

LE P. GÉRARD. C'est bien, c'est bien. Et nous autres vieillards, nous aurons soin de la famille des absents.

En effet, ceux qui restaient se dévouaient aux intérêts de ceux qui abandonnaient leurs foyers. Les laboureurs des environs d'Agen arrêtèrent :

Qu'ils paieraient tous les frais du voyage des volontaires ;

Qu'ils cultiveraient les terres des absents ;

Que ceux-ci, à leur retour, obtiendraient, pendant le reste de leurs jours, des places distinguées dans les cérémonies publiques, et les grades qu'ils voudraient choisir dans la garde nationale ;

Que s'ils périssaient pour la défense de la liberté, leurs champs seraient labourés par leurs frères d'armes, jusqu'à ce que leurs fils fussent assez grands pour les labourer eux-mêmes, ou jusqu'à ce que leurs filles fussent mariées (1).

Les commis-marchands d'Orléans, auxquels il fut impossible de partir, s'engagèrent à travailler à la place des absents, dont les appointements furent mis en réserve.

L'Assemblée législative, considérant qu'il importait au salut de l'Empire de régler, d'une manière définitive et prompte, tous les détails relatifs aux *bataillons de gardes nationales volontaires*, ordonna, le 17 dé—

(1) *Chronique de Paris*, n. 261, p. 800.

cembre, qu'ils seraient payés depuis le jour de leur réunion, jusqu'à celui de leur licenciement ; qu'ils recevraient une indemnité de trois sous par lieue ; que le directeur de chaque département leur avancerait les fonds nécessaires à leur équipement ; qu'ils nommeraient leurs officiers ; qu'ils seraient logés de préférence chez les habitants, et à raison d'un lit par homme ; qu'ils seraient reçus dans tous les hôpitaux, moyennant une retenue de six sous par jour.

Les femmes elles-mêmes cédèrent à l'entraînement belliqueux. Une députation de citoyennes de Paris, dont les maris, les frères ou les pères étaient enrôlés dans la garde nationale mobilisée, vint demander à l'Assemblée législative la permission de se procurer des piques, des pistolets, des sabres, et même des fusils pour celles qui avaient la force de s'en servir ; de s'assembler les fêtes et dimanches, pour s'exercer à la manœuvre et au maniement des armes ; de nommer, pour les commander, des ci-devant gardes françaises (1). « Il est impossible, dit le *Courrier français*, de peindre les sentiments de satisfaction et d'enthousiasme qu'ont produit ces témoignages de dévouement à la patrie. Le président, après les avoir félicitées d'unir sur leurs fronts le *myrthe* au *laurier*, les a invitées à la séance (2).

Deux jeunes personnes, filles du secrétaire-greffier

(1) *Moniteur* du 9 mars 1792, n. 69.
(2) *Courrier français*, n. 68, p. 58.

de la municipalité de Mortagne, mesdemoiselles Félicité et Théophile Fernig, firent mieux que de solliciter
la permission de faire l'exercice : elles écrivirent au directeur du district de Valenciennes : « Quoique notre
sexe soit taxé de faiblesse et de timidité ; quoique nous
soyons exclues de l'honneur de la prestation de serment, ainsi que de l'inscription civique, nous osons
néanmoins offrir à la patrie nos bras et nos jours ; en
conséquence, nous vous prions, messieurs, de vouloir
bien nous permettre non-seulement de nous inscrire au
registre des volontaires de la garde nationale de notre
ville, mais aussi de prêter le serment civique d'être
fidèles à la nation, à la loi et au roi, et de maintenir
de toutes nos forces la constitution du royaume. Trop
heureuses l'une et l'autre de faire cet hommage à la
patrie, et de partager la victoire avec nos braves volontaires et autres frères d'armes (1). » En effet, elles
endossèrent l'uniforme, et servirent plus tard comme
aides-de-camp dans l'armée du Nord.

Le mauvais vouloir du pouvoir exécutif paralysait
également l'ardeur de la nation et les mesures des représentants. Avec son éducation, ses préjugés et ses
souvenirs d'absolutisme, Louis XVI ne pouvait accepter volontiers l'emploi subalterne de roi constitutionnel. Il était trop faible, et l'opinion publique trop forte,
pour qu'il espérât reconquérir ses prérogatives à l'aide

(1) *Courrier français,* n. 153, p. 335.

de ses anciens sujets; aussi appelait-il de tous ses vœux l'étranger (1). Après avoir annihilé par son *veto* les décrets rendus contre les émigrés et les ecclésiastiques réfractaires, il parut céder aux désirs du peuple, en invitant ses frères à rester en France ; mais en même temps, il envoyait des lettres confidentielles aux émigrés et aux souverains du Nord. La reine avait également avec eux une correspondance en chiffres (2). Tous deux provoquaient la guerre comme un remède extrême, et ce fut sur la proposition formelle du roi, que l'Assemblée législative la déclara, le 20 avril 1792, au roi de Bohême et de Hongrie.

Cet acte décisif redoubla la ferveur patriotique. Tous les bataillons de volontaires furent promptement au complet. Les vétérans de la garde nationale parisienne demandèrent à marcher. Ils proposèrent de lever dans chaque département, vingt-quatre vétérans par bataillon, et d'en former trois détachements qui s'habilleraient et s'équiperaient à leurs frais. La garde nationale parisienne fut diminuée par le départ des volontaires et de toute la garde soldée, qui composa les 103e, 104e et 105e régiments d'infanterie ; mais elle s'accrut par l'adjonction des *sans-culottes* armés de piques. Ces piques avaient différentes longueurs , depuis 8 jusqu'à

(1) Voyez ses lettres dans les *Mémoires* du prince de Hardenberg, chancelier d'État prussien.
(2) *Mémoires* de madame Campan, t. II, p. 174-179.

12 pieds, dans les progressions des distances établies
entre les quatre rangs de combattants. Elles étaient
de différentes espèces : piques à feuilles de laurier, à
trèfle, à carrelet, à broche, à cœur, à langue de serpent, à fourchons ; piques à stylet, avec haches d'armes, à ergots, à cornes tranchantes; à lance hérissée
d'épines de fer. La plupart portaient sur leurs hampes
les couleurs nationales, et aux douilles de leurs fers,
des banderolles rouges, propres à effrayer les chevaux (1).

Les trois bataillons du faubourg Saint-Antoine défilèrent, le 27 avril, devant l'Assemblée, sur trois colonnes, une de fusiliers et deux de piquiers. Ils s'a-
vancèrent tambours battants et enseignes déployées.
Un garde national, placé au centre des bataillons, portait deux larges tables de pierres sur lesquelles la *déclaration des droits de l'homme* était gravée en lettres d'or.
L'orateur, M. Musine, s'écria : « Législateurs, nous
avons fait forger ces piques pour vous défendre, pour
nous placer entre les traîtres et vous. Les despotes et
les traîtres coalisés voudraient vous combattre, pour
composer avec vous. Qu'ils tremblent eux-mêmes; il
est un terme à tout. La tyrannie touche à son dernier moment. L'heure de la liberté se fait entendre
pour tous les peuples. »

(1) *Moniteur* du 30 avril 1792, n. 121. — *Manuel du citoyen
armé de piques,* ou Instruction raisonnée sur les divers moyens
de perfectionner l'usage et la fabrication des piques, par un militaire, ami de la liberté (le colonel Scott) Paris, avril 1792, in-8

Pour subvenir aux dépenses de l'armée, une multitude immense de citoyens s'imposa des sacrifices. Rien n'exprime plus éloquemment l'esprit du temps que la simple mention de leurs offrandes, dans les procès-verbaux des séances de l'Assemblée.

M. Anacharsis Clootz dépose la somme de douze mille livres, pour habiller, équiper, armer et solder quarante à cinquante combattants, dans la guerre sacrée des hommes contre les tyrans.

M. Carle, ancien commandant du bataillon de Henri IV, donne trois mille livres; une demoiselle, des boucles d'oreilles; un chasseur volontaire du bataillon des Carmélites, cent cinquante livres; M. Isaac, volontaire de la garde nationale parisienne, quatre écus de six livres; un jeune enfant, un écu de six livres; un colporteur, une pièce de quinze sous; une citoyenne, un plat d'argent, une montre, et cinquante-quatre livres; un garde national, un assignat de cinquante livres; un citoyen-soldat, deux cent une livres; un vainqueur de la Bastille, un couvert d'argent, des boucles de jarretières d'or, et dix livres en assignats; un portier, douze livres; un grenadier volontaire, une épée à poignée d'argent, et un sabre; le quartier-maître du bataillon des vétérans de Paris, cinq coupons de cinq livres; un étudiant, le galon de son manteau; M. Descat fils, volontaire du bataillon de l'Oratoire, cent livres et une médaille d'argent; une cuisinière, six livres; Marguerite Langagne, orpheline, cinquante francs, qui étaient destinés à lui

acheter un fourreau ; un chasseur volontaire du bataillon de Henri IV, douze livres ; le curé de St-Roch,
un assignat de deux cents livres ; Caron de Beaumarchais, le produit de ses pièces, tant que durera la
guerre ; le bataillon des Petits-Augustins, sept mille
cinq cents livres ; un citoyen, un assignat de cent livres et un boulet de canon ; Jeanne Françoise, cuisinière, sa croix d'or ; M. Livarot de Latour, colonel de
la garde nationale de Périgny, près Richelieu, deux
cents livres ; un garde national, quatre cents livres ;
les canonniers volontaires du bataillon de Henri IV,
trois cent soixante-et-onze livres dix sous ; trois volontaires suppléants du bataillon de Bonne-Nouvelle,
vingt-huit livres ; des gardes nationaux, seize cents
livres ; les ouvriers de la manufacture de papier de
M. Réveillon, cinq cents livres, et cent cinquante livres par mois tant que durera la guerre ; les acteurs du
théâtre de Richelieu, douze cent douze livres dix
sous, qu'ils renouvelleront tous les six mois ; les habitués du café Cuisinier, au bas du pont St-Michel,
à Paris, deux cent dix livres dix sous en assignats, et
quarante-cinq livres en écus ; les grenadiers de la
garde nationale de Versailles, quartier Notre-Dame,
cent livres ; quatre-vingts ouvriers fondeurs, mille
vingt-cinq livres ; des ouvriers cordonniers, douze
cent une livre sept sous ; les gardes nationaux du bataillon des Feuillants, vingt-sept mille huit cent onze
livres.

M. Etienne Feuillant, rédacteur du *Journal du soir*,

donne deux cents livres, et s'engage à l'entretien de deux volontaires nationaux.

M. Claude-Pierre-Joseph Balland , grenadier au 3ᵉ bataillon de la 6ᵉ légion parisienne , regrette que son âge ne lui permette pas de combattre, et offre sa chaîne de montre.

Un jeune garde national offre à la barre deux écus de six livres, et attend qu'il soit appelé pour combattre les ennemis de la liberté.

Les ouvriers des ateliers de M. Perrier, à Chaillot , présentent un de leurs camarades, qui part, le havre-sac sur le dos, et qu'ils ont équipé à leurs frais. « S'il meurt, disent-ils , un autre d'entre nous prendra sa place au même instant. Nous ne serons embarrassés que sur le choix, car nous voudrions tous marcher au combat. »

Les grenadiers de la Chaussée-d'Antin , apportent huit cent cinquante-neuf livres dix-neuf sous. « Messieurs, disent-ils, depuis longtemps la nation française était outragée, une guerre sourde et perfide la minait lentement. A cette guerre de despotes, le roi est venu vous proposer de répondre par celle des hommes libres ; aussitôt vous vous êtes levés en criant : *La guerre pour la liberté !* Et déjà le même cri, mêlé à des cris de joie , retentit dans toutes les parties de l'Empire.

« Il faut à la patrie des soldats et de l'or : nous avons envoyé nos frères au devant de l'ennemi qui nous menace ; nous apportons à la mère commune le peu d'or qui nous reste. »

M. Saint-Prix, comédien français, capitaine du bataillon du Val-de-Grâce, introduit à la barre, prononce le discours suivant : « Législateurs, les citoyens volontaires du bataillon du Val-de-Grâce, faisant partie du faubourg Saint-Marcel, amis de l'ordre, inviolablement attachés à la Constitution, apportent leurs offrandes. Ils sont tous artisans : les uns, dont le travail journalier est indispensable à l'existence d'une nombreuse famille, déposent, sur l'autel de la patrie, pour coopérer aux frais de la guerre, une somme de deux cent soixante-trois livres dix sous, dont quarante et une livres deux sous en espèces, fruit de leurs économies, peut-être même de leurs privations. Les autres, jeunes et célibataires, offrent, avec ce don, auquel ils ont aussi contribué, leurs bras, leur courage et leur vie. Que la patrie commande, ils partent ! »

Les contributions patriotiques se multiplièrent tellement, que les journaux renoncèrent à les enregistrer en détail. Elles s'accrurent encore après les premières hostilités. Le début de la guerre fut désastreux, mais honorable pour nos volontaires. Des détachements, dirigés de Lille vers Mons et Tournay, le 28 avril, furent attaqués par des forces supérieures, et se retirèrent en désordre. Les documents officiels rendent hommage à la conduite des gardes nationaux parisiens dans ces désastreuses échauffourées. « Les gardes nationales, dit le rapport du maréchal de Rochambeau, ont montré le plus grand zèle et la plus grande ardeur dans la marche sur Mons, quelque fatigante

qu'elle ait été. Elles méritent les plus grands éloges. »
Après l'attaque de Tournai, ce furent les gardes nationaux qui protégèrent la retraite. « Le second bataillon des volontaires nationaux de Paris, et les hussards d'Esthérazy, ont particulièrement été funestes
aux Hulans. Ces deux corps, par leur ardeur, leur
fermeté, leur courage, et surtout leur discipline, ont
donné à notre armée un grand exemple, qui, s'il avait
été suivi par le reste de nos troupes, et notamment
par le 5ᵉ et le 6ᵉ régiments de dragons, aurait assuré
le succès de l'expédition (1). « Le rapport de M. de Bi-
ron, lieutenant-général, au ministre de la guerre, disait aussi : « Je ne connais point de bataillon de grenadiers plus brave, plus ferme, plus soumis aux ordres qu'on lui donne, que le deuxième du département
de Paris. »

L'échec de l'armée du Nord ne fit qu'animer les défenseurs du pays. De nouvelles colonnes de gardes
nationales partirent d'Étampes, de Corbeil et de Versailles. Le troisième bataillon des volontaires du département de Paris se plaignit à l'Assemblée de languir dans l'intérieur, quand déjà le second s'était distingué (2). Le bataillon des Gobelins, par un mouvement spontané, se rendit à l'Assemblée, et lui jura de
se sacrifier pour son salut. Les grenadiers marchaient
en tête, et suivaient pêle-mêle les *habits bleus* et les

(1) *Moniteur* du 2 mai 1792, n. 123.
(2) Séance du 8 mai.

14

sans-culottes, les fusiliers, les piquiers, les hommes armés de pieux, de bâtons et de fourches, les femmes, les enfants, tous criant : *Vive la nation!* vive la liberté (1)! L'Assemblée législative, pénétrée des dangers de la patrie, porta le nombre des bataillons de gardes nationales volontaires à deux cent quatorze, de huit cents hommes chacun (2); elle prononça la peine de la déportation contre les prêtres insermentés qui fomentaient des troubles, et arrêta la formation d'un camp de vingt mille volontaires.

« Considérant qu'il est important d'ôter tout espoir aux ennemis de la chose publique qui trament des complots dans l'intérieur ;

« Considérant qu'il est avantageux de resserrer encore, à l'époque du 14 juillet, les liens de fraternité qui unissent les gardes nationales de tous les autres départements avec celles de Paris, qui a si bien servi la Révolution et si bien mérité de la patrie, par un dévouement sans bornes et un service pénible et continuel ;

« L'Assemblée nationale décrète :

« La force' armée sera augmentée de vingt mille hommes ;

« Cette augmentation se fera dans les départements, et tous les cantons du royaume seront admis à la compléter.

(1) Séance du 29 mai.
(2) Décrets des 5, 14 et 20 mai.

« Les vingt mille hommes d'augmentation se réuniront à Paris pour le 14 juillet prochain.

« Il sera ouvert dans chaque municipalité, chef-lieu de canton, un registre particulier d'inscription volontaire, sur lequel se feront inscrire les citoyens qui désireront servir en qualité de volontaires nationaux dans cette augmentation de la force armée.

« Dans le cas où le nombre des gardes nationales qui se seront fait inscrire excéderait celui fixé par les cantons, ceux inscrits se réuniront pour faire entre eux le choix de ceux qui voudront marcher.

« Nul citoyen ne sera admis à s'inscrire, qu'il n'ait fait un service personnel dans la garde nationale depuis le 14 juillet 1790, ou depuis la formation de la garde nationale du canton de sa commune (1). »

Ce décret était motivé par l'affluence d'ennemis de la Constitution, qui, de tous les coins de la France, se donnaient rendez-vous dans la capitale. L'état-major et une portion notable de la milice parisienne y virent une insulte ; ils crurent qu'on n'avait plus confiance en eux, qu'on les regardait comme incapables de maintenir la sécurité publique. Ils rédigèrent en ce sens une protestation qui fut dénoncée à l'Assemblée par le bataillon des Petits-Augustins et par la section du Théâtre-Français, aux applaudissements des tribunes et du côté gauche (2). Néanmoins, elle fut re-

(1) Séance du 7 juin 1792.
(2) Séances des 9 et 10 juin 1792.

vêtue de huit mille signatures, la plupart, selon les
*Révolutions de Paris* (1), fausses, supposées, extor-
quées ou arrachées par la séduction. Vergniaud les
jugea telles, quand la pétition fut portée à la barre:
« Je demande, dit-il, le renvoi aux comités, avec les
procès-verbaux de section, qui prouvent que cette
prétendue pétition a été colportée de porte en porte,
et que cette masse imposante de signatures n'est, en
grande partie, autre chose qu'un recueil de signatures
de femmes et d'enfants. » Le président Tardiveau in-
vita les pétitionnaires à la séance, malgré de bruyantes
réclamations; mais leur requête ne produisit aucun
résultat, et fut désavouée par la majorité de la garde
nationale. L'opinion publique condamna leur démarche, parce que les *huit mille*, les uns volontairement et par conviction, les autres par erreur et à leur
insu, servaient les projets de la cour. Louis XVI per-
sistait dans son système de démonstrations publiques
et de manœuvres secrètes. Accusé de méditer une
nouvelle évasion, il avait répondu par le plus éclatant
démenti. « C'est une horrible calomnie, écrivait-il le
23 juin ; je me fie sans réserve aux citoyens de Paris,
à cette garde nationale qui s'est toujours respectée, et
dont les détachements employés sur nos frontières
viennent de prouver l'excellent esprit. Entouré d'elle
et fort de mes intentions, je serai toujours tranquille
sur tous les événements. » Toutefois, les communica-

(1) N. 153, p. 482.

tions de la famille royale avec les rois étrangers et les princes émigrés, devenaient sans cesse plus actives; la reine écrivait presque tout le jour (1). Trompé par le chiffre imposant de huit mille, et se croyant assuré d'un grand nombre de défenseurs, Louis XVI congédia les ministres Servan, Roland et Clavières, et mit son *veto* sur les décrets relatifs aux ecclésiastiques insermentés et au camp de vingt mille volontaires.

Alors éclata cette formidable insurrection du 20 juin, qui prépara la chute de la monarchie en la déconsidérant.

La veille, les ouvriers des faubourgs Saint-Antoine et Saint-Marceau vont demander au conseil général de la commune la permission de s'assembler, revêtus des habits qu'ils portaient au mois de juillet 1789, et en armes, pour célébrer l'anniversaire du serment du Jeu de Paume, et présenter des pétitions à l'Assemblée nationale et au roi. Le Conseil repousse cette pétition par un ordre du jour, motivé sur l'illégalité des attroupements armés; et le Directoire du département arrêta :

« Que le maire, la municipalité et le commandant général de la garde nationale seront tenus :

« De prendre sans délai des mesures pour empêcher tout rassemblement qui pourra blesser la loi ;

« De faire toutes les dispositions de force publique

_____

(1) *Mémoires* de madame Campan, t. II, p. 212.

14.

nécessaires pour contenir et réprimer les perturbateurs ;

« Recommandant spécialement aux citoyens gardes
nationales, et à toutes personnes composant la force armée, de se tenir prêts à y donner assistance, s'il y a
lieu de les requérir. »

Sans avoir égard à ces prohibitions, les deux faubourgs font leurs préparatifs. Le commandant général
Romainvilliers, les chefs de légions et de bataillons,
viennent, à dix heures du soir, déclarer au maire que
le mouvement est irrésistible. « Les intentions des citoyens sont bonnes, disent-ils ; mais comme l'Assemblée a plusieurs fois reçu des députations armées, ils
persistent à vouloir marcher en armes. On chercherait
en vain à les en dissuader ; ils s'en font une fête. Le
parti le plus prudent est de leur donner une direction
légitime, de rendre leur marche moins tumultueuse,
de les placer sous les ordres de ceux qui doivent maintenir la tranquillité. »

Lé maire approuve la proposition ; le lendemain,
dès le point du jour, il convoque le conseil municipal
pour la lui communiquer, pendant que les officiers
municipaux et les administrateurs de police courent
s'enquérir de l'état des faubourgs. La foule y était déjà
considérable, et la garde nationale était la première à
manifester la volonté de partir armée, avec ses drapeaux et ses canons. Les officiers municipaux parlèrent
au nom de la loi ; partout on leur répondit : « Nous ne
faisons pas une émeute ; on sait bien que nous n'avons

pas de mauvaises intentions, que nous allons présenter des pétitions à l'Assemblée nationale et au roi. La
municipalité a bien permis à des bataillons d'aller en
armes à l'Assemblée avec les autres citoyens. Pourquoi nous refuserait-on ce qu'on a accordé à d'autres?
L'Assemblée nationale les a reçus; ils ont défilé devant elle; pourquoi n'aurions-nous pas le même honneur? » Ces arguments, rapportés au conseil de la
Commune, le déterminèrent à prendre l'arrêté suivant :

« Le corps municipal étant informé qu'un grand
nombre de citoyens, de toute arme et de tout uniforme, se proposent de se présenter aujourd'hui à
l'Assemblée nationale et chez le roi, pour remettre
une adresse et célébrer en même temps l'anniversaire
du serment du Jeu de Paume;

« Le procureur de la commune entendu, arrête que
le chef de légion, commandant-général de la garde de
Paris, donnera à l'instant les ordres nécessaires pour
rassembler sous les drapeaux les citoyens de tout uniforme et de toutes armes, lesquels marcheront, ainsi
réunis, sous le commandement des officiers du bataillon.

« *Signé :* PETION, maire ;
« DEJOLY, secrétaire greffier. »

Il était dix heures, et le cortége se déroulait sur les
boulevards. Il se composait d'une masse hétérogène
d'ouvriers, de gardes nationaux, de femmes, d'enfants, d'invalides, de charbonniers et de forts de la

balle. Les bonnets rouges, les haillons, les carmagnoles y foisonnaient. Devant le cortége, entre douze pièces de canon, on portait la table des droits de l'homme, et un peuplier qu'on se proposait de planter dans la grande allée des Tuileries. Au-dessus des têtes se dressait une forêt d'armes de tous genres, connues ou inédites : fusils, piques, crocs, gaffes, massues, fourches, broches, haches, bisaiguës, faulx, tridents, lances bizarres, dont les hampes étaient des bâtons, et les fers des tranchets, des scies, des coutelas, des ferrailles ou des ciseaux. La plupart de ces instruments de guerre étaient surmontés de bonnets de liberté, et enjolivés de banderolles tricolores; les femmes et les hommes sans armes portaient des branches d'arbres, des bouquets de fleurs et d'épis, ou de longues perches garnies d'écriteaux, enseignes symboliques de l'armée populaire. On y lisait :

RÉSISTANCE A L'OPPRESSION.

LA CONSTITUTION OU LA MORT.

PEUPLE, GARDE NATIONALE,
NOUS NE FAISONS QU'UN ;
NOUS NE VOULONS FAIRE QU'UN.

NOUS NE VOULONS QUE L'UNION,
LA LIBERTÉ ;
VIVE L'ÉGALITÉ !

LA NATION, LA LOI.

AVIS A LOUIS XVI :
LE PEUPLE, LAS DE SOUFFRIR,
VEUT LA LIBERTÉ TOUT ENTIÈRE,
OU LA MORT.

De vieilles culottes, suspendues à des piques, motivaient ces inscriptions :

VIVENT LES SANS-CULOTTES !

LIBRES ET SANS-CULOTTES,
NOUS EN CONSERVERONS AU MOINS LES LAMBEAUX.

TREMBLEZ, TYRANS,
VOICI LES SANS-CULOTTES !

QUAND LA PATRIE EST EN DANGER,
TOUS LES SANS-CULOTTES SONT LEVÉS.

Un homme déguenillé avait, au bout d'une pique, un cœur de veau, avec cette légende : *Cœur d'aristocrate*; un autre, des cornes, avec une devise injurieuse et obscène ; un troisième tenait une potence, à laquelle se balançait une poupée, ce qu'expliquaient ces mots : *Marie-Antoinette à la lanterne.* Le brasseur

Santerre, et l'ex-marquis de Saint-Huruge, habitant
du faubourg Saint-Marcel, guidaient le rassemblement.
Ils avaient pour aides-de-camp le boucher Legendre,
Fournier, dit l'*Américain*, le sapeur Rocher, Nicolas, compositeur d'imprimerie; le polonais Lazouski,
inspecteur des manufactures, et capitaine de la garde
nationale; Rossignol, garçon orfèvre, dont la Révolution fit un général. Les deux pétitions qu'on devait
lire étaient portées par Huguenin, commis aux barrières, ancien avocat à Nancy, et par Gonchon, orateur
ordinaire du faubourg Saint-Antoine.

L'immense cohue s'avançait sans obstacle. Les détachements qu'elle rencontrait fraternisaient avec elle,
ou la regardaient curieusement. « Le spectacle était
beau : beaucoup de joie et de gaîté; les propriétés res-
pectées, et nulle plainte particulière (1). » Suivant
Pétion, si le Directoire du département avait maintenu
ses décisions, les trois quarts de la garde nationale
auraient *répugné*, et se seraient refusés à faire feu.
Aussi, dans son incertitude, le Directoire avait-il dé-
pêché à l'Assemblée législative le procureur-général-
syndic, Rœderer, pour exposer les faits et demander
des conseils. Vergniaud réclama l'admission des faubourgs, en disant « que le civisme seul les animait. »
Pendant qu'on délibérait, arriva une lettre de Santerre, ainsi conçue :

(1) *Lettre de Pétion à l'occasion des événements du 20 juin.*

« M. le président,

« Les habitants du faubourg Saint-Antoine célè-
brent aujourd'hui l'anniversaire du serment du Jeu de
Paume. On les a calomniés devant vous ; ils demandent à être admis à la barre : ils confondront leurs lâ-
ches détracteurs, et ils prouveront qu'ils sont toujours
les hommes du 14 juillet ! »

La gauche applaudit, la droite murmura. Après de
tumultueux débats, le rassemblement fut introduit.
Huguenin lut la pétition, dont les termes véhéments
provoquèrent les acclamations des tribunes ; puis les
faubourgs défilèrent, depuis une heure jusqu'à trois
heures et demie, en criant : Vivent les patriotes ! Vivent les sans-culottes ! A bas le *veto* ! Une douzaine de
musiciens jouaient l'air *Ça ira*, et, de temps en temps,
des bandes de femmes armées de sabres s'arrêtaient
pour former des rondes. La salle était un ancien manége, donnant d'un côté sur la rue du Dauphin, et de
l'autre dans le jardin des Tuileries. La multitude, en
sortant, longea le château jusqu'à la grille du Pont-
Royal, pour rentrer au Carrousel par les guichets du
quai. La garde nationale montante, qui occupait sur
trois rangs la terrasse, laissa le torrent s'écouler. Les
pétitionnaires étaient d'ailleurs assez paisibles, et tenaient des propos peu inquiétants. On disait : « On
trompe ce pauvre roi. — On lui a donné un *veto*, il
ne sait pas le gouverner. — Mais, pourquoi ses fenê-

tres sont-elles fermées? De quoi a-t-il peur, le pauvre cher homme? Nous ne voulons pas lui faire de mal (1). »

La grande cour était garnie de plusieurs bataillons de garde nationale, avec six pièces de canon ; de gardes-suisses et de gendarmerie. Les officiers municipaux Panis, Mouchet, Boucher-Réné, Sergent, Coufin, Hue et Lefèvre, allaient et venaient dans les rangs. Lorsque la tête de l'attroupement parut, Mouchet sortit, et, s'adressant aux chefs, leur représenta que la garde ne pouvait, sans compromettre sa responsabilité, laisser entrer plus de vingt pétitionnaires. Ce moyen terme allait être accepté, lorsque Boucher-René fit ouvrir la porte. Les troupes ne firent aucune résistance ; les canonniers avaient déclaré qu'ils ne tireraient pas, quand même ils en seraient requis, et « la garde nationale, moitié bonne, moitié mauvaise, était disposée de manière qu'elle se serait entretuée si elle avait voulu tirer (2). »

Louis XVI était alors dans la Salle du Conseil. Il n'avait auprès de lui que quelques gentilshommes, son premier valet-de-chambre Septeuil ; Gentil, premier valet-de-chambre de la garde-robe ; le maréchal de Mouchy ; Acloque, chef de légion du faubourg Saint-Marceau ; Joly et Camille, canonniers du bataillon des

---

(1) *Mémoires* de Weber, frère de lait de Marie-Antoinette, t. II, p. 188.

(2) *Idem*, p. 189.

Filles-Saint-Thomas, et quatre grenadiers du même bataillon, de Bourset, Gosse, Guibout et Desmousseaux. Les portes étaient verrouillées : le peuple les attaqua à coups de hache ; et, pour les battre en brèche au besoin, les canonniers du bataillon du Val-de-Grâce hissèrent au premier étage une pièce de canon, qu'ils mirent en batterie dans la salle des Cent-Suisses. Un panneau avait déjà volé en éclats, quand Louis XVI s'écria : Je vais à eux ! A moi, les quatre grenadiers : qu'on ouvre ! »

Acloque exécute l'ordre, et dit aux premiers qui se présentent : « Citoyens, voilà votre roi ; que lui voulez-vous ? Respectez ce bon roi. » Les grenadiers entraînent Louis XVI dans l'embrasure d'une croisée de l'Œil-de-Bœuf, placent devant lui une longue table, et lui font un rempart de leurs corps. Vanot, commandant du bataillon de Sainte-Opportune, et une vingtaine d'autres gardes nationaux, se joignent à ce petit groupe d'héroïques défenseurs, qu'investit promptement la foule, en vociférant : Vive la nation ! A bas le *veto* ! La sanction ! Le camp sous Paris ! Chassez les prêtres ! Chassez les aristocrates ! Choisissez entre Paris et Coblentz ! » Louis XVI monte sur une banquette, et essaie de se faire entendre. Criez : Vive la nation ! lui dit-on. — Eh bien ! oui, réplique-t-il en agitant son chapeau ; vive la nation ! elle n'a pas de meilleur ami que moi. — Si vous dites vrai, prouvez-le donc en mettant ce bonnet de liberté. — J'y consens. » Deux hommes s'avancent, et lui placent sur

15

la tête un bonnet rouge trop petit, qui tenait à peine.
Le malheureux prince était si préoccupé, qu'il garda
ce bonnet sans s'en apercevoir, et que le soir on dut
l'avertir qu'il l'avait encore (1).

Quelques députés avaient pénétré jusque dans l'Œil-
de-Bœuf. Isnard monte sur une chaise, et harangue
les pétitionnaires ; Vergniaud parle à son tour, porté
sur les épaules d'un garde national nommé Leseur ;
mais le tumulte et les cris continuaient. Quelqu'un
ayant fait observer que le roi devait avoir bien peur :
« Non, répondit Louis XVI, l'homme de bien n'a point
de crainte ; » et, prenant la main d'un grenadier (2), il
la pose sur son cœur, en ajoutant : « Voyez s'il palpite
et si j'ai de la frayeur. »

Santerre s'unit aux députés pour demander le silence ; l'agitation se calme un moment, et Gonchon
parvient à lire sa pétition : « Sire, votre conduite a
excité le peuple contre vous ; en voulant traîner le
peuple à sa perte, vous vous entraînez vous-même à
la vôtre. Vos ennemis ne sont pas à Paris ; ils sont à
Coblentz ; car, quoique vous désiriez encore en ce moment aller auprès d'eux, sachez que s'ils vous tenaient ; ils vous assassineraient, au lieu que le peuple
ne demande qu'à vous voir heureux, en suivant la ligne de la Constitution, et que si vous la suiviez de

(1) Récit du roi, dans l'*Histoire de la Révol.*, de Bertrand de
Molleville, ministre de Louis XVI, t. VIII, p. 194.

(2) Lalanne, tailleur, rue du Four-Saint-Honoré, grenadier du
bataillon de Saint-Eustache.

bonne foi, il vous aimerait encore ; car, je vous le répète, il aurait du plaisir à vous aimer. Le peuple est
mûr par la Révolution ; il veut que la Constitution
marche, et que vous sanctionniez les décrets, que
vous rappeliez des ministres qui ont sa confiance. Oui,
nous maintiendrons la Constitution ; mais il faut qu'elle
marche. Nous périrons, s'il le faut, pour la défendre ;
mais alors, nous vous entraînerons avec nous dans
notre chute. »

Après ce discours, les cris redoublent : « A bas le
*veto!* Le rappel des ministres patriotes ! — Il faut
qu'il le signe, ou nous ne sortirons pas d'ici ! »
Louis XVI résista : « Ce n'est ni le lieu, ni la forme
de présenter une pareille requête. » Épuisé de fatigue, accablé de chaleur, il demande à boire ; on lui
présente une bouteille, en lui criant : A la santé de la
nation ! et il répète machinalement : A la santé de la
nation ! Mais, en renversant la bouteille sur ses lè-
vres, il mit le pouce dans le goulot, pour ne point
avaler le liquide qu'elle contenait (1).

Ce fut seulement à sept heures et demie que cessa
cette douloureuse situation. Les exhortations du maire
et de Santerre déterminèrent le peuple à se retirer par
les appartements du roi ; les colonnes se mirent en
marche, en traversant la salle du Conseil. La reine
s'y était rendue ; elle était assise derrière le bureau,
ayant à ses côtés sa fille ; la princesse de Lamballe ;

(1) *Mercure de France* du samedi 30 juin 1792, p. 345.

madame de Luynes; Aubier de la Montille, gentilhomme servant du roi , et Pannelier, administrateur
de la forêt de Compiègne, en uniforme de garde national. Le dauphin, coiffé d'un bonnet rouge, était
placé sur le bureau ; à partir de ce bureau jusqu'aux
deux portes, étaient disposés, en demi-cercle, deux
lignes de gardes nationaux. L'aspect de Marie-Antoinette était si profondément triste , qu'il désarma ses
ennemis, et qu'on passa presque sans bruit devant
elle. A neuf heures, le château était évacué; le silence
n'en était plus troublé que par les sanglots de ces deux
malheureux , qu'on appelait encore, comme par déri-
sion, le roi et la reine des Français.

# CHAPITRE VII.

Désaffection de la garde nationale. — Son esprit de corps et son moral.
— Revue de la sixième division. — Alerte du 25 juin. — Pétition des
vingt mille. — Dénonciation contre l'état-major. — Arrivée des fédérés. — Repas à Charenton. — Avis du département de la police. —
14 juillet 1792. — Pétition des fédérés. — La patrie en danger.

———

Le trône était perdu. La garde nationale se retirait
de lui ; les bataillons des Filles Saint-Thomas, de
Saint-Roch, de l'Oratoire, des Petits-Pères, restaient
encore fidèles à la monarchie, mais ils étaient désavoués
par la majorité. Dans la soirée du 21 juin, les grenadiers de garde aux Tuileries malmenèrent Pétion et
Sergent ; celui-ci fut même frappé et renversé. Il reçut
presque aussitôt les excuses des officiers de la garde
nationale, qui le prièrent de désigner le coupable, afin
qu'on en fît bonne et prompte justice. Le lendemain,
des citoyens de toutes les légions vinrent en foule offrir leurs bras au maire contre quiconque oserait l'in-

15.

sulter, et plus de cinquante volontaires se présentèrent, les jours suivants, pour garder la mairie, dont le poste n'était que de vingt hommes.

Louis XVI se préoccupait vivement de ce qui se passait dans les légions. Il s'était fait remettre un mémoire intitulé *État de la garde nationale parisienne, sa composition, sa force, son esprit de corps et son moral* (1). Suivant l'auteur anonyme, le nombre des citoyens enregistrés était de soixante mille, dont vingt-cinq mille habillés et armés. « Beaucoup de gardes nationaux se faisaient remplacer, et les remplaçants, pris dans la classe des *pauvres gens, négligents et malpropres*, éloignaient des corps de garde les autres volontaires.

« Les grenadiers sont des gens fermes et instruits au service ; les canonniers sont des jeunes gens bouillants, pleins de feu, et trop patriotes. En général, il n'y a pas d'ensemble dans le corps de la garde nationale. En cas d'une attaque à Paris, le service se fera pendant huit jours ou quinze jours au plus. La garde nationale peut tenir tête à douze mille Allemands ; mais elle n'est pas en état de faire mettre bas les armes à l'armée de Burgoyne (2).

« Le quartier Saint-Antoine et toute la première légion se composent de têtes échauffées. Santérre, commandant du bataillon des Enfants-Trouvés, est

(1) *Révolutions de Paris*, n. 162, p. 294.
(2) Général anglais qui, envoyé contre les États-Unis d'Amérique, fut obligé de capituler.

exalté ; on doit le craindre. Les bataillons des quartiers Saint-Denis et Saint-Martin sont républicains. Ceux qui avoisinent les places Vendôme et des Victoires sont bien disposés, étant composés de riches propriétaires et financiers. Les faubourgs Saint-Marceau et Saint-Jacques sont remplis de gros entrepreneurs, ayant du crédit sur l'esprit des ouvriers qu'ils employent, ou qui les remplacent. La sixième légion, celle de la Cité, est la mieux exercée et la plus patriotique ; on peut tout exiger du chef. Lachenaye, et les commandants sont attachés au château. »

Cette division fut passée en revue par le roi, le 24 juin, aux Champs-Elysées. Il y parut avec un panache tricolore à son chapeau ; la reine l'accompagnait, parée de plumes et de falbalas aux trois couleurs, et tenant par la main le dauphin en uniforme national. Les *bravo*, les *vivats*, accueillirent la famille royale ; mais l'esprit révolutionnaire attaquait même les zélés défenseurs de la couronne. Quelques gardes nationaux, s'approchant de Louis XVI, lui dirent : « Sire, la nation vous verrait avec plaisir porter l'uniforme de la Révolution. — Je le désire depuis longtemps, répliqua-t-il ; mais j'ignore si la Constitution ne s'y oppose pas. » Réponse vague, dont l'effet fut de refroidir l'enthousiasme qu'il inspirait.

Dans la soirée, on pressentit un nouveau mouvement des faubourgs. Pétion s'y transportant, les trouva paisibles, et écrivit au ministre de l'intérieur : « Les bruits alarmants sont dénués de tout fondement ; rien

ne m'annonce des troubles ; ils ne pourraient être
excités que par l'exagération des mesures de précaution qu'on affecte de prendre. Elles ne sont, pour ainsi
dire, qu'un tocsin d'alarme. Annoncer ainsi le péril
lorsqu'il n'existe pas, c'est agiter inutilement les
esprits, fatiguer la garde nationale, et faire croire que
Paris est dans un état de crise. » Malgré ces assurances de paix, le rappel battit à plusieurs reprises, pendant la journée du 25 juin ; mais les gardes nationaux
qui y répondirent furent en petit nombre. Dans presque tous les bataillons, les canonniers refusèrent de
marcher. Le *Moniteur* disait à ce propos, le 26 juin :
« La garde nationale, contre l'espoir de nos calomnia-
teurs, ne fait qu'un avec le peuple. Le citoyen labo-
rieux, en sortant de son atelier, en quittant son travail, ne cesse pas d'être patriote ; en prenant les
armes, il ne revêt pas avec son uniforme un esprit in-
civique et meurtrier. Sous cet habit, comme sans cet
habit, liberté, union, égalité, sont le vœu de son cœur
et la règle de sa conduite.

« Ce qu'on fait, depuis le 20 juin, pour corrompre
l'*excellent esprit* qui anime la grande majorité de la
garde nationale, est et sera sans succès. Les tambou-
rinades d'hier, sans nécessité, sans réquisition, comme
sans fruit, sont une leçon dont il faut croire que ceux
pour qui se faisait tout ce train, voudront bien enfin
profiter. »

Un autre journal-affiche, la *Sentinelle*, rédigée par
Louvet de Couvray, prêtait ce langage aux gardes

nationaux : « Eh! malheureux tambour, que me veux-tu? Irai-je, sous le commandement d'un état-major gangrené d'aristocratie, m'exposer à combattre pour la contre-révolution? Ces armes, que la liberté m'a mises à la main, m'en servirai-je pour appuyer les complots d'une cour qui me prépare la servitude? Les tournerai-je au détriment de la *première autorité* qui fait de bons décrets, en faveur de la seconde qui les paralyse, et contre un peuple souverain dont on a lassé la patience? Non, quelques intrigues que l'état-major prépare, on n'étouffera point les sentiments de la justice et de la nature. Ils parleront toujours au cœur de la grande majorité de la garde nationale parisienne. Oui, de la grande majorité, car hier, malgré vos fréquents rappels, vous n'avez pu rassembler sous vos drapeaux qu'un petit nombre de volontaires, dont je parierais encore que la portion la plus considérable n'était pas disposée à servir vos projets de sang. »

Les constitutionnels tentèrent un dernier effort. Guillaume, avoué au tribunal de cassation, ex-constituant, rédigea une adresse, qui fut déposée chez les notaires, et reçut sept mille quatre cent onze signatures (1). On y dénonçait les attentats du 20 juin ; on s'y plaignait du zèle passif auquel les soldats citoyens avaient été réduits pendant cette triste journée. «La garde nationale, tant celle qui était au château que

(1) *Moniteur* du 3 juillet 1792, n. 188.

celle qui formait la réserve de chaque quartier, a eu
a douleur, qui approche du désespoir, d'être dénuée
de tout ordre du commandant, et de ne pouvoir y
suppléer elle-même sans violer toutes les lois de la
discipline, dont elle doit et a toujours donné l'exemple. Dans cette privation absolue d'ordres militaires,
es passages ont été ouverts, et le courage de la
garde nationale enchaîné au château même, sur les
réquisitions multipliées de plusieurs officiers municipaux en écharpe, et parlant, disaient-ils, au nom de
la loi. »

La pétition fut soumise au corps législatif comme
émanée de vingt mille citoyens, mais elle n'obtint
aucun succès. Les rumeurs des tribunes et de la
gauche étouffèrent à plusieurs reprises la voix de
l'orateur. Une autre adresse, présentée par la section
de Bonne-Nouvelle, et qui inculpait l'état-major, fut
au contraire couverte d'applaudissements. « Nous demandons, dit l'orateur, le licenciement de l'état-major
de la garde nationale parisienne. C'est cette corpora-
tion aristocratique qui est l'une des sources de nos
troubles et de nos divisions. Cet état-major est une
espèce de corps de réserve aristocratique, qui fait cir-
culer à l'ordre le poison de ses opinions, pour provoquer contre les plus sages de vos décrets des *veto* soi-
disant suspensifs. » Une seconde députation de citoyens de toutes les sections parut à la barre, le 2 juillet, et dit : « Nous dénonçons l'incivisme de l'état-
major ; que tardez-vous à en ordonner le licencie-

ment? » Sur la motion de Thuriot , l'Assemblee entra sur-le-champ en délibération, et, aux acclamations des tribunes, adopta, sauf rédaction, le principe du licenciement.

C'était un triomphe pour le parti démocratique ; l'arrivée des fédérés lui donna de nouvelles forces. Ils étaient en petit nombre, deux mille neuf cent soixante seulement, ce dont Pétion expliquait ainsi les causes (1). « Les départements de nos frontières menacées ont gardé dans leur sein beaucoup de gardes nationales pour leur défense particulière. Un grand nombre de braves gardes nationales se trouvent dans nos armées, et enfin les habitants des campagnes sont occupés de leurs moissons. » En outre, sans organiser une fédération générale, le corps législatif avait simplement décrété que les volontaires qui se trouveraient à Paris le 14 juillet, assisteraient à la célébration de l'anniversaire de la prise de la Bastille ; qu'ils se réuniraient, pour le serment fédératif, aux compagnies de la garde nationale parisienne, dans l'arrondissement desquelles ils auraient obtenu des logements ; qu'ils iraient ensuite former une réserve à Soissons.

Les fédérés ne donnaient donc point aux patriotes une puissance numérique ; mais c'étaient presque tous des hommes d'action, prêts à tout entreprendre contre la cour. Marseille, Brest, Nantes, Angers, Dijon, Grenoble,

(1) Lettre à l'Assemblée législative.

Besançon, Châlon-sur-Saône, avaient fourni des contingents, et ces villes s'étaient signalées par leurs tendances républicaines et leur fougue révolutionnaire. Le peuple pouvait compter sur les fédérés ; aussi Santerre les accabla t-il de prévenances. Il en réunit douze cents dans un banquet, à Charenton, à l'hôtel du *Cadran bleu,* et échauffa leurs têtes à force de harangues et de libations. La faction royaliste leur fit également des avances ; elle leur proposa les *projets les plus horribles* (1). Les agents de Coblentz, qui affluaient au Palais-Royal, cherchèrent à les entraîner dans les tripots clandestins des rues adjacentes. La municipalité les prévint du danger par un avis écrit en style de mélodrame, l'une des pièces les plus curieuses qui soient jamais émanées d'une autorité constituée (2) :

« Français , que le patriotisme conduit dans cette ville pour renouveler avec nous le serment de vivre libres ou mourir ; qui venez, en mêlant vos armes aux nôtres, faire trembler les traîtres et goûter dans nos bras les douceurs d'une fraternité inconnue aux esclaves et aux conspirateurs ; amis, craignez aussi les piéges qui seront tendus sous vos pas.

« Au Palais-Royal, dans ce lieu qui fut le berceau de la révolution, le rendez-vous constant des patriotes pendant longtemps ; dans ce lieu charmant, où le

(1) Lettre à l'Assemblée législative, *Moniteur*, n. 206.
( 2) *Courrier français* du 14 juillet 1792, n. 147, p. 119.

plaisir va vous attirer, il existe des repaires affreux,
où, sous l'espoir d'une fortune incertaine et balancée
par la ruse, des brigands vous attirent ; où des femmes, se prostituant pour mieux servir leurs complices,
vous enchaînent sous les verroux de trois épaisses
grilles de fer, au milieu des poignards ; à chaque porte
de ces tripots, où les malheureux étrangers, heureux
encore de n'y pas perdre la vie, laissent sur une table, à la merci des fripons qui l'entourent, leur fortune, des hommes gagés pour ce métier infâme se pro-
mènent, et vous invitent à monter pour une jolie société. On vous distribuera des cartes pour des concerts,
pour des clubs ou des festins agréables. Rejetez, re-
poussez loin de vous ces appels dangereux.

« Vos parents, vos épouses, vous ont envoyés au
milieu de nous pour célébrer la fête de la liberté conquise, pour nous préparer encore à la défendre ; que
ces jours ne soient point empoisonnés par des regrets.

« Si les magistrats du peuple, malgré leurs efforts,
ne peuvent détruire complètement ces cavernes af-
freuses, au moins ils auront rempli un devoir en vous
les indiquant.

« Les administrateurs de la police,
« Perron, Vigner, Sergent, Panis. »

Les fédérés restèrent insensibles aux séductions dont
les environnait le parti aristocratique ; et, à la fête
du 14 juillet, ils ne manifestèrent, à l'égard du château, que des sentiments hostiles.

16

La fédération de 1792 offrit un aspect que les précédentes n'avaient pas présenté. Les habits de toutes couleurs étaient mêlés aux uniformes, les piques étincelaient auprès des fusils, et les gardes nationaux des départements étaient confondus avec ceux de Paris. Les six légions, convoquées dès cinq heures du matin, occupaient les boulevards depuis la place de la Bastille jusqu'à la porte St-Martin. Entre les bataillons étaient des groupes d'hommes, de femmes et d'enfants, portant des branches d'arbres, des instruments aratoires, des faisceaux d'armes, des statues symboliques. Le cortége n'entra au Champ de Mars qu'entre quatre et cinq heures du soir. Louis XVI y était depuis midi, escorté de quatre compagnies de suisses et du fidèle bataillon des Filles-Saint-Thomas. Telle était son inquiétude, qu'avant de partir, il avait endossé une espèce de cuirasse, à l'épreuve du poignard et des balles (1). On fit à peine attention à lui, quoiqu'il eût consenti à quitter l'École Militaire pour venir prêter serment sur l'autel de la patrie. Plusieurs commandants arrêtèrent leurs bataillons devant la famille royale, dans l'espoir qu'elle serait saluée par des vivats ; mais les gardes nationaux ne crièrent que *Vive la nation ! Vive la liberté ! Vivent nos bons députés ! Vive Pétion !* Le maire fut le héros de la cérémonie. Suspendu par le Directoire du département pour sa conduite au 20 juin, rétabli par un décret de l'Assem-

(1) *Mémoires* de madame Campan, t. II, p. 256.

blée, il avait conquis la popularité. La plupart des
gardes nationaux avaient écrit à la craie sur leurs chapeaux : *Vive Pétion !* Il s'enivrait d'autant d'hommages qu'en avait reçus La Fayette à la fédération pré-
cédente. Quant à l'ancien commandant de la garde
nationale, les soldats n'avaient plus pour lui que du
dédain. Ses efforts en faveur de Louis XVI, ses déclamations contre les clubs, l'avaient perdu dans l'opinion publique. Il avait achevé de se déconsidérer en
quittant l'armée, le 28 juin, pour venir à la barre accuser le peuple de Paris. Le héros des deux mondes,
l'émule de Washington, n'était plus « qu'un intrigant,
un lâche, un factieux, un faux protecteur du peuple,
un audacieux, un ennemi de la Constitution, un hy-
pocrite, l'agent dupé d'une faction dont il croyait
être le chef, et dont il n'était que l'instrument (1). »
On l'avait brûlé en effigie au Palais-Royal; on le
pendit à Marseille. Pendant la fête du 14 juillet, des
rangs qu'il avait commandés sortait le cri de : *Au
diable La Fayette!* Ses armoiries étaient placées en
évidence au haut d'un peuplier chargé de blasons,
qu'on brûla à la fin de la cérémonie; et un malheureux canonnier, qui hasarda un *Vive La Fayette !* fut
assommé plus qu'à moitié.

Au serment fédératif, les volontaires des départements ajoutèrent celui de ne se séparer qu'après avoir

----

(1) Dénonciation des sections de Grenelle et du théâtre Français, séance du 1er juillet.

obtenu la punition des traîtres et éternisé le règne de
la liberté (1). Ils organisèrent un *comité de fédération,*
dont l'esprit se révèle principalement dans la pétition
du 17 juillet. Il disait au corps législatif : « Nous
avons laissé dans nos départements des millions de
citoyens qui nous ressemblent; mais, quelque événement qui arrive, ne serions-nous que dix contre cent,
comme nous sommes cent contre dix, la victoire de la
liberté n'en serait pas moins certaine. Nous voulons
triompher ou mourir; mais nous ne voulons point
combattre sous les ordres des courtisans et des complices des tyrans. On nous parle de faire la guerre à
l'Autriche, et l'Autriche est dans nos camps, et dans
le conseil du roi, et l'Autriche est à la tête de nos armées... Les défenseurs de la patrie demandent des
chefs sous lesquels ils puissent exterminer ses ennemis; mais pour avoir des chefs, il faut commencer
par destituer les traîtres et les conspirateurs. »

Les événements donnaient raison aux pétitionnaires. Cinquante-deux mille Prussiens marchaient sur
la Lorraine; les Autrichiens menaçaient la Flandre,
l'armée était désorganisée; et les ministres la laissaient
sans armes, sans habits, et même sans pain. Le corps
législatif déclara que la *patrie était en danger.* Tous
les citoyens en état de porter les armes, et ayant déjà
fait le service des gardes nationales, furent mis en
état d'activité permanente. Toutes les municipalités

(1) *Journal des Jacobins,* n. 232.

furent autorisées à faire fabriquer, aux frais du trésor public, des piques de six à dix pieds, connues sous le nom de *piques du maréchal de Saxe*. On créa des compagnies de chasseurs volontaires, et l'on ajouta une réserve de quarante-deux bataillons de gardes nationaux volontaires aux cent quatre-vingt-sept qui s'étaient déjà formés (1). Un décret du 17 juillet fit en outre appel aux hommes de bonne volonté.

« L'Assemblée nationale, convaincue que la défense de la patrie ne sera pas seulement pour les Français un devoir que la loi commande, mais un honneur qu'ils seront tous jaloux d'obtenir ;

« Voulant leur laisser la gloire de manifester leur patriotisme par des mouvements spontanés ;

« Décrète ce qui suit :

« Toutes les communes qui, indépendamment du contingent demandé, fourniront subitement un ou plusieurs bataillons, une ou plusieurs compagnies, et même une ou plusieurs escouades de gardes nationaux armés et équippés, auront bien mérité de la patrie. »

La proclamation du danger de la patrie se fit le dimanche 22 juillet, avec des rites sévères et imposants.

---

(1) Armée de Luckner, 42 bataillons, 21,000 hommes ; armée de La Fayette, 44 bataillons, 22,000 hommes ; armée de Lamorlière, 52 bataillons, 26,000 hommes ; armée de Montesquiou, 50 bataillons, 25,000 hommes ; dans l'intérieur, 7 bataillons, 3,500 hommes ; aux colonies, 10 bataillons, 5,000 hommes ; réserve, 42 bataillons, 33,600 hommes. Total, 229 bataillons, 126,100 hommes.

Les batteries du Pont-Neuf grondèrent d'heure en heure, pendant toute la journée. A une heure, deux cortéges partirent de la place de Grève, précédés de compagnies des six légions. Dans chacun d'eux, quatre huissiers de la municipalité à cheval tenaient des guidons sur lesquels on lisait : *liberté, égalité, constitution, patrie,* et au-dessous : *publicité, responsabilité.* Suivaient douze municipaux et des notables, tous à cheval ; puis un garde national à cheval, montrant ces mots écrits sur une bannière tricolore : *citoyens, la patrie est en danger.* Des détachements d'artillerie, de cavalerie et de garde nationale fermaient la marche (1). Sur des places désignées (2), un municipal lisait à haute voix l'acte de l'Assemblée qui proclamait la patrie en danger. Des amphithéâtres avaient été élevés place Royale, place du théâtre des Italiens, carré Saint-Martin, Parvis Notre-Dame, place Dauphine, place de l'Estrapade, place Maubert, place du Théâtre Français. Sur chacun d'eux était une tente ornée de

(1) *L'ordre, la marche et le cérémonial, suivi de l'Acte du Corps législatif sur les dangers de la patrie.* Paris, chez Dubosquet, quai des Augustins, 21 ; in-8.

(2) Stations. *Partie sud :* pont de la Tournelle, place Maubert, place Saint-Michel, Croix-Rouge, rue de Bourgogne, pont Royal, pont Neuf, pont Saint-Michel, pont au Change, la Grève. *Partie nord :* place de la Bastille, au coin de la rue de l'Oseille ; rue Pastourelle, rue Saint-Martin, rue aux Ours, rue des Prouvaires, rue Saint-Honoré, place Louis XIV (des Victoires), place Vendôme, Carrousel, pont Neuf, pont Notre-Dame.

guirlandes de chêne, et flanquée de deux flammes tricolores. Là six notables et trois officiers municipaux, debout devant une planche posée sur deux caisses de tambours, recevaient les enrôlements volontaires. En une seule semaine, on enregistra 9,793 citoyens de Paris, et 922 des départements. L'appel nominal en fut fait le dimanche suivant, sur la place de Grève, en présence de la municipalité et de quatre députés de chaque compagnie de la garde nationale. « Braves citoyens, leur dit Pétion, vous vous enrôlez sous les drapeaux de la liberté ; c'est pour la défendre, c'est pour combattre la tyrannie. Votre famille est maintenant au milieu des camps ; votre famille est la patrie ! Nous devons tout sacrifier à cette mère commune. Toutes nos affections particulières doivent se fondre dans ce grand intérêt général. Périssons plutôt que de souffrir que notre sol soit souillé par l'esclavage. Mais non, les despotes seront vaincus. Volez à la victoire ! La postérité vous désignera comme les premiers soutiens de nos droits. Recevez, avant votre glorieux départ, les témoignages d'amitié et les bénédictions de vos concitoyens, de vos amis, de vos frères, et les félicitations des magistrats du pleuple. »

# CHAPITRE VIII.

Pamphlets royalistes. — Diatribes contre les volontaires. — Les fédérés marseillais. — Rixe du 30 juillet 1792. — 10 août.

———

Loin d'applaudir à l'ardeur des volontaires, la faction aristocratique traitait avec dédain ces *misérables citoyens soldats* (1). Des milliers de pamphlets présageaient leur défaite et la victoire de l'étranger. La *Table d'hôte à Provins* traçait ainsi le *plan de campagne des volontaires* :

> On bat la générale au camp
> Des émigrants,
> Des Allemands.
> Bender fait le commandement

(1) Ce sont les termes qu'emploie Bertrand de Molleville, ministre de Louis XVI, dans son *Histoire de la Révolution*, t. VIII, p. 363.

De vous charger tambour battant.
Le trouble se met dans vos rangs ;
Le gros canon brutalement
  Vous casse la tête :
  Alors prudemment
    La retraite
  Se fait en courant.


L'auteur du *Règne du prince trop bon dans le royau-me des fous*, avait pris pour épigraphe : « En 1792, une armée victorieuse entrera dans Paris. » Le follicu-laire Marchand, auteur des *Sabats jacobites* et de la *Jacobinéide*, faisait le tableau de l'arrivée triomphale des coalisés. « Le roi, disait-il (1), se mettra à la tête des Parisiens pour aller recevoir aux barrières de Paris, les armées autrichiennes et prussiennes, et tout le monde chantera en français, en russe ou en alle-mand, en un mot, comme on voudra :

Ah ! ça ira, ça ira, ça ira,
  De mal en bien tout change en France ;
Ah ! ça ira, ça ira, ça ira,
  Car c'est Louis qui règnera,
  Antoinette l'on chérira,
  Et les Jacobins l'on pendra.


« Le roi remontera sur son trône. On donnera des fêtes magnifiques à l'empereur, au roi de Prusse, au duc de Brunswick ; les émigrés redeviendront ce

(1) *Les grands Sabats*, n. 9, p. 139.

qu'ils étaient ci-devant. Il y aura grand spectacle à la place de Grève. On décrètera que la potence y sera en permanence pendant un an, car chaque jour on y fera quelques petites exécutions. »

La cour et les partisans de l'ancien régime provoquaient ouvertement à l'anarchie. Le comte de Montlausier osait écrire : « C'est par une guerre civile que la France doit être sauvée (1). » Cette idée était développée avec audace dans le *Dîner du grenadier à Brest;* les *Crimes constitutionnels de la France;* l'*Almanach de l'abbé Maury,* couronné par la Société des amis de la monarchie, séant à Coblentz ; l'*Épigamie des brigands,* satire de la rébellion dite *révolution de France;* la *Composition démocratifuge contre la rage française,* par un médecin spirituel. Les brochures royalistes, dont quelques-unes étaient payées par la cour (2), semaient la discorde et la haine. Elles représentaient les fédérés comme des brigands, « qui avaient prêté l'exécrable serment d'exterminer le tyran (3). » Des placards invitèrent à disperser par la force un nouveau détachement de cinq cents Marseillais, qui entra à Paris le 29 juillet. Le matin du 30, on distribuait dans les rues une *dénonciation à la*

---

(1) *Des moyens d'opérer la contre-révolution,* par M. de Montlausier, député de la noblesse d'Auvergne, 46 pages in-8.

(2) *Pièces annexées au Rapport de Gohier,* du 16 septembre 1792.

(3) *Annales monarchiques,* rue et hôtel Serpente, numéro du 26 juillet.

*garde.nationale*, où était exposé un plan attribué aux Jacobins. Sous prétexte de fêter les nouveaux venus, ils devaient, disait-on, se réunir dans un banquet au Champ de Mars, aux Champs-Élysées, et au retour de cette orgie se porter au Château pour assassiner la reine. « On fait observer à la garde nationale, ajoutait le libelliste, qu'on est sûr que le plan a été pris et arrêté. Comme elle se trouve la seule force publique qui puisse déjouer ce plan, puisque la garde nationale est en ce moment la seule garde du roi et de la famille royale, on la charge expressément d'en arrêter les effets, et on lui déclare que, s'il faut qu'il s'exécute, c'est elle qui en répondra à la postérité, et plus efficacement encore aux puissances coalisées. »

Ce jour-là, les Marseillais, invités par Santerre, dînaient effectivement aux Champs-Élysées, chez Voisin, jardin Royal. Moreau de Saint-Méry, Régnaud de Saint-Jean-d'Angély, Marquant, valet-de-chambre de la reine, le juge de-paix Solior, et autres zélés royalistes, tous appartenant aux bataillons des Petits-Pères ou des Filles-Saint Thomas, s'installèrent dans un salon du même restaurant. Aux cris de *Vivent les braves Marseillais! vivent les fédérés!* ils ripostèrent par *Vive le roi! vive la reine! vive La Fayette!* La foule leur lança de la boue et des pierres ; les convives du banquet patriotique se jetèrent sur eux le sabre à la main, et les chargèrent jusqu'au bout de la place Louis XV. Plusieurs individus furent blessés dans la lutte, et l'agent de change Duhamel, lieutenant de grenadiers des Petits-Pères, fut sabré au coin de la rue Saint-Florentin. Quelques-uns des fuyards s'empressèrent d'aller porter leurs griefs à l'Assemblée législative. La manière presque féroce dont ils furent accueillis, les applaudissements donnés à leurs contradicteurs, font ressortir les dissidences qui partageaient la garde nationale, et l'antipathie qu'inspiraient les opinions monarchiques. Nous citons textuellement le procès-verbal de la séance du 30 juillet, au soir :

Des gardes nationaux sont admis à la barre.

*L'orateur.* Nous venons nous plaindre de ce que, dînant tranquillement entre nous, nous avons été assaillis par une troupe de gens égarés. Nous sommes tous dévoués à la défense de la liberté ; nous n'avons, dans notre festin, fait aucune insulte à la constitution que nous chérissons, et cependant nous avons été assaillis d'une grêle de pierres. Six cents factieux...

Une petite partie de l'Assemblée et des tribunes poussent des huées.

« Les Marseillais ont fondu sur nous à coups de sabre et de pistolet ; ils ont assassiné un de nos camarades ! »

Une voix s'élève dans les tribunes : *Tant mieux !*

« Notre ami eût mieux aimé verser son sang pour la patrie ! Plusieurs d'entre nous ont été attaqués comme lui ; ils n'ont dû leur salut qu'à leur fermeté, et à un signe de ralliement que M. Santerre leur a indiqué. »

Plusieurs voix des tribunes : Cela n'est pas vrai.

« Nous vous demandons justice ; le sang de nos frères crie vengeance ! »

Les tribunes poussent de nouvelles huées.

« Législateurs, la garde nationale de Paris vous a bien défendus ; vous ne verrez pas de sang-froid commencer sous vos yeux de tels assassinats ! »

Nouvelles huées des tribunes.

*Le président* (Lafont-Ladebat). L'Assemblée prendra en considération les faits que vous venez de lui dénoncer. Elle vous accorde les honneurs de la séance.

*M. Merlin.* Je demande l'ordre du jour.

Les gardes nationaux traversent la salle au milieu des huées des tribunes.

*M. le président.* Des gardes nationaux, de garde au Château, poste de la reine, demandent à être admis à la barre.

L'Assemblée décide qu'ils seront admis. Trois gardes nationaux entrent.

*Un garde national.* Nous sortons de faction chez la reine ; des gardes nationaux, barbouillés de boue exprès, sont entrés sans cartes chez le roi, la reine et le prince royal, qui se sont tout de suite rendus à notre corps-de-garde. Alors, un grenadier des Filles-Saint-Thomas a dit qu'il était allé dîner aux Champs-Élysées avec ses camarades ; que les Marseillais leur

17

avaient crié de déposer les cocardes aux rubans ;
qu'ils leur avaient répondu qu'elles étaient bonnes ;
qu'ensuite les Marseillais les avaient forcés à crier :
*Vive la nation !* Sont-ce là des gardes nationaux ?

Une partie de l'Assemblée et les tribunes applaudissent.

*Un second garde national.* J'étais aussi en faction ;
un grenadier m'a dit que les Marseillais étaient des
brigands. Je lui ai répondu qu'il ne fallait pas parler
ainsi, qu'ils allaient à la frontière. « Si tu n'étais pas en
faction, reprit-il, je te f....... mon sabre dans le ventre.» Alors j'ai mis la main sur mon sabre, voulant le
tuer. Tout ce que j'ai pu faire, ça été de lui donner
un coup de pied dans le ventre. Il a été conduit à
l'état-major, qui l'a relâché. Au moment où nous
avons voulu le prendre, une foule d'officiers nous en
ont empêché, en nous disant de rester à notre
poste.

*MM. Brival et Montaut, ensemble.* Ce sont des chevaliers du poignard.

*Le premier garde national.* Pendant que j'étais en
faction, il est entré chez la reine six ou sept cents habillés de noir, qui y sont encore. Ce sont ceux qui
veulent commencer la contre-révolution. Je demande
l'exécution du décret qui licencie l'état-major.

*Le président.* L'Assemblée examinera les faits que
vous venez de lui dénoncer ; elle vous accorde les
honneurs de la séance.

Les trois gardes nationaux traversent la salle au milieu des applaudissements d'une partie de l'Assemblée et des *bravo* des tribunes.

*M. Gaston.* J'ai été témoin oculaire. Il ne faut point considérer cet événement comme ordinaire; il pourrait bien conduire à dévoiler quelques grands complots. Quarante officiers paraissaient avoir été envoyés là pour provoquer les Marseillais.

Plusieurs voix s'élèvent : Cela est vrai.

« Voici le fait : Je me promenais aux Champs-Élysées, à l'endroit où les braves Marseillais prenaient paisiblement un repas frugal. Des officiers en uniforme de gardes nationaux étaient devant eux, à la portée du pistolet, et criaient : *Vive le roi! Vive la reine! Vive La Fayette!* On dit qu'ils ont même crié : *Au f... la nation!* mais je ne l'ai pas entendu. Dites donc aussi *vive la nation!* leur ont crié les Marseillais. On présume bien qu'ils n'entendaient pas avec plaisir les cris de *vive le roi,* si on n'y mêlait pas ceux de *vive la nation.* Quelqu'un leur dit que ces gens-là venaient pour les narguer; tout-à-coup je les ai vus franchir les fossés comme des lièvres; ils ont tous tiré leurs sabres. Messieurs, c'était un spectacle imposant. »

Une partie de l'Assemblée et les tribunes applaudissent.

« J'ai pensé qu'il pouvait y avoir du danger, et je me suis précipité au milieu des sabres nus. Je suis, leur ai-je dit, député ; je vous conjure de ne pas tomber dans le piége qu'on vient vous tendre. Vous voyez là beaucoup d'hommes qui portent l'habit de gardes

nationaux ; vous apprendrez peut-être que beaucoup
ne le sont pas. J'ai arrêté les Marseillais, et ils étaient
disposés à rester tranquilles. Alors un des hommes qui
avaient crié *vive le roi,* s'avança vers moi, avec un air
qui ne me faisait pas plaisir. Cependant les sabres des
Marseillais brillaient dans leurs mains. Un des officiers,
qui était blanc comme ma chemise, s'est mis à crier :
*Vive la nation !* Je crois bien que c'était un cri de peur.
De part et d'autre, on s'en est allé, chacun de son
côté. Les Marseillais se sont rangés entre eux en espèce de bataillon carré ; puis ils ont saisi ceux qui les
avaient provoqués. Chemin faisant, dans la rue Saint-
Florentin, un homme, qui avait l'air d'un fier-à-bras,
les provoque de nouveau, et tire sur eux un coup de
pistolet dont l'amorce brûle sans que le coup parte.
Les Marseillais n'ont pu se contenir, et j'ai vu leurs sabres tomber sur lui... »

Une partie des tribunes applaudit.

« On l'a transporté dans un café ; j'y suis entré pour
voir s'il n'était pas possible de lui porter secours ; mais
il était étendu mort. Voilà tout ce que j'ai vu. »

L'Assemblée passe à l'ordre du jour, motivé sur ce
que la justice doit avoir son cours ordinaire.

*M. Grangeneuve.* Le factionnaire de cette porte vient
d'entendre un officier de la garde nationale en hausse-
col, dire que si l'Assemblée ne faisait pas justice des
Marseillais, la garde nationale se ferait justice elle-
même, avant huit heures du matin.

On demande que cet officier soit mandé à la barre.

L'Assemblée, considérant le civisme de la garde nationale et son respect pour la loi, passe à l'ordre du jour.

La séance est levée à onze heures et demie.

Le propos attribué à l'officier fut répété le lendemain dans les *Grands sabats de Marchand.* « Je recommanderai à mes concitoyens de chasser de leur ville tous les brigands du Midi, et puisque l'Assemblée nationale ne venge pas les Parisiens de l'attentat des Marseillais, il faut bien *que la garde nationale se fasse justice à elle-même :*

> Gens de Paris, prenez les armes,
> Marchez contre eux, ne craignez rien :
> De mettre fin à vos alarmes
> C'est, je crois, l'unique moyen.
> A chaque héros de Marseille
> Qui vient pour vous braver chez vous,
> Coupez seulement une oreille,
> La paix renaîtra parmi vous. »

Pour arrêter l'effet de ces odieuses prédications, le corps législatif s'occupa toutefois de prévenir le retour de pareilles rixes. Il publia, le 3 août, une adresse aux gardes nationaux de Paris, et à leurs frères d'armes les gardes nationaux des divers départements. « Les ennemis de la Constitution, leur disait-il, redoublent leurs efforts pour détruire votre force en la divisant ; c'est au nom de la liberté que vous adorez ;

17.

c'est au nom de la loi, à laquelle vous avez juré d'ê-
tre fidèles, qu'ils osent semer parmi vous de funestes
dissensions. Changeant à chaque instant de marche
et de langage, saisissant avec art toutes les circonstances, ranimant toutes les préventions, enflammant
tous les esprits, ils voudraient, de méfiance en méfiance, de divisions en divisions, vous entraîner au
crime, et vous forcer à tourner vos armes les uns contre les autres. Ils voudraient amener au milieu de vous
l'anarchie et les discordes civiles, ces horribles pré-
curseurs du despotisme ; ils voudraient vous livrer
sans défense aux puissances liguées contre votre liberté, votre indépendance et votre bonheur.

« Citoyens-soldats, voilà le précipice dans lequel on
veut vous faire tomber. Les représentants de la nation
viennent de vous le montrer ; ils ne le redoutent plus
pour vous : votre civisme, votre fidélité, l'intérêt de
la patrie, le vôtre, tout les assure qu'avertis des perfi-
dies tramées contre votre propre sûreté, aucune force
ne pourra vous vaincre, parce qu'aucune séduction ne
pourra vous désunir. »

La cour n'en continua pas moins ses manœuvres.
Un de ses agents, d'Orfeuille, rédacteur du *Journal de
la Cour et de la Ville*, proposa « de former autour
du château un camp de six mille honnêtes gens choisis dans la garde nationale et autres citoyens de toutes les classes, qui ne désempareraient la tente que
lorsque leurs Majestés n'auraient plus rien à redouter
des brigands. »

Pour appuyer et populariser ce projet, Laporte, administrateur de la liste civile, fit imprimer à un grand nombre d'exemplaires le *Conseil à la garde nationale parisienne, relativement aux événements des Champs-Élysées*. Ce pamphlet était ainsi conçu :

« Gardes nationales parisiennes, laissez là toutes vos affaires ; vous n'en avez plus qu'une dont vous devez vous occuper uniquement pendant huit jours ; celle de vous défendre de l'armée de brigands introduite dans vos murs, et accrue prodigieusement depuis un mois, et celle de défendre votre roi et son auguste famille, pour sauver vos propriétés et vos vies de la fureur des puissances voisines, qui vous enseveliront sous les ruines de votre ville, si vous souffrez qu'il soit fait la moindre insulte à vos maîtres.

« Ne quittez plus vos armes ; établissez des camps dans le Carrousel, à la place Vendôme, à celle de Louis XV, et sur les quais du Louvre et des Tuileries ; couchez sous la tente ; que tous les honnêtes citoyens s'empressent de vous y servir, de vous y porter les choses nécessaires à la vie, celles même qui peuvent contribuer à votre aisance.

« Établissez un gouvernement militaire, et demandez un chef intelligent, expérimenté et plein de zèle ; c'est le seul conseil qui me reste à vous donner. Vous ne m'avez pas cru jusqu'à présent ; je vous ai cependant annoncé tous les malheurs dont vous vous plaignez déjà, et ceux qui vous menacent encore.

« Vous n'avez pas voulu reconnaître vos plus dangereux ennemis ; vous avez laissé grossir l'orage qui s'amassait sur vos têtes ; vous avez eu la lâcheté de souffrir que des Génois, des Piémontais, des brigands, entrassent armés dans votre ville, et eussent l'audace de vous y faire la loi et d'assassiner vos camarades ; vous avez reconnu alors la sagesse de mes avis. Encore une fois, ne quittez plus vos armes, ne vous séparez plus ; et si vous avez parmi vous des partisans de l'anarchie, chassez-les, et mettez-les dans l'impossibilité de vous faire du mal. »

Ce plan eut un commencement d'exécution : dans une maison du Carrousel, en face des Tuileries, s'établit, aux frais de la cour, un *club français national*, composé de gardes nationaux royalistes. On y adjoignit six à sept cents auxiliaires bien choisis, en bonnets rouges, et armés de piques, payés par le ministre de l'intérieur, et dirigés par Lieutaud, officier que la garde nationale de Marseille avait chassé de ses rangs pour cause d'incivisme. Le but apparent de cette troupe était d'aider la garde nationale à maintenir l'ordre, mais leur mission réelle était d'agir contre les jacobins. Ce fut Bertrand de Molleville qui organisa le *club français* et le corps des faux hommes du peuple. « Le roi, dit-il, me chargea de payer la dépense, qui montait à près de mille livres par jour, y compris les faux frais du club et les rafraîchissements, qu'il fallait y faire fournir au plus bas prix possible, pour y attirer habituellement un plus grand nombre de soldats. Les piques, bonnets rouges, tables, chaises, bancs et autres meubles, coûtèrent environ neuf mille livres. Cet établissement fut complètement monté en moins de quatre jours. »

De leur côté, les jacobins travaillaient à démocratiser la garde nationale, à la soustraire complètement aux influences royalistes. Après avoir obtenu la réélection de l'état-major, ils demandèrent la réduction des soixante bataillons à quarante-huit, et l'abolition des compagnies de grenadiers et de chasseurs. Conformément au vœu des sections, la municipalité les convoqua, par arrêté du 31 juillet, pour délibérer sur l'organisation d'un nouvel état-major ;

La réduction des bataillons au nombre des sections ;

La suppression de toutes prérogatives et distinctions accordées à certaines compagnies, comme étant contraires au droit d'égalité qui appartient à tous les citoyens, et susceptibles d'inspirer un esprit de corps qui les isole et les désunit.

Les grenadiers des Petits-Pères, à l'instigation de leur commandant Perrée (1), protestèrent contre cette mesure ; mais presque toutes les compagnies s'y soumirent sans hésitation. Les grenadiers de la section des Gravilliers donnèrent l'exemple du sacrifice, et vinrent dire à l'Assemblée, le 4 août : « Les grenadiers ont été créés par un *génie astucieux et perfide ;*

(1) *Moniteur* du 4 août, n. 217.

quelques-uns se sont déshonorés pendant la révolution, pour s'attacher au pouvoir exécutif et baiser la
main de sa femme. Nous déposons sur le bureau nos
bonnets, que nous destinons à ceux de nos frères qui
sont sur les frontières. » Le 6, des grenadiers de toutes les sections apportèrent à la barre leurs insignes,
et prononcèrent ce discours :

« Législateurs, nous venons déclarer que nous re-
nonçons à une distinction dangereuse, en abdiquant
le titre de grenadiers de la garde nationale. Nous déposons sur le bureau nos bonnets et nos épaulettes.
Rien ne peut nous engager à les porter, lorsqu'ils de-
viennent un signe de division, et qu'ils parent le front
et les épaules de la plupart des habitués des Tuileries.
Nous faisons observer à l'Assemblée, qu'un service
exact dans les nouvelles compagnies qu'on va former,
prouvera à tous les malveillants, qu'à la place de ces
bonnets, on verra toujours nos chapeaux dans le chemin de l'honneur. »

L'introduction des citoyens non actifs dans les cadres des compagnies, fut un dernier et terrible coup
porté aux amis du château. Ce fut la section du Théâtre-Français (Odéon), qui la proposa aux autres sections, par un arrêté signé de Danton, président;
Chaumette et Momoro, secrétaires : « Considérant que
tous les hommes qui sont nés, ou qui ont leur domicile en France, sont Français;

« Que le courage des Français ne peut s'exercer efficacement que sous les armes et dans les grands débats politiques ;

« Que, conséquemment, tous les Français sont admis, par la Constitution elle-même, et à porter les armes pour leur patrie, et à délibérer sur tous les objets qui l'intéressent ;

« Les citoyens dits actifs de la section du Théâtre-Français déclarent que les citoyens vulgairement et aristocratiquement connus sous le nom de citoyens passifs, sont des hommes français ;

« Partant qu'ils doivent être, et qu'ils sont appelés, tant dans le service de la garde nationale, pour y porter les armes, que dans les sections, pour y délibérer. »

Ainsi fut désorganisée la garde nationale, telle que l'avait créée la Constitution de 1791. La démocratie n'eut plus de contrepoids ; elle envahit toutes les forces publiques. Le duc de Brunswick, en insultant les gardes nationaux dans son insolent manifeste, fit de nouveaux ennemis au roi qu'il prétendait sauver. Il regardait comme certaine la défaite des Français ; il enjoignait aux gardes nationaux de veiller *provisoirement* à la tranquillité des villes et des campagnes, et menaçait de la peine capitale ceux qui combattraient contre les troupes des deux cours alliées. La ville de Paris était sommée de se soumettre sur-le-champ au roi, et de lui assurer, ainsi qu'à toutes les personnes royales, l'inviolabilité et le respect auxquels le droit de la nature et des gens obligent les sujets envers les

souverains. Leurs Majestés impériale et royale, dont
Brunswick était l'interprète, rendaient personnelle-
ment responsables de tous les événements, sur leurs
têtes, pour être punis militairement, sans espoir de
pardon, tous les membres de l'Assemblée nationale,
de la municipalité et de la garde nationale de Paris.
**L. M.** déclarant qu'en cas d'outrage à la personne de
Louis XVI, Paris serait livré à une subversion totale ;
mais que si les révoltés obéissaient, on tâcherait
d'obtenir de **S. M.** très-chrétienne, le pardon de leurs
torts et de leurs erreurs.

Il fallait se soumettre aux coalisés, concourir au
rétablissement des priviléges, ou marcher au-devant
de l'ennemi, et punir le roi de sa connivence en le
renversant. Les sections de Paris, après plusieurs démarches auprès de l'Assemblée pour en obtenir la déchéance du pouvoir exécutif, se déclarèrent en permanence, et discutèrent publiquement des plans d'insurrection. Leur *ultimatum* fut que, si, le 9 août, à minuit, le corps législatif communal n'avait pas prononcé
la déchéance du roi, on sonnerait le tocsin pour faire
lever le peuple tout entier.

A l'heure fixée, les cloches retentissent; l'arsenal
est pillé par les Marseillais ; cent soixante-douze commissaires, désignés par les sections, s'installent à l'hôtel de ville, avec pouvoirs illimités de tout faire pour
sauver la patrie. Parmi eux l'on distingue les démocrates les plus actifs : Billaud de Varennes et Chaumette
(section du Théâtre-Français); Léonard Bourdon

(section des Gravilliers) ; le journaliste Hébert (section de Bonne-Nouvelle) ; Robespierre (section de la place Vendôme) ; le cordonnier Simon (section Beaubourg); Xavier Audoin (section de la fontaine de Grenelle) ; Henriot (section du jardin des Plantes) ; Hassenfratz (section de l'Oratoire) ; le limonadier Michonis (section du marché des Innocents) ; Huguenin et Rossignol (section des Quinze-Vingts) ; l'architecte Lescot-Fleuriot (section du Louvre) ; l'acteur Michot (section des Tuileries) ; Pache (section du Luxembourg). Cette commune insurrectionnelle fait battre la générale, et enjoint d'illuminer toutes les maisons ; le siége des Tuileries est résolu , et les forces populaires se massent sur quatre points principaux : à la place du Théâtre-Français, au marché aux chevaux, à l'arsenal, et au petit Saint-Antoine.

Dans la soirée, Mandat, chef de la 4ᵉ légion, faisant les fonctions de commandant général, était venu offrir au corps législatif l'hommage de la garde nationale , et l'assurer qu'elle veillerait au maintien des propriétés et à la sûreté des personnes. Il dirigea sur le château environ deux mille quatre cents gardes nationaux, des bataillons des Filles-Saint-Thomas, des Petits-Pères, des Prémontrés, des Cordeliers, des Minimes, de la Croix-Rouge, des jacobins Saint-Dominique, etc. Il se rendit aux Tuileries , où se trouvaient déjà plusieurs officiers de la garde nationale : Belair, Baudin de la Chesnaye, Montjourdain fils, administrateur des domaines, commandant du bataillon de

18

Saint-Laurent ; Jean de Courchamps, du bataillon du
petit Saint-Antoine, adjudant général de l'artillerie
nationale parisienne ; Guyaux, commandant du bataillon des Cordeliers. Pétion était assis sur l'escalier
de la terrasse, et environné de grenadiers du bataillon
des Filles-Saint-Thomas, qui l'observaient avec défiance. « Monsieur le maire, lui dit l'un d'eux, nous
voyons avec la plus vive satisfaction, avec une reconnaissance respectueuse, que votre zèle l'emporte toujours sur la malveillance de vos ennemis ; que vous
êtes partout où vous pouvez servir utilement la patrie ;
mais cela ne suffit pas. Pourquoi souffrez-vous des
rassemblements partiels, qui en amènent de généraux ?
Pourquoi vous laissez-vous dominer par des factieux,
qui vous perdront ? Pourquoi, par exemple, le sieur
Santerre est-il toujours avec vous, toujours hors d'atteinte de la loi ? Pourquoi, dans ce moment, est-il à
l'hôtel de ville ? Monsieur le maire, vous répondez de
la tranquillité publique, de la conservation de nos propriétés.... — Monsieur, interrompit Pétion, qu'est-ce
que cela veut dire ? Vous oubliez... le respect... Vous
manquez... » Au même instant, presque tous les gardes nationaux imposèrent silence à leur camarade, et
le forcèrent à s'éloigner. A deux heures et demie du
matin, l'Assemblée nationale, instruite de la position
embarrassante du maire, le manda à la barre ; et ceux
qui avaient projeté de le garder comme ôtage, n'osèrent mettre leur dessein à exécution.

Mandat quitta le château à quatre heures, pour aller

à l'hôtel de ville, où il était appelé; mais avant de
s'éloigner, il remit aux Suisses cette proclamation :
« Soldats, un attroupement va se présenter ; il est enjoint à nous, officiers de la loi, par le décret du 3 octobre, de requérir la garde nationale, et à vous,
troupes de ligne, de vous opposer à cet attroupement,
et de repousser la force par la force (1). »

Mandat fut introduit devant les commissaires des
sections, comme un criminel devant des juges préve-
nus. L'interrogatoire qu'il y subit est consigné dans
les procès-verbaux de la commune de Paris (2). Interrogé en vertu de quel ordre il a doublé la garde
du château, et sommé de le représenter, il a répondu :
« Si j'en avais été prévenu, j'aurais apporté l'ordre de
M. le maire, que j'ai laissé dans mes papiers. »

On lui observe que M. le maire n'avait point donné
cet ordre.

*Réponse* : C'est une réquisition générale que j'ai
présentée au département. Si un commandant général
ne peut pas prendre des précautions subites pour un
événement imprévu, il n'est pas possible de commander.

Interrogé s'il a eu un ordre formel de faire marcher
le canon, il dit : « Quand le bataillon marche, les ca-

(1) *Récit de la conduite des gardes suisses*, par le colonel
Pfyffer d'Altenhoffen. Lucerne, 1819.

(2) *Archives de la ville de Paris.*

nons marchent aussi ; c'est un usage qui a été observé
de tous temps, et même sous La Fayette. »

Interrogé quel jour il a reçu l'ordre de M. le maire,
il a répondu : « Il y a trois jours. Il est au château ;
je le rapporterai. »

Sur cette réponse, l'Assemblée a arrêté que l'on enverrait les commissaires à M. le maire.

L'Assemblée générale a continué l'interrogatoire de
M. Mandat, et sur ce qu'elle lui a demandé quels ordres il a reçus pour le poste de Henri IV, il a dit :
« Voilà comme se donnent les ordres : le commandant général donne au chef de légion·l'ordre que celui-ci envoie à ses bataillons. Pour les canons braqués,
je n'ai point donné ni ne donne d'ordre ; les canons
vont avec les bataillons. »

Interrogé s'il n'a pas retenu M. le maire au château, il a répondu : « La garde nationale a eu la plus
grande honnêteté avec M. le maire ; il n'a point été
retenu, et moi, en mon particulier, je l'ai salué et je
me suis retiré. »

Interrogé quelle personne écrivait hier au château
en sa présence, il a répondu que c'était son secrétaire.

Un officier municipal a entendu dire, par le même
secrétaire, que M. le maire était là et n'en sortirait
pas. Un des collègues du magistrat a entendu le même
propos. Le propos, communiqué à des députés de
l'Assemblée nationale, ils ont provoqué le décret qui
le mandait à la barre. M. Mandat ajoutait, en parlant

de M. Pétion à des grenadiers des Gravilliers : « Vous allez le ramener, sa tête vous répond du moindre mouvement. »

D'après ces observations, le conseil a pensé qu'il devait en référer à l'Assemblée nationale et à la commune.

Le conseil arrête qu'il sera nommé un commandant général provisoire. Le citoyen Santerre, connu par son patriotisme et les services importants qu'il a rendus à la révolution, est nommé d'une voix unanime.

M. Mandat, interrogé de nouveau sur le nombre d'hommes qu'il a portés aux Tuileries, a répondu en avoir douze cents; la garde ordinaire est de six cents. M. le maire l'a requis de doubler ses forces.

Sur les différentes questions qui lui ont été faites, M. Mandat dit que le nombre ordinaire des suisses était de trois cents hommes; qu'il y avait de plus une réserve de cent hommes de gardes nationaux; qu'il avait demandé des munitions; mais qu'on lui en avait refusé; qu'il y avait huit pièces de canon appartenant aux bataillons des Petits-Pères, des Filles-Saint-Thomas, enfin aux différentes légions.

Un membre a observé qu'on déposait à l'instant sur le bureau du conseil général une lettre de M. Mandat; qu'il était important de la connaître. Les commissaires chargés de l'aller chercher la rapportent sur-le-champ et en donnent lecture; elle est ainsi conçue :

« Le commandant général ordonne au commandant du bataillon de service à la ville de dissiper la colonne

18.

d'attroupement qui marcherait pour se porter au château, tant avec la garde nationale qu'avec la gendarmerie, soit à pied, soit à cheval, en l'attaquant par
derrière.

« *Signé*, le commandant général MANDAT (1). »

Lecture faite de cette lettre, l'Assemblée a arrêté
que M. Mandat serait envoyé sur-le-champ dans la
prison de la maison commune.

Sur la demande de l'un de ses membres, l'Assemblée a arrêté qu'il serait donné une garde de six cents
hommes à M. Pétion ; charge le commandant général
de l'exécution du présent arrêté.

Trois cents hommes de la section du Temple, et
cent cinquante de celle des Gravilliers, se rendront à
la maison commune.

L'Assemblée arrête que M. Mandat sera transféré
de la prison de l'hôtel de ville dans celle de l'Abbaye,
*pour sa plus grande sûreté.* »

C'était l'envoyer à la mort. A peine ce malheureux
eut-il mis le pied sur la place de Grève, qu'un coup
de pistolet le renversa ; il fut achevé à coups de sabres

---

(1) Ce fut un garde national qui apporta cet ordre. On lit dans
le procès-verbal de la séance de la Commune, du 11 août : « Un
officier de la garde nationale de la section des Blancs-Manteaux,
envoyé par le commandant général, rend compte de sa mission
aux Tuileries. Le conseil vote des remerciements à cet officier
généreux, avec d'autant plus de plaisir, que c'est lui qui a dénon-
cé la lettre infâme du plus infâme Mandat. »

et de piques, et l'on jeta son corps à la Seine. La commune annonça froidement ce supplice aux Parisiens par la proclamation suivante :

« Le public est averti que le sieur Mandat, chef de légion, a subi la punition de ses crimes, lorsque l'Assemblée générale des représentants des 48 sections, le faisait conduire à l'Abbaye.

« *Signé* HUGUENIN , président;
« *Signé* TALLIEN, LÉONARD BOURDON, secrétaires. »

La mort de Mandat laissa sans direction la faible portion de la garde nationale qui soutenait le parti de Louis XVI. Toutefois, la défense des Tuileries fut organisée par Boissieu, maréchal de camp, commandant de la division de Paris, et par Baudin de La Chesnaye, qui, en l'absence du chef de la 5ᵉ légion , devenait de droit commandant général. Dans la *cour des princes*, où était le corps de garde national, on plaça des pièces de canon, une compagnie de Suisses, une partie du bataillon des Filles-Saint-Thomas , et trente gendarmes à pied. Dans la *cour des Suisses*, cent gardes nationaux de divers bataillons formèrent la gauche d'une compagnie de fusiliers suisses , avec deux pièces de canon. La grande cour centrale fut occupée par des gardes nationaux et des Suisses, et trois pièces de canon furent mises en batterie devant la porte principale. Les grenadiers des Filles-Saint-Thomas et des Petits-Pères se rangèrent le long du château, du côté du jardin. Au Pont-Tournant s'établit une réserve de garde nationale, avec deux pièces de canon.

François Viard, capitaine de la compagnie de chasseurs des jacobins-Saint-Dominique. était de garde avec une vingtaine d'hommes dans les appartements du roi. Le vieux maréchal de Mailly, MM. Goguelat, Aubier, et environ deux cents autres gentilshommes, qui étaient venus offrir au roi leurs services, s'étaient divisés en deux bandes : l'une dans l'*Œil-de-Bœuf*, commandée par le lieutenant général Puységur et le maréchal de camp Pontlabbé ; l'autre, dans la *galerie des Carraches*, sous les ordres du lieutenant général Vioménil, et du maréchal de camp d'Hervilly. Les armes de cette cohorte aristocratique semblaient avoir été empruntées à un attroupement des faubourgs ; c'étaient des épées, des pistolets, des chenêts, des flambeaux, des pelles, des pincettes, qu'ils portaient sur l'épaule en guise de fusils (1).

Au dehors, quatre-vingts hommes de gendarmerie à cheval campaient devant la colonnade du Louvre ; le bataillon de Henri IV barrait le Pont-Neuf. Les gardes nationaux de Saint-Roch, de la place Vendôme, de l'Oratoire et de Saint-Honoré se tenaient sous les armes, prêts à marcher au premier signal.

Vers cinq heures du matin, Louis XVI parut à la

(1) *Mémoires* de madame Campan, t. II, p. 243.

fenêtre de la salle des Gardes. Aussitôt suisses et gardes nationaux mirent leurs chapeaux et leurs bonnets au bout de leurs baïonnettes, en criant : *Vive le roi !* Enhardi par cet accueil, il descendit dans la cour, accompagné de la reine, du dauphin, de madame Élisabeth ; il avait pour état-major le maréchal de camp Boissieu ; l'ex-ministre de la guerre Lajard ; Bigot de Sainte-Croix, ministre des affaires étrangères ; M. de Brige, écuyer ; M. de Maillardoz, lieutenant colonel de la garde suisse ; les majors Backmann et Zimmermann ; M. de Salvert et le prince de Poix. Il était en habit violet uni , le chapeau sous le bras et l'épée au côté. Les grenadiers et les Suisses crièrent *Vive le roi!* mais « les canonniers étaient tous sans exception des révolutionnaires forcenés (1). » Ceux des bataillons de la Croix-Rouge et des Cordeliers ne cessèrent de répéter : *Vive la nation !* Nous n'avons, nous ne reconnaissons d'autre maître que la nation. » Ils débourrèrent leurs pièces, et déclarèrent qu'ils ne s'en serviraient pas. « J'étais, dit madame Campan, à une fenêtre du côté du jardin : je vis des canonniers quitter leurs postes et s'approcher du roi, lui mettant le poing sous le nez en l'insultant par les plus grossiers propos. MM. de Salvert et de Brige les éloignèrent avec vigueur. Le roi était pâle, comme s'il eût cessé d'exister. La famille royale rentra ; la reine me dit que tout était perdu ; que le roi n'avait montré aucune

(1) *Hist.* par Bertrand de Molleville, t. IX, p. 74.

énergie, et que cette espèce de revue avait fait plus de mal que de bien (1).

Au moment où le roi remontait dans ses appartements, le bataillon de Saint-Marcel, commandé par MM. Alexandre et Azwilly, déboucha dans la cour royale. On vit en lui un renfort ; mais toute illusion se dissipa, quand on l'entendit crier : *Vive Pétion! Vive la nation! A bas le veto! A bas le traître!* On le posta sur la terrasse du bord de l'eau, qu'il abandonna bientôt pour aller attendre sur le quai les assiégeants.

La défection s'était glissée même dans les rangs du bataillon des Filles-Saint-Thomas. Il y avait parmi eux un certain nombre de patriotes qui, afin de se reconnaître, avaient adopté pour mot d'ordre la date 1792 (2). Les autres, quel que fût leur dévouement, ne voyaient pas sans mécontentement les nobles auxiliaires de l'*Œil-de-Bœuf*. « Que font-ils ici ? disaient-ils ; pourquoi les mettre à part de la suite ? S'ils voulaient défendre la Constitution, ils seraient parmi nous, ils porteraient l'uniforme national; mais ils détestent la révolution, parce qu'elle établit le droit commun ; ils haïssent les bourgeois ; ils nous méprisent, enfin. »

Le chef de légion Belair se chargea de faire des re-

---

(1) *Mémoires* de madame Campan, t. II, p. 246.

(2) *Lettre d'Aubier*, gentilhomme ordinaire de la chambre, à Mallet du Pan.

présentations à la reine. « Ces messieurs, répliqua-t-
elle, sont venus ici pour nous défendre, et nous comp-
tons sur eux. Ils vous obéiront ; mettez-les à l'embou-
chure d'un canon, et ils vous feront voir comment on
meurt pour son roi. » Cette réponse ne satisfit point
les grenadiers ; elle ne justifiait point la mesure impo-
litique qui les éloignait des appartements. Pour étouffer les murmures, le frère de lait de Marie-Antoinette,
Weber, qui faisait partie du bataillon des Filles-Saint-
Thomas, conduisit une vingtaine de ses camarades
auprès de la famille royale (1). Les gentilshommes les
reçurent avec de vifs témoignages d'estime, et des
cris de *Vivent les grenadiers des Filles-Saint-Thomas !*
*Vive cette fidèle garde nationale !* « Messieurs, dit la
reine, tout ce que vous avez de plus cher, vos femmes, vos enfants, vos propriétés, tout dépend aujour-
d'hui de notre existence, notre intérêt est commun ;
vous ne devez pas avoir la moindre défiance de ces braves serviteurs, qui partageront vos dangers, et vous défendront jusqu'à leur dernier soupir. — Oui ! oui ! ré-
pétèrent les gentilshommes, oui, camarades, nous dé-
fendrons ensemble nos maîtres jusqu'à la mort. » Les
grenadiers chargèrent leurs fusils avec enthousiasme,
et échangèrent des poignées de main avec les nobles.

Les dispositions de ceux qui restaient dans les cours
n'étaient pas aussi favorables. A sept heures et demie,

_____

(1) *Mémoires* de Weber, t. II, p. 224.

Rœderer, procureur général syndic y annonce l'approche des insurgés. « Citoyens-soldats, dit-il, soldats-citoyens, Français et Suisses, un attroupement va se présenter ; il menace la personne du chef du pouvoir exécutif. Au nom de la loi, il vous est défendu d'attaquer ; mais vous êtes autorisés à repousser la force par la force. » Un morne silence accueille ce discours ; peu à peu les rangs de la garde nationale se dégarnissent. Deux bataillons, qui viennent d'entrer, reprennent le chemin du Carrousel, où ils se déploient pour arrêter la marche de ceux qui peuvent arriver au secours du roi. « Bientôt il faut renoncer totalement à l'espérance que l'on a conçue de voir la garde nationale réparer la journée du 20 juin (1). » Rœderer comprend l'imminence du danger, l'impossibilité de la résistance, et va dire à la famille royale que le seul moyen de salut est de se réfugier au sein de l'Assemblée nationale.

Le roi y avait déjà songé ; il en avait été détourné par une lettre d'un de ses agents, Sainte-Foix, qui avait écrit, le 9 août : « Cette mesure est tout à fait mauvaise et fausse ; elle peut avoir des suites désastreuses, en ce qu'elle pourrait dégoûter la garde nationale, qui se montrera bien mieux quand il s'agira de défendre Vos Majestés dans vos propres demeures. » La suite démontra que Sainte-Croix avait raison.

---

(1) *Histoire du* 10 *août*, par Peltier. Londres, 1797, t. I, p. 129.

Néanmoins, l'urgence du péril ne laissait d'autre parti que la fuite. Le bataillon de Henri IV avait livré passage à la colonne du faubourg Saint-Marceau ; les gendarmes à cheval s'étaient débandés, en criant : *Vive la nation!* Trente mille hommes, bourgeois, ouvriers, gardes nationaux, fédérés marseillais ou bretons, se ruaient à l'assaut par les quais et la rue Saint-Honoré. Marie-Antoinette voulait combattre, « et se faire clouer aux murs du château plutôt que d'en sortir (1). Elle dit même au roi, en lui présentant un pistolet, arraché de la ceinture d'un seigneur : « Allons, monsieur, voilà le moment de vous montrer. (2) — Vous voulez donc, madame, reprit Rœderer, vous rendre coupable de la mort du roi, de vos deux enfants, de vous-même et de toutes les personnes qui sont dans le château? » Sans répondre, le roi se leva, et par son geste fit signe de le suivre. Pour rassurer ses serviteurs, il leur dit, en descendant l'escalier : « Je reviendrai dans une demi-heure. Chamilly (c'était son premier valet de chambre), vous continuerez votre service au château jusqu'après mon retour de l'Assemblée nationale... Allons, messieurs, il n'y a plus rien à faire ici (3).

(1) *Hist. de France*, par Toulongeou, ex-constituant, t. II, p. 344.

(2) *Hist.*, par deux amis de la liberté, t. VIII, p. 155. *Mém.* du marquis de Ferrières, t. III, p. 187.

(3) *Hist. de la chute du trône*, par Matton de la Varenne,

François Viard, en qualité de commandant du poste des appartements , fut chargé de composer l'escorte de Louis XVI, et a donné sur cette sortie de curieux détails (1). « Comme il était de mon devoir d'accompagner le roi à l'Assemblée nationale, je disposai les troupes qui devaient protéger son passage. J'ordonnai aux Suisses de faire l'avant-garde ; un détachement du bataillon des Filles-Saint-Thomas se trouvant sur la route, je lui ordonnai de faire l'arrière-garde. Nous marchâmes dans cet ordre jusqu'à environ cinquante pas de la terrasse sur laquelle l'affluence du peuple témoignait son juste mécontentement. Craignant qu'il n'opposât de la résistance au passage du roi, je lui dis : « Sire, le peuple me parait agité, et je crois qu'il serait prudent de le prendre par la voie de la douceur. » M. Rœderer fut de mon avis.

« Alors le roi consentit à tout. Je donnai des ordres à la tête de colonne de faire halte ; je m'avançai seul vers peuple , mon sabre dans le fourreau , et lui dis : « Mes amis, l'Assemblée nationale a rendu un décret qui mande le roi dans son sein, et m'ordonne en même temps de protéger son passage. Je suis, comme vous, bon citoyen, et je sais respecter la terre de la liberté, sur laquelle vous êtes (2), et aucun soldat que je com-

---

1800, in-8°, p. 109. Interrogatoire de Paul Duparc, inspecteur des Tuileries, *bull. du trib. révol.* n. 94.

(1) *Rapport* fait à l'Assemblée nationale par F. Viard, capitaine de chasseurs.

(2) C'est-à-dire la terrasse des Feuillants, que l'Assemblée s'é-

mande ne passera la première marche de ce perron.
Je transmettrai le roi au bord du passage que vous
allez lui faire, et dès ce moment, vous en serez vous-
mêmes les gardiens. Si vous étiez capables d'oublier
un moment le dépôt que je vais remettre en vos
mains, songez que la nation entière aura le droit de
vous en demander compte ; mais je parle à des hommes libres, cela suffit. »

« Ces bons citoyens m'ouvrirent le passage, et je me
rendis à l'Assemblée nationale, où je demandai des
gendarmes et des gardes nationaux pour border la
haie, ce qui me fut accordé. Je retournai vers le roi,
et étant à dix pas du perron, je commandai halte. Le
peuple, déjà indigné contre les Suisses, redoublait ses
murmures ; j'employai alors tout ce que la prudence
exigeait pour l'apaiser ; je commandai : tête de colonne par file à droite et à gauche, et ils passèrent
derrière ; le roi était pour lors à découvert, et les citoyens lui manifestèrent hautement leur mécontentement ; entre autres un qui voulut lui parler.. Je le
pris par la main et le conduisis au roi. Il lui dit :
Sacredieu ! donnez-moi la main, et f..., soyez sûr que
vous tenez celle d'un honnête homme, et non d'un assassin. Malgré tous vos torts, je réponds de la sûreté
de vos jours. Je vais vous conduire à l'Assemblée nationale ; mais pour votre femme, elle n'entrera pas...

tait réservée. Le reste du jardin des Tuileries était vulgairement
qualifié de *terre de Coblentz.*

c'est une s.... g.... qui a fait le malheur des Français. »

Le roi lui serra la main et parut avoir de la confiance en lui. Alors on s'approcha du perron ; mais tout-à-coup les cris redoublèrent que l'épouse du roi n'entrerait pas à l'Assemblée. M. Rœderer, à son tour, quitta le roi pour s'approcher du perron , et dit au peuple :

« De par la loi, peuple français, peuple libre, l'Assemblée nationale a rendu un décret par lequel elle appelle en son sein le roi, le prince royal, la reine, la fille du roi, la sœur du roi, toute la famille entière du roi ; et vous devez, aux termes de la loi et de la liberté, ne point vous opposer à son passage. » Au moment de cette promulgation, le silence renaît parmi le peuple , et aucun obstacle ne s'y est opposé. »

Le départ de Louis XVI acheva de lui aliéner les gardes nationaux. « Nous sommes trahis, dirent-ils ; d'un côté les aristocrates, de l'autre les Suisses ; nous sommes entre deux feux ! » Tous se dispersèrent, sauf une cinquantaine, que le maréchal de camp Menou, commandant en second des troupes de ligne, fit monter dans les appartements. Il était huit heures du matin, et les insurgés avaient commencé le siége. Westermann, chef de ceux du faubourg Saint-Antoine , et Lajowski, qui guidait le faubourg Saint-Marceau, avaient rangé leurs troupes en bon ordre sur le Carrousel. Une avant-garde battait la grande porte en

brèche avec des madriers. En tête flottaient les deux
enseignes des insurgés ; l'une, tricolore, était portée
par Varlet, commis aux postes, avec ces mots : *La
déchéance du pouvoir exécutif, ou le plus vil esclavage ;*
l'autre, de l'invention du journaliste Carra (1), est devenu le symbole consacré de l'insurrection. C'était un
drapeau rouge, le drapeau du Champ de Mars. On y
avait écrit : *Loi martiale du peuple souverain contre la
rebellion du pouvoir exécutif.*

A neuf heures et demie, les portes sont enfoncées ;
les assiégeants se précipitent dans les cours, s'en-
gouffrent sous le vestibule, où se tient en première
ligne un peloton de grenadiers des Filles-Saint-Thomas, et s'efforcent de gravir l'escalier. Ils crient aux
gardes nationaux : « Nous ne sommes pas vos ennemis ; nous n'en voulons qu'aux *habits rouges !* Séparez-
vous d'eux, et joignez vous à nous. A bas les Suisses !
Il faut que les Suisses mettent bas les armes. Ces derniers semblaient disposés à fraterniser. » Le jeune
Monne, sergent des chasseurs des Jacobins-Saint-Dominique, qui remplaçait François Viard absent, envoie trois vétérans et un grenadier dire aux assaillants
« que les soldats de son poste ne sont pas faits pour
souiller leurs armes du sang de leurs frères (2). » Les
officiers suisses adhèrent à cette démarche ; on jette
par les fenêtres des cartouches sans balles, en signe

(1) *Annales patriotiques*, par Carra, n. du 30 nov. 1792.
(2) Rapports de F. Viard et du sergent Monne.

19.

d'amitié. Granier, commandant en second du bataillon
des Marseillais, est autorisé à monter dans les appartements pour sceller le traité d'alliance (1); mais tout
à coup, une décharge terrible part du premier
étage (2) ; les assiégeants reculent en désordre ; mais
bientôt ils reprennent l'offensive, et forcent l'entrée

(1) *Mém.* de Barbaroux, 1827, in-8°, p. 70.

(2) Malgré les assertions contraires des écrivains royalistes, il paraît démontré que les Suisses commencèrent le feu.
« Nous nous sommes présentés à la porte du château ; les Suisses qui étaient aux fenêtres, baissant leurs armes, jettent leurs
cartouches et nous invitent à approcher avec confiance. A peine
sommes-nous sous les fenêtres du palais que ces mêmes Suisses
nous assaillent de coups de fusils. (*Déclaration de plusieurs citoyens à l'Assemblée nationale.*) — Nos camarades s'étant portés
ce matin au château des Tuileries, n'ont employé leurs armes
qu'après avoir été fusillés de la manière la plus indigne. (*Dépos.
des canon. du bataillon de Saint-Merry.*) — On s'accorde à dire
que les Suisses faisaient signe de leurs bonnets en criant : *Vive
la nation!* La porte du Carrousel fut ouverte. Les Suisses pro-
testaient de leur civisme et serraient la main aux Marseillais.
Nous-mêmes, nous avons entendu dire à plusieurs fédérés bretons : « Oui, monsieur, nous avions encore la bouche sur leurs
« joues, quand tout à coup une grêle de balles et de mitraille a
« été dirigée sur nous. » (*Moniteur* du 12 août, n. 225.) — Les
membres de la députation envoyée vers les Marseillais et les volontaires, croyant que les Suisses se rendaient au vœu du peuple, se présentèrent en foule et sans ordre au grand escalier de
l'appartement du roi ; ces Suisses assassins firent feu de bataillon
sur nos frères et de suite feu de file, de sorte qu'en trois dé-
charges il resta plus de cent victimes de leur férocité sur ledit
escalier. » (*Rapport de F. Viard.*)

des appartements. » Beaucoup de gardes nationaux parisiens, dit un témoin oculaire, périrent sous le vestibule et dans l'escalier, de la main même de leurs partisans, parce que les deux partis avaient le même uniforme. Tel voyait élever le sabre dont il allait être percé, sans se douter que ce fût pour lui ; on recevait la mort sans se défendre, pendant que tel autre, craignant d'être prévenu, plongeait sa baïonnette dans le ventre de celui qui venait se joindre à lui (1). » Les chasseurs des Jacobins-Saint-Dominique, de garde dans les appartements, se prononcèrent pour le peuple, repoussèrent à coups de crosse les gentilshommes auxiliaires, qui tentaient de leur arracher leurs armes, et engagèrent l'action dans la *salle des gardes*. De trente-six qu'ils étaient, il n'en restait que cinq quand la colonne marseillaise vint à leur secours. La noblesse française décampa par la galerie du Louvre. Les Suisses, accablés par le nombre, battirent en retraite de chambre en chambre ; leur drapeau leur fut enlevé par un fédéré de Nancy, nommé Lange, assisté des grenadiers du bataillon de Saint-Laurent (2). La vengeance populaire s'exerça sans pitié sur les *habits rouges ;* il y avait contre eux un tel acharnement, que les suisses des hôtels, saisis de terreur, s'empressèrent de quitter leurs baudriers , et d'effacer l'inscription

(1) Lettre d'Aubier, gentilhomme ordinaire de la chambre, à M. Mallet du Pan.
(2) *Moniteur* du 14 août, n. 227.

*parlez au suisse* pour y substituer *parlez au portier* (1).
Toutefois, on a exagéré le nombre des victimes ; il fut
de sept cent soixante soldats et de vingt-six officiers,
sur un total de douze cent dix gardes suisses (2) ; le
reste fut conduit par la garde nationale à l'Assemblée
ou au corps de garde des Feuillants.

La perte, du côté du peuple, n'a jamais été précisée ;
on ne peut guère l'évaluer à plus de trois cents hommes ; mais on la crut d'abord plus considérable.
« Pendant la canonnade, raconte John Moore (3),
l'inquiétude et l'anxiété, pour ceux de ses amis ou de
ses parents que l'on savait exposés au danger, cau-
saient chez les uns le silence le plus expressif ; tandis
que les autres faisaient retentir l'air de leurs cris. On
entendait surtout des femmes, des enfants, tremblant
pour les jours de leur père, de leur mari, de leur
frère, qui avaient quitté leur famille dès qu'on avait
crié aux armes, et que l'on n'avait plus revus depuis.
Lorsque l'action a été terminée, et que les gardes nationaux sont rentrés chez eux, plusieurs femmes se
sont précipitées à travers les rangs, pour embrasser
et pour féliciter de leur retour leurs maris et leurs
frères. J'ai vu le père d'une famille nombreuse, en—

(1) *Journal durant un séjour en France en* 1792, par John
Moore, D. M., Philadelphie, 1794, t. I, p. 35.

(2) Morts : 26 officiers, 760 soldats ; sauvés, 26 officiers et
350 soldats. (État nominatif gravé sur le monument élevé à Lucerne, le 10 août 1821.)

(3) *Journal durant un séjour en France*, t. I, p. 26.

touré, à sa porte, par sa femme et ses enfants. Après les avoir tous embrassés, comme ils se jetaient sur lui l'un à l'envi de l'autre, il est entré chez lui portant un de ses enfants sur chaque bras, et suivi de sa fille, coiffée avec son bonnet de grenadier, et de deux petits garçons qui traînaient son mousquet. »

# CHAPITRE IX.

Détails sur Santerre. — Translation de Louis XVI au Temple. — Nouveaux insignes des grades. — Gardes nationaux blessés au 10 août. — Menaces contre les nobles et les prêtres. — Sections armées. — Journées de septembre. — Lettre de Santerre. — Victoires de nos armées. — Siége de Lille. — Influence de la garde nationale sur la défense du pays.

———

Antoine-Joseph Santerre, que l'insurrection plaçait à la tête de la garde nationale, était digne de cet honneur. Cet homme, que quelques biographes représentent comme un forcené, était moins connu par sa fougue révolutionnaire que par sa bienfaisance et sa probité. Enfant de Paris, où il était né en 1752, il avait acheté, le 29 août 1772, une brasserie située rue du Faubourg-Saint-Antoine (1), et ses connaissances spé-

(1) N. 239, et rue de Reuilly, n. 11 ; on voit encore dans la cour un écusson portant ces mots en lettres d'or : SANTERRE, MARCHAND BRASSEUR.

ciales lui avaient valu une fortune considérable. Il en
faisait part aux gens besoigneux de son quartier. Dans
la disette de 1790, il leur avait distribué pour deux
cent cinquante mille francs de riz et de mouton. Sollicité par les agents de la cour, peu de temps avant le
10 août, il avait répondu « que rien au monde ne pouvait le corrompre ; que la raison, la justice et la loi
étaient ses seuls guides (1). »

Plusieurs écrivains royalistes rendent eux-mêmes
hommage au caractère de Santerre. « Il n'était, dit
Montjoie (2), ni méchant ni cruel. Un malheureux, de
quelque part qu'il fût, intéressait toujours son cœur. »
Peltier, qui le peint dans l'exercice du commandement, ne le déprécie que sous le rapport de l'extérieur
et des manières. « Le nouveau commandant de la
garde nationale, nommé, non point par les sections,
mais par quelques membres du conseil général de la
Commune, prit possession de sa place, au mépris de
la loi, qui avait défendu qu'un seul homme comman-
dât en chef la force armée de Paris. Il prit aussitôt à
tâche de suivre, jusque dans les plus petits détails, une
marche directement contraire à celle de son ancien ri-
val. Celui-ci était affable, et courtisait le peuple ;
Santerre resta brusque, et rudoya constamment ses
satellites. La Fayette se présenta toujours en public
avec un extérieur très-soigné et un maintien recher-

(1) Déclaration de Santerre à la commission des douze.
(2) *Hist. de Marie-Antoinette.*

ché; Santerre, en cheveux ronds, toujours négligé, crasseux, suant et débraillé, affecta de ressembler à un chef de gladiateurs. Le cheval blanc de La Fayette était devenu proverbial pour désigner le blême général ; Santerre affecta de donner ses ordres dans les rues de Paris, monté sur un pesant cheval noir, et suivi seulement d'un domestique (1). »

Le premier ordre du jour de Santerre réglait la place de chaque légion sur le passage de Louis XVI, dont la translation au Temple avait été résolue. Il partit du couvent des Feuillants, le 13 août, à trois heures. La cinquième et la sixième légions formaient la haie depuis la place Vendôme jusqu'à la rue Richelieu ; la troisième occupait les boulevards jusqu'à la porte Saint-Denis ; la deuxième, depuis cette porte jusqu'à l'Opéra (théâtre de la porte Saint-Martin) ; la quatrième était rangée sur le boulevard du Temple, et la première, dans la rue du Temple, jusqu'à la prison. La famille royale était dans une voiture de la cour avec Pétion, Manuel, et un officier municipal. La marche dura deux longues heures, pendant lesquelles les captifs furent exposés aux invectives de la multitude. Toutefois, c'était elle qui régnait ; et, en maîtresse généreuse, elle garda généralement une attitude calme et sévère (2).

(1) *Hist, du* 10 *août*, t. I, p. 284.
(2) Il y a eu quelques cris de *Vive la nation!* mais, au demeurant, le peuple s'est montré plus silencieux et moins turbulent

Un enfant, né dans la soirée du 10, avait reçu les noms de *Victoire-du-Peuple-Égalité*. C'était de l'*an Ier de l'Égalité* que la commune datait ses actes officiels. Conséquente avec ces principes, elle modifia les insignes des grades supérieurs : le commandant général eut de simples épaulettes de laine ; chaque chef de légion, les mêmes épaulettes, avec une raie au milieu ; chaque chef de bataillon, une épaulette en laine, et son second, une pareille épaulette, avec une raie au milieu (1). A la séance du 19 août, un officier de la garde nationale fit hommage au corps législatif de ses épaulettes en or.

La garde nationale, à l'exception du bataillon des Filles-Saint-Thomas, qui fut désarmé, avait pris une part active à l'insurrection du 10 août. La Commune rendit, le 13, l'arrêté suivant : « Les fédérés et gardes nationaux qui ont perdu leurs armes à la journée du 10 de ce mois, en recevront de nouvelles, avec une inscription civique. Les veuves des gardes nationaux et des fédérés qui sont morts à la même journée, et des citoyens qui, ayant été blessés, resteront estropiés, recevront des dédommagements par la nation. »

Tous les royalistes connus furent désarmés. Le commandant général eut ordre de faire des visites domiciliaires dans toutes les maisons. « A l'extrémité de

que beaucoup de gens ne s'y attendaient. (*Journal durant un séjour en France*, t. I, p. 52.)

(1) *Procès-verbal de la Commune*, des 12, 13 et 14 août.

chaque rue, des gardes nationales formaient une chaîne
qui arrêtait les passants. Sur la rivière, il y avait, de
distance en distance, des bateaux remplis d'hommes
armés. On en voyait dans les barques de banchisseu-
ses. On avait placé également des sentinelles au haut
et au bas de tous les escaliers qui conduisent à l'eau;
on en trouvait de même sur le terrain qui est au bord
de la rivière et au bas des quais. En même temps,
toutes les barrières étaient gardées avec la plus scru-
puleuse vigilance (1). » La Commune chargea Santerre
d'envoyer dans toutes les municipalités voisines, et
d'y rechercher avec soin les *ennemis du bien public.*
Des détachements furent expédiés à Chantilly, au bois
de Boulogne, à Rueil, à Saint-Germain-en-Laye, à
Marly, « pour aider les communes des campagnes à
se débarrasser des aristocrates qui s'étaient réfugiés
dans leur sein (2). » Toutes les gardes nationales des
environs accoururent au devant de leurs *frères de Pa-*
*ris.* Celle de Versailles leur fournit seule un renfort
de deux mille hommes; et une députation qu'elle
adressa au corps législatif disait, avec l'emphase qui
caractérise les temps révolutionnaires : « A peine
avons-nous été instruits des événements de la matinée
du 10 août, que nous avons envoyé deux mille hommes sous les murs de Paris. L'Assemblée nationale
peut compter autant de Décius que de gardes natio-

(1) *Almanach des honnêtes gens,* 1793, in-12, p. 24.
(2) *Moniteur*, n. 235, 237.

naux. Chacun de nous est animé du désir de faire mordre la poussière au dernier des tyrans, et nous nous ensevelirons sous les ruines de la patrie plutôt que de tendre les mains à de nouvelles chaînes (1). »

Un décret, du 19 août, reconstitua la garde nationale de Paris.

« L'Assemblée, considérant la nécessité de diriger, de la manière la plus utile, le zèle et les efforts des ci-toyens armés pour le maintien de la liberté et l'égalité ;

« Considérant qu'il importe d'imprimer à toutes les parties de la force publique un mouvement régulier, et de procurer aux sections armées de Paris une organisation telle, que tous les citoyens, quelles que soient leurs armes, puissent utilement servir la patrie ;

« Décrète ce qui suit : La garde nationale de Paris sera divisée en 48 sections, sous la dénomination de sections armées (2).

---

(1) Séance du 20 août.

(2) Sections : des Tuileries, des Champs-Élysées, du Roule, du Palais-Royal, de la place Vendôme, de la Bibliothèque, de la Grange-Batelière, du Louvre, de l'Oratoire, de la Halle-aux-Blés, des Postes, du Mail, de la Fontaine-de-Montmorenci, de Bonne-Nouvelle, du Ponceau, de Mauconseil, du Marché-des-Innocents, des Lombards, des Arcis, du Faubourg-Montmartre, de la rue Poissonnière, de la rue de Bondi, du Temple, de Popincourt, de la rue de Montreuil, des Quinze-Vingts, des Graviliers, du Faubourg-Saint-Denis, de la rue Beaubourg, des Enfants-Rouges, du Roi-de-Sicile, de l'Hôtel-de-Ville, de la Place-Royale, de l'Arsenal, de Notre-Dame, de la Cité, des Invalides,

« Chaque section armée, quel que soit le nombre de citoyens armés de toutes armes qu'elle renferme, sera composée du nombre de compagnies proportionnées à sa population.

« Chaque compagnie sera composée d'un capitaine, un lieutenant, deux sous-lieutenants, un sergent-major, quatre sergents, huit caporaux, deux tambours, cent sept citoyens.

« Chacune des sections armées aura un commandant en chef, un commandant en second, un adjudant et un porte-drapeau.

« Tous les citoyens composant chaque section armée concourront à la nomination de leurs commandants, officiers et sous-officiers.

« Il y aura un commandant général élu pour trois mois par tous les citoyens composant les sections armées.

« Ledit commandant général sera susceptible d'être réélu de trois mois en trois mois, sans néanmoins pouvoir conserver son commandement plus d'une année, après laquelle il ne pourra être réélu qu'après trois mois d'intervalle.

« Deux compagnies de chaque section armée formeront une division, toujours commandée par le capi-

de la Fontaine-de-Grenelle, des Quatre-Nations, du Théâtre-Français, de la Croix-Rouge, du Luxembourg, des Thermes-de-Julien, de Sainte-Geneviève, de l'Observatoire, du Jardin-des-Plantes et des Gobelins.

taine le plus ancien d'âge des deux compagnies qui la composeront.

« Il sera attaché à chaque section armée une ou plusieurs compagnies d'artillerie, et à chaque compagnie d'artillerie, un certain nombre d'ouvriers pris parmi les citoyens armés de piques, pour être employés dans les manœuvres et à la défense des retranchements.

« Il y aura un seul drapeau, aux couleurs de la nation, entre les deux divisions du centre de chaque section armée, avec cette inscription : *Liberté! Égalité!* »

La Commune, pour mettre à exécution ce décret, pressa l'organisation des *compagnies de lanciers*, dont l'armement était disparate et incomplet. Sur la motion de M. Sergent, elle en nomma M. Bachclout instructeur général, et le chargea, en cette qualité, de la formation de cette partie de la force publique. « Elle l'autorisa à faire fabriquer, dans le plus bref délai, deux modèles de piques, dont l'un serait déposé au bureau de la garde nationale, et l'autre à celui de l'état-major. Ces mesures créèrent la force civile la plus imposante qu'on eût encore vue à Paris. Il ne s'agissait plus des vingt-quatre mille volontaires de 1789. A la cérémonie funèbre célébrée le 26 août en l'honneur des victimes du 10 août, assistaient plus de *trois cent cinquante mille* citoyens armés (1). Le peuple allait

(1) *Moniteur* du 31 août 1792, n. 244.

20.

commencer, contre les coalitions étrangères et les factions intérieures, cette lutte colossale, cette bataille sanglante et acharnée, dont la postérité s'épouvante en l'admirant.

Le 2 septembre, on apprend que les coalisés ont pénétré dans la Lorraine ; que Longwy et Verdun se sont rendus. Le canon d'alarme, la générale, le tocsin, appellent les citoyens à la défense du territoire envahi. Tous les chevaux sont mis en réquisition ; tous les charrons fabriquent des caissons et des affûts ; on fond les cercueils de plomb pour en faire des balles. Trente mille volontaires se rassemblent au Champ de Mars. « Mais avant de partir, disent-ils, il faut nous défaire de nos ennemis intérieurs. Ne laissons point Paris en leur pouvoir ; que tous les scélérats du 10 août soient exterminés ! » La motion sanguinaire est colportée dans les assemblées des sections. Charles Jams, membre de la Commune, la soumet à la section des Portes. Dans celle des Thermes-de-Julien, on demande non-seulement la *mise à mort* des prisonniers, mais encore celle de tous les nobles et robins. « La section Poissonnière, considérant les dangers imminents de la patrie, et les manœuvres infernales des prêtres, arrête que tous les prêtres et personnes suspectes enfermées dans les prisons de Paris, Orléans et autres, seront mis à mort. » Joachim Ceyrant, président de la section du Luxembourg, s'écrie : il est temps que la justice du peuple s'exerce sur les hommes coupables dont la grandeur passée fait le crime ; »

et il fait écrire sur les registres : « Un membre propose
de purger les prisons, en faisant couler le sang de tous
les détenus de Paris avant de partir ; les voix prises, la
motion est adoptée. Trois commissaires sont nommés :
MM. Lohier, Lemoine et Richard, pour aller à la ville
communiquer ce vœu, afin de pouvoir agir d'une manière uniforme (1).

Les volontaires parcourent les rues, en criant :
« Aux prisons ! aux prisons ! Ne laissons pas égorger
nos femmes et nos enfants. »

« Ce cri terrible, selon le témoignage d'un contemporain (2), retentit à l'instant d'une manière spontanée, unanime, universelle, dans les rues, dans les places publiques, dans tous les rassemblements, enfin,
dans l'Assemblée nationale. » Quatre fiacres, contenant vingt et un prêtres, qu'escortent des fédérés marseillais et bretons, sont cernés dans la rue Dauphine
par une multitude furieuse. L'un des prisonniers, hors
de lui, donne par la portière un coup de canne sur la
tête d'un fédéré, qui tire son sabre, monte sur le mar-
chepied de la voiture, et frappe mortellement son
agresseur. La foule vocifère : « Il faut les tuer tous ;
ce sont des scélérats, des aristocrates. » Dix-sept de

(1) *Histoire particulière des événements qui ont eu lieu en
France pendant les mois de juin, juillet, août et septembre* 1792,
par Maton de la Varenne, 1806, in-8, p. 310.

(2) *La vérité tout entière sur les vrais auteurs de la journée
du 2 septembre*, par Méhée.

ces malheureux, avant d'arriver à l'Abbaye, sont hachés à coups de sabres et de piques. Les prisons sont
forcées : des juges nommés par le peuple s'y installent,
interrogent sommairement les détenus , et livrent un
millier d'hommes aux bandes d'assassins qui attendaient dans les cours (1). Chose étrange! les *égorgeurs*
frappaient sans remords, avec une atroce impassibilité.
L'un d'eux entra au comité de la section des Quatre-
Nations : «Je viens, dit-il, vous demander pour nos braves frères d'armes qui égorgent les aristocrates, les souliers que ceux-ci ont à leurs pieds. Nos braves frères sont
nu-pieds, et ils partent demain pour les frontières. —
Nos braves frères , dit un autre , *travaillent* depuis
longtemps dans la cour ; ils sont fatigués; leurs lè-
vres sont sèches, je viens vous demander du vin pour
eux (2). » Il y eut des *tueurs* qui se firent payer de
leurs meurtres comme d'une besogne ordinaire (3).

(1) Les registres d'écrous, encore existants, de l'Abbaye et du
Châtelet, contiennent les noms de 311 personnes mises à mort
sur-le-champ et de 89 acquittées par le peuple. Le total des victimes, d'après la liste nominative dressée par Maton de la Varenne, fut de 1089. (*Hist. des évén.*, p. 460.)

(2) Relation de l'abbé Sicard.

(3) Mandat du 4 septembre, au profit de Gilbert Petit,
pour prix du temps qu'ils ont mis, lui et trois de ses camarades, Nicolas Guy, Michel Lepage et Pierre-Henri Corsin, à
l'*expédition* des prêtres de Saint-Firmin pendant deux jours,
suivant le réquisitoire qui est fait aux commissaires de la Commune par la section des Sans-Culottes (ci-devant du Jardin-des-
Plantes), qui les *a mis en ouvrage*, ci, 48 liv. (Comptes de la
commune de Paris.)

« Croyez-vous que je n'aie gagné que vingt-quatre livres, disait un garçon boulanger en brandissant une
massue ; jen ai tué plus de quarante pour ma part. »
Deux femmes furent rencontrées le matin du 5 septembre, tenant à la main une gamelle. « Où allez-vous
donc, leur dit une voisine? — Je portons à déjeuner
à nos hommes qui *travaillent* à l'Abbaye (1). »

Que faisait cependant la garde nationale ? elle restait inactive. Les exécutions avaient été décidées avec
une si terrible logique, accomplies avec une si fou-
droyante rapidité, qu'aucune répression n'était possible. Quelques soldats citoyens se montrèrent dans les
prisons, isolément ou par faibles patrouilles ; les uns
adhèrant au raisonnement sanguinaire des masses ;
d'autres, « excédés d'horreurs et de fatigues (2). »
Quelques-uns s'exposèrent généreusement pour sauver
des suspects voués au supplice ; mais la garde nationale en corps n'intervint pas pour arrêter les massa-
cres. Sergent atteste « qu'appelée par l'autorité, elle
refusa de se réunir ; que le commandant Santerre vint
l'annoncer à Pétion ; que des colonels, des officiers,
confirmèrent ce refus (3). » Mercier prétend, au contraire, que les légions demeurèrent sans ordres et sans

(1) *La Vérité sur les vrais auteurs de la journée du 2 septembre*, par Méhée, 1794, in-8.

(2) Déclaration du citoyen Jourdan, président de la section
des Quatre-Nations.

(3) *Notice sur A. F. Sergent, député à la Convention nationale*, par Noël Parfait. Chartres, 1848, in-8°, p. 22.

direction. « Si la garde nationale, dit-il, eût été requise ; si on l'eût commandée au nom de la loi, que des chefs perfides et sanguinaires s'appliquaient à paralyser, combien elle eût été forte et courageuse ! Elle se serait levée tout entière ; mais cette garde nationale, dont la masse est restée pure au milieu de tous les genres de corruption et de brigandages, n'a-t-elle pas craint qu'on l'accusât d'avoir agi sans réquisition ? N'a-t-elle pas craint qu'en voulant punir le crime, on ne l'accusât elle-même de s'être rendue criminelle ? Retenue par ces motifs, elle est restée immobile.

« J'ai vu la place du Théâtre-Français couverte de soldats, que le tocsin avait rassemblés ; je les ai vus prêts à marcher, et tout à coup se disperser, parce qu'on était venu traîtreusement leur annoncer que ce n'était qu'une fausse alerte, que ce n'était rien. Ce n'était rien ! grands dieux ! Déjà la cour des Carmes et celle de l'Abbaye étaient inondées de sang, et se remplissaient de cadavres : ce n'était rien !

« J'ai vu trois cents hommes armés faisant l'exercice dans le jardin du Luxembourg, à deux cents pas des prêtres que l'on massacrait dans la cour des Carmes : Direz-vous qu'ils seraient demeurés immobiles, si on leur eût donné l'ordre de marcher contre les assassins (1)? »

L'Assemblée législative montra une pareille indifférence. Ce ne fut que dans la soirée du 8 septembre,

(1) *Le nouveau Paris*, par le citoyen Mercier, t. I, p. 106.

après deux jours de carnage, qu'elle ordonna à la municipalité et au commandant général de la garde nationale, « de faire respecter la sûreté des personnes et
des propriétés. » Roland, ministre de l'intérieur,
transmit le lendemain le décret à Santerre, par la
lettre suivante : « Au nom de la Nation, et par ordre
de l'Assemblée nationale et du pouvoir exécutif, je
vous enjoins, monsieur, d'employer toutes les forces
que la loi met dans vos mains pour empêcher que la
sûreté des personnes et des biens ne soit violée ; et je
mets sous votre responsabilité tous attentats commis
sur un citoyen quelconque dans la ville de Paris. Je
vous envoie un exemplaire de la loi qui vous ordonne
la surveillance et la sûreté que je vous recommande,
et j'informe l'Assemblée nationale et le maire de Paris
des ordres que je vous soumets. » Santerre répondit
aussitôt : « Je reçois à l'instant votre lettre, monsieur
le ministre ; elle me somme, au nom de la loi, de veiller à la sûreté des citoyens. Vous renouvelez les plaies
dont mon cœur est ulcéré, en apprenant à chaque instant la violation de ces mêmes lois, et les excès auxquels on s'est livré. J'ai l'honneur de vous représenter
qu'aussitôt la nouvelle que le peuple était aux prisons,
j'ai donné les ordres les plus précis de former de nombreuses patrouilles aux commandants de bataillons,
et aux commandants du Temple et autres, voisins de
la demeure du roi et de l'hôtel de la Force, à qui j'ai
recommandé cette prison, qui n'était pas encore attaquée. Je vais redoubler d'efforts auprès de la garde na-

tionale, et je vous jure que si elle reste dans l'inaction, mon corps servira de bouclier au premier citoyen que l'on voudra insulter (1). »

Le calme se rétablit graduellement, autant du moins que le permettait la gravité des circonstances. Les sections jurèrent de faire respecter *les droits de l'homme et du citoyen*. Des patrouilles nombreuses parcoururent les rues jour et nuit; et la Convention se réunit, le 20 septembre, sous de favorables auspices. La contre-révolution semblait étouffée, dans le midi et en Poitou, par le zèle des gardes nationaux de l'Ardèche, du Gard et des Deux-Sèvres. Renforcées sans cesse par de nouveaux volontaires, les troupes de la République reprirent l'avantage. Les Prussiens évacuèrent promptement la Champagne; la Savoie et le comté de Nice nous reçurent comme des libérateurs. Les habitants de Lille, qui prouvaient depuis longtemps que la *faïence bleue ne craignait pas le feu* (2), soutinrent un bombardement de quarante-huit heures, et, presque sans garnison, eurent la gloire de repousser trente mille Autrichiens. La victoire de Jemmapes nous ouvrit les portes des villes belges. On peut dire que ces triomphes rapides furent dus en grande partie à l'institution de la garde nationale. Si la France n'avait pas eu une organisation militaire indépendante, des

(1) *Courrier français* du 7 septembre, n. 251.
(2) Allusion populaire à l'habit bleu des volontaires. *Courrier français*, n. 177, p. 467.

troupes réglées ; si les citoyens n'avaient pas été fami-
liarisés avec la discipline, les manœuvres, et le maniement des armes, comment aurait-elle lutté contre
la coalition ? comment une seule section parisienne,
celle de la Butte-des-Moulins, aurait-elle pu fournir,
après plusieurs sacrifices antérieurs, *un bataillon
d'hommes d'élite, supérieurement armé et équipé* (1) ?
comment les Nantais auraient-ils pu offrir à la Convention cent douze canons, cent vingt fusils, cent dix-
huit paires de pistolets, et trois cents canonniers, dont
le moins exercé *mettait, à huit cents toises de distance,
dans un carré de quatre pouces* (2) ?

Au moment où l'armée ordinaire devenait insuffisante, une nouvelle force publique se trouva prête à
la remplacer. Il y eut, pour former le noyau des légions volontaires, une masse d'hommes qui possé-
daient déjà de vagues notions du service militaire, et
auxquels il ne manquait qu'un peu d'expérience pour
être des soldats complets. Un commencement d'instruction spéciale vint en aide au courage et au patriotisme, et les gardes nationaux, réunis en corps depuis plusieurs années, répartis dans des cadres régu-
liers, donnèrent l'exemple au reste de la nation.

(1) *Moniteur* du 16 septembre, n 260.
(2) *Courrier français* du 4 octobre, n. 278.

# CHAPITRE X.

Garde nationale en 1793. — Réserve. — Vétérans. — Espérance de la patrie. — Corps de musique. — *Piquières.* — Plaintes du ministre de l'intérieur sur le service. — Garde du Temple. — Santerre offre sa démission. — Organisation des légions en 1793. — Fédérés appelés par la Gironde. — La garde nationale pendant le procès de Louis XVI et le jour de son exécution.

———

Sous la Convention, les *sections armées* de Paris, les gardes nationaux des départements, s'identifient complètement avec les masses. Le peuple entier est enrôlé ; outre la garde quotidienne, il y a dans chaque section une réserve permanente de cent fantassins, et de douze à trente cavaliers, casernés et entretenus aux frais de l'État. Les capitaines des sections armées commandent à tour de rôle cette réserve, employée à maintenir l'ordre public, et à occuper les postes extérieurs (1). Les vétérans sont répartis en six

(1) Décret du 20 septembre 1792.

compagnies, que commande en chef le citoyen Pol-
liare; les enfants, dirigés par un *colonel-instituteur en
chef*, Louis-Denis-Gabriel Antheaume, composent le
*bataillon de l'espérance de la patrie* (1). Cent vingt autres enfants, choisis dans les quarante-huit sections,
sont élevés aux frais du *corps de la musique de la
garde nationale de Paris*. Ils doivent être fils de citoyens soldats, n'avoir pas plus de douze à seize ans,
s'ils n'ont aucune notion de musique, et plus de dix-
huit ans, s'ils *sont un peu musiciens* (2).

Comme en 1791, mais avec moins de succès, les
femmes même demandent à faire partie des *sections
armées*, et à former un bataillon de *piquières*; mais
Santerre objecte aux pétitionnaires qu'elles sont faites
pour rester dans leurs ménages; qu'elles sont destinées, non à ôter la vie, mais à la donner; et le conseil
de la Commune passe à l'ordre du jour (3).

Malgré l'importance de la force publique, l'ordre
était loin d'être garanti. Rolland, ministre de l'intérieur, s'en plaint dans son rapport du 29 octobre 1792.
« L'organisation de la garde nationale doit être faite;
mais le défaut de volonté de ceux qui peuvent la requérir n'existe-t-il pas encore? car le service public
se fait mal; il se commet des vols; la maison de Mont-

---

(1) *Almanach national de France*, année commune 1793, l'an
II de la République, p. 421.

(2) *Chronique de Paris* du 10 janvier 1793, n. 10.

(3) Procès-verbal de la Commune, séance du 6 octobre 1792.

fermeil , émigré , Chaussée d'Antin , a été vidée dans
la nuit du 25 au 26, et ce n'est pas le seul événement
récent de ce genre. Il y a même eu quelques meurtres
nocturnes. Les postes ont été dégarnis en grande partie, presque toujours la nuit et aux heures des repas,
notamment au Garde-Meuble, où souvent la garde est
demeurée quarante-huit heures , et même soixante
heures , sans être relevée. Samedi dernier (27 octobre), à six heures du soir, les commissaires que j'ai
préposés à la conservation des effets nationaux aux
Tuileries , m'ont prévenu que le poste major n'était
composé que de treize hommes , au lieu de soixante;
qu'une seule section y faisait le service ; qu'elle avait
envoyé vingt-sept hommes, sans commandant ni sergent, avec un seul caporal, pris de vin ; que la sentinelle, rebutée de faire sept à huit heures de service ,
menaçait de quitter le poste. Assurément, je suis loin
d'inculper la garde nationale parisienne ; je reconnais
son zèle , son activité , son service; cette garde, ce
sont nos concitoyens , c'est nous-mêmes ; mais il y a
défaut d'ordre dans le service, et ce défaut la com-
promet en même temps qu'il expose le chose publique.
Quels inconvénients naissent de cette source et s'ag-
gravent réciproquement ! Le premier de tous est le dégoût même du citoyen, qui peut quitter pour quelques
instants ses foyers, sa famille, ses affaires, pour le
maintien de l'ordre et de la paix, dont il sent le prix ,
mais qui ne saurait le faire avec empressement qu'autant qu'il aperçoit le terme de ses sollicitudes , et

qu'elles sont également partagées entre tous. Après vingt-quatre heures de garde, tout homme a droit de retourner dans ses foyers; et si aux besoins du cœur, à la loi de l'intérêt, à l'attrait du plaisir, dans une ville de corruption comme Paris, l'inertie de la chose publique dans les personnes qui commandent fait joindre encore le dégoût, en ne relevant pas exactement les postes, ne les visitant jamais, n'y établissant aucun ordre, il est évident que le zèle doit s'éteindre, et le service s'annuler entièrement. »

La préoccupation presque unique des *sections armées* c'était la garde du Temple. Elles envoyaient chaque jour trois cents hommes autour de cette forteresse, dont les croisées étaient hérissées d'épais barreaux, et masquées par des *soufflets*. Les sentinelles toujours inquiètes, toujours sur le qui-vive, s'imaginaient sans cesse que leur royal détenu allait leur être enlevé. L'alerte fut si vive, le 31 octobre 1792, que les hommes de garde voulurent forcer les postes intérieurs, pour s'assurer que Louis XVI ne s'était pas dérobé à leur surveillance. Santerre accourut, prêcha le respect des consignes, et s'opposa à la perquisition que les soldats citoyens méditaient. « Êtes-vous commissaires de section, leur dit-il, ou êtes-vous en ce moment une portion de la force armée, essentiellement obéissante?» Le calme se rétablit, et le lendemain le commandant général alla de section en section déclarer le châtiment des rebelles. Il fut accueilli partout avec déférence, excepté dans la section de la Fraternité (ci-de-

21.

vant de l'Ile-Saint-Louis), et s'en plaignit au conseil
général de la Commune, en offrant sa démission. « Je
savais, dit-il, que la section de la Fraternité se dispo-
sait à m'interpeller indignement. Cette considération
ne m'a cependant pas arrêté, et je m'y suis rendu.
Arrivé dans la salle de ses séances, j'ai dit au président que c'était avec beaucoup de peine que je me
voyais forcé de porter des plaintes contre la force armée que la section avait envoyée au Temple; j'ai demandé que les coupables fussent désarmés et punis.
Le président ne m'a fait qu'une réponse vague.

« Le citoyen qu'on m'avait annoncé devoir m'interpeller, s'est levé et m'a sommé de répondre s'il était
vrai que j'avais soutenu aux Jacobins que les assassinats du 2 septembre étaient nécessaires. Je n'ai répondu que vaguement; sommé une seconde fois,
j'ai dit que tous mes efforts pour empêcher ce massacre eussent été vains, et que la force armée ne m'eût
pas obéi si je lui avais ordonné d'opposer une résistance qui d'ailleurs n'eût fait qu'irriter le peuple. J'ai
dit qu'il s'était fait justice lui-même en se portant aux
prisons. J'ai dit que le peuple si calomnié avait bien
su distinguer les innocents des coupables, et que ces
jugements avaient été si intègres qu'il avait même
laissé échapper des criminels. Enfin j'ai demandé si le
peuple avait fait tort au moindre marchand d'allu-
mettes.

« La section n'est pas revenue de son erreur. Vous
avez été séduits par un orateur, ai-je repris, peut-être

celui qui vous a parlé était fâché d'avoir fait un commandant comme moi ; il a raison, je ne suis pas un marquis ; je ne suis qu'un brasseur, je m'en honore, et je quitterai tranquillement le généralat pour rentrer dans ma brasserie. Je vais à la Commune déposer, dans les mains de mes amis, une autorité que je ne puis plus garder.

« Voilà, citoyens, le résultat de mes démarches conformément à la promesse que j'en ai faite ; je vous rends l'autorité qui m'avait été confiée, et je vais prendre soin de mes affaires que je n'ai abandonnées que pour me livrer à la chose publique. Je demande que vous mettiez mon remplacement à l'ordre du jour.»

Le conseil, sur la proposition de son président Chaumette, s'empressa de passer à l'ordre du jour, et Santerre conserva le commandement. Il avait sous ses ordres, en qualité de chef des six légions, les citoyens Alexandre, Juliot, Mathis, Duvergier, Mulot d'Angers et Humbert.

Chaque légion comprenait huit sections.

Première légion. Section de Marseille (ci-devant du Théâtre-Français); de la Croix-Rouge ; du Luxembourg; de Beaurepaire (ci-devant des Thermes-de-Julien); du Panthéon Français (ci-devant Sainte-Geneviève); de l'Observatoire ; des Sans-Culottes (ci-devant du Jardin-des-Plantes) ; du Finistère (ci-devant des Gobelins).

Deuxième légion. Section des Gardes françaises (ci-devant de l'Oratoire); de la Halle-aux-Blés; du Contrat-Social (ci-devant des Postes); du Mail; de Molière et de La Fontaine (ci-devant Fontaine de Montmorency); de Bonne-Nouvelle; des Amis de la Patrie (ci-devant du Ponceau); de Bonconseil (ci-devant Mauconseil).

Trosième légion. Section des Fédérés (ci-devant de la place Royale); de l'Arsenal; de la Fraternité (ci-devant de l'Ile-Saint-Louis); de la Cité (ci-devant Notre-Dame); du Pont-Neuf (ci-devant Henri IV); des Invalides; de la Fontaine de Grenelle; des Quatre-Nations.

Quatrième légion. Section des Tuileries, des Champs-Elysées, de la République (ci-devant du Roule); de la Butte-des-Moulins (ci-devant du Palais-Royal); des Piques (ci-devant place Vendôme); de 1792 (ci-devant de la Bibliothèque); du Mont-Blanc (ci-devant de la Grange-Batelière); du Louvre ou du Muséum.

Cinquième légion. Section de Montreuil; des Quinze-Vingts; des Gravilliers; du Nord (ci-devant faubourg Saint-Denis); de la Réunion (ci-devant de la rue Beaubourg); du Marais (ci-devant des Enfants-Rouges); des Droits de l'Homme (ci-devant du Roi de Sicile); de la Maison Commune ou de l'Hôtel de Ville.

Sixième légion, section des Halles ou du Marché des Innocents; des Lombards; des Arcis; du faubourg Montmartre; de la rue Poissonnière; de Bondy; du Temple; de Popincourt.

On se figure aisément l'agitation, le *tohubohu* produit dans la capitale par cette multitude de gens en armes, auxquels il faut joindre les nombreux volontaires qui passaient en se rendant aux armées, et les fédérés qu'y appelèrent les Girondins, dès les premières séances de la Convention. Le parti qu'on nommait de la Gironde, parce qu'il avait pour chef les députés de ce département, avait tenté d'abord de régner avec Louis XVI en lui imposant des ministres ; après le 10 août, lorsque la déchéance était unanimement demandée, il avait voté seulement la suspension du pouvoir exécutif. Depuis l'établissement de la République, il ne cessait d'accuser le peuple de Paris, et Kersaint, l'un de ses organes, avait demandé que la Convention s'entourât d'une force armée, composée de gardes nationaux des quatre-vingt-trois départements. Sans attendre le décret, Marseille, Caen et quelques autres villes fournirent des détachements, dont l'imprudence ajouta à l'effervescence générale. On vit de ces fédérés, en uniforme national, parcourir les rues, en criant : « La tête de Robespierre ! Marat à la guillotine ! vive Roland ! point de procès au roi (1) ! » Le ministre de la guerre, Jean-Nicolas Pache, qui tenait pour les démocrates, fit proposer à l'Assemblée, par Letourneur, le 11 novembre, d'organiser en bataillons les gardes nationaux et fédérés des départements, et de les envoyer aux armées. La Gironde s'aperçut qu'on

(1) Séance de la Convention du 4 novembre 1792 ; procès-verbal de la Commune du même jour.

cherchait à diminuer les forces dont elle pouvait disposer. Ses orateurs Buzot et Barbaroux combattirent le projet; Garnier le défendit en disant « que la garde nationale parisienne tiendrait toujours au service de la Convention le nombre des citoyens nécessaires à sa garde (1). »La majorité se prononça contre Pache, et la question préalable fut adoptée.

Les débats du procès de Louis XVI, si impatiemment attendus par tous les partis, s'ouvrirent le 11 décembre 1792. Ce jour-là tout Paris fut sous les armes. La Commune avait fait afficher l'ordre du jour suivant : « Les citoyens se rangeront sur la route de Louis Capet, depuis le Temple jusqu'à la Convention nationale, en passant par les rues du Temple, les boulevarts, la rue Neuve-des-Capucines, la place des Piques et la cour des Feuillants (2). Chaque section gardera deux cents hommes en réserve; il y aura, en outre, deux cents hommes à chaque prison, caisse publique, magasin, dépôt.

Pour l'escorte, chaque légion fournira une pièce de canon, ce qui formera huit pièces en avant et huit en arrière, rendues à huit heures du matin au Temple; deux caissons, l'un devant et l'autre derrière. Chaque légion fournira quatre capitaines, quatre lieutenants et

(1) Ce discours et plusieurs autres suivants prouvent qu'en prenant le titre légal de *sections armées*, la garde nationale n'avait pas perdu son véritable nom.

(2) Cette cour occupait, avec les bâtiments de l'ancien couvent du même nom, l'emplacement actuel de la rue Castiglione.

sous-lieutenants et cent hommes armés de fusils et munis
chacun de seize cartouches, sachant bien manœuvrer.
Ils se rendront au Temple à huit heures précises avec
la liste de leurs noms; ce qui produira six cents hommes, qui, sur huit de hauteur, formeront la haie des
deux côtés de la voiture. Dans le jardin des Tuileries.
deux cents hommes de réserve; la première près le
château, la seconde près le Pont-Tournant, avec huit
canons, fournis par les six légions, huit canonniers
et quarante-huit fusiliers pour chaque légion, et un
caisson; une troisième réserve du bataillon des piquiers sera placée dans la cour des Tuileries. La garde
descendante du Temple restera à son poste avec la garde
montante, jusqu'après la séance de la Convention;
tous les postes de la ville seront doublés. L'appel se
fera d'heure en heure dans tous les postes; quiconque
s'absentera sans permission sera puni. Les ordres qui
défendent de tirer aucune arme à feu seront exécutés
strictement. Chaque légion fournira huit canonniers
et huit fusiliers pour l'escorte des canons. La garde
nationale des municipalités du département de Paris
sera en état de réquisition. »

Le zèle des sections, qui se réveillait dans les
grandes circonstances, enchérit sur ces dispositions.
Elles adoptèrent presque unanimement un arrêté de
celle des Gardes françaises, portant :

« Que le jour où Louis Capet serait jugé, le commandant général de la garde nationale serait invité à tripler
et même à quadrupler les postes de la garde du Temple.

« Que les citoyens seraient invités à se rendre dans leurs sections respectives, pour se porter partout où leur présence serait nécessaire, et arrêter les malveillants qui troubleraient la tranquillité.

Que le jour où Louis XVI serait conduit à la barre il serait fait, dans chaque compagnie, un appel nominal, et que les absents seraient marqués sur un registre particulier (1). »

Ces précautions étaient superflues ; le calme le plus parfait régna sur le passage de l'ex roi, que Santerre prit par le bras dans la cour des Tuileries pour l'introduire à la barre. L'ordre ne fut troublé qu'en face de la rue de Lancry, où, contrairement aux ordres du commandant général, la section de la Fraternité refusa d'appuyer à droite. Le citoyen Higonnet, ex-grenadier de cette section, allégua, au nom de ses camarades, que le côté droit du boulevart était fangeux, et que l'état-major étant à cheval y passerait plus aisément. Un silence complet, plus sombre et plus menaçant que des insultes, fut observé par tous les spectateurs ; seulement les forts de la halle et les charbonniers *rangés en bataille, dans la meilleure tenue,* aux portes de la Convention (2), firent retentir aux oreilles du roi le refrain de la *Marseillaise.*

Le 26 décembre, Louis XVI retourna à la Convention pour y entendre plaider sa cause. Les chefs des

(1) *Courrier français* du 11 décembre 1792, n. 346.
(2) *Révol. de Paris*, n. 179, p. 526.

sections armées, redoutant quelques manifestations royalistes, ne se contentèrent pas de convoquer les citoyens soldats ; dès sept heures du matin des officiers, à la tête de patrouilles, *faisaient la presse* dans les boutiques et dans les ateliers. « Les caporaux montaient jusqu'au troisième étage et pénétraient jusqu'au lit des citoyens, les en arrachaient, pour ainsi dire, de force, sans égard pour les convenances qu'ils violèrent toutes, et au risque de causer les accidents de plus d'un genre aux femmes dont on venait enlever les maris (1). » L'assemblée générale de la section des Quatre-Nations arrêta que chacun des capitaines enverrait chercher ceux des citoyens qui ne seraient pas sous les armes au quartier-général à l'heure indiquée. « Les gardes nationales, dit Prudhomme (2), rangées en haie jusqu'à la voiture, remarquèrent que Louis Capet avait un tout autre maintien à sa sortie qu'à son arrivée aux Feuillants. Il marchait d'un pas ferme, la tête haute, le nez au vent. » Il espérait que l'éloquence de Desèze avait influencé ses juges ; mais, le 20 janvier, à deux heures, on lui signifia l'arrêt qui le condamnait à mort, comme « coupable de conspiration contre la liberté de la nation, et d'attentat contre la sûreté générale de l'Etat. »

Les derniers moments et la mort de Louis XVI sont la plus glorieuse part de sa vie. Soutenu par ses con-

(1) *Révol. de Paris*, n. 181, p. 4.
(2) *Ibid.*, p. 5.

victions religieuses, le plus timide et le plus indécis
des rois, se montra le plus résolu des martyrs. Le
21 janvier, à cinq heures du matin, lorsqu'il entendit
battre la générale, il dit tranquillement à son confesseur, l'abbé Edgeworth de Firmont : « C'est probable-
ment la garde nationale qu'on commence à rassembler. » Et quand le trépignement des chevaux ébranla
la tour du Temple : « Il y a apparence qu'ils se rap-
prochent (1). » A neuf heures, Santerre se présenta,
accompagné de sept à huit officiers municipaux et de
dix gendarmes. « Vous venez me chercher, dit l'ex-
roi ? — Oui. — Je vous demande une minute ; je suis
en affaires ; attendez-moi là ; je serai à vous. » Il rentra dans un cabinet voisin, où se tenait son confesseur,
et s'écria, en se jetant à genoux devant lui : « Monsieur, tout est consommé ; donnez-moi votre dernière
bénédiction, et priez Dieu qu'il me soutienne jusqu'à
la fin. » Puis, il rejoignit ceux qui l'attendaient. Il
était vêtu d'un habit puce, d'un gilet de molleton
blanc, d'une culotte grise ; ses bas étaient blancs ; son
valet-de-chambre Cléry l'avait coiffé avec soin. Son
maintien annonçait le calme et la résignation. Il monta
dans une voiture de place, avec son confesseur, le
lieutenant de la gendarmerie Labrosse et un maréchal-
de-logis.

Toutes les boutiques étaient fermées ; les sections

---

(1) *Dernières heures de Louis XVI*, écrites par l'abbé Ed-
gervorth de Firmont.

armées, sur quatre rangs, formaient une double haie,
derrière laquelle s'aventuraient quelques rares spectateurs. Des canons garnissaient les ponts et les principales avenues. Autour de la voiture marchait une escorte de cavalerie , conduite par Santerre et par le
lieutenant général Berruyer, commandant de la division de Paris. L'échafaud était dressé sur la place de
la Révolution , au centre d'un espace vide hérissé de
canons, « et au delà, tant que la vue pouvait s'étendre, on voyait une multitude en armes (1). » Le con-
damné, pendant le lugubre trajet, le front baissé, les
traits ombragés par un chapeau rond, lut avec dévo-
tion les prières des agonisants ; et quand la voiture
s'arrêta, il retourna la tête, et dit : « Nous voilà arrivés, si je ne me trompe. » Ce serait alors, suivant la
plupart des relations, qu'Edgeworth aurait proféré cette
éloquente apostrophe : « Fils de Saint-Louis, montez
au ciel ! » Mais la narration que nous a transmise le
confesseur n'en fait aucune mention. « Nous l'avons
entendu plusieurs fois, rapporte l'abbé de Montgaillard (2), répondre aux personnes qui l'en félicitaient :
« Je ne me rappelle point du tout ; je n'ai pas la moindre idée d'avoir dit au roi-martyr les paroles qu'on
m'attribue ; je n'en ai pas l'ombre du souvenir. » Le
plus fidèle historien de la mort de Louis XVI est le
plus sombre acteur de ce drame sanglant, le bourreau

(1) *Dern. heures de Louis XVI*, par l'abbé Edgeworth.
(2) *Hist. de la Rév*., 1833, in-8, t. III, p. 414.

de Paris, qui la raconte dans une lettre, dont la rusti-
cité du langage et l'incorrection de l'orthographe ne di-
minuent point l'intérêt.

« Descendant de la voiture pour l'exécution, on
lui a dit qu'il faloit ôter son habit. Il fit quelques dif-
ficultés, en disant qu'on pouvoit l'exécuter comme il
étoit. Sur la représentation que la chose étoit impossible, il a lui-même aidé à ôter son habit. Il fit encore
la même difficulté lorsqu'il cest agi de lui lier les
mains, qu'il donna lui-même lorsque la personne qui
la compagnoit lui eût dit que c'étoit un dernier sacrifice. Alors ? Il s'informa sy les tembours batteroit
toujour. Il lui fut répondu que l'on n'en savoit rien,
et c'étois la véritée. Il monta l'échaffaud et voulut
foncer sur le devant comme voulant parler. Mais ? on
lui représenta que la chose étoit impossible encore. Il
se l'aissa alors conduire à l'endroit où on l'attachat,
et où il s'est écrié très haut : *Peuple, je meurs innocent.* Ensuite, se retournant vers nous, il nous dit :
*Messieurs, je suis innocent de tout ce dont on m'incul-
pe. Je souhaite que mon sang puisse cimenter le bonheur
des François.* Voilà citoyen ses dernières et véritables
paroles (1). »

On sait qu'un roulement de tambours priva le malheureux roi de la consolation de se faire entendre du
haut de l'échafaud. Est-ce sur Santerre que doit re-

(1) *Lettre de Sanson*, bourreau de Paris, au journal *le Ther-
momètre*, 20 février 1793.

tomber la responsabilité de cet acte de barbarie ? Il s'en justifie par une note trouvée dans ses papiers (1). « Le roi, dit-il, était monté courageusement sur l'échafaud, appuyé sur le bras de son confesseur ; il marqua la volonté de parler. Je fis taire les tambours qui battaient la marche, qu'ils n'avaient discontinué de battre, et qu'ils ne devaient cesser de battre que lorsque toute la troupe serait entrée dans la place et aurait cessé de marcher. »

Suivant un article inséré dans la *Quotidienne* du 27 janvier 1827, le général Berruyer aurait ordonné le roulement, et dit aux commissaires de la Convention : « Savez-vous qu'il a voulu parler au peuple ; que cet imbécile de Santerre a perdu la tête et laissait faire, et que si je n'avais pas commandé aussitôt un roulement de tambours pour étouffer la voix du tyran, je ne sais ce qui serait arrivé ? »

Toutefois, malgré cette découverte et la rétractation tardive de Santerre, il nous paraît positif que ce fut lui qui donna le signal aux tambours. Un témoin oculaire l'atteste. « Pour empêcher Louis XVI de parler, Santerre avait ordonné un roulement de tambours ; voyant l'exécuteur indécis, il lui dit fortement : *Fais ton devoir* (2). Santerre lui-même, déclare à la Commune qu'il a étouffé la voix du supplicié. « Le général

_____

(1) *Hist. de Santerre*, par Carro, 1847, in-8, p. 169.
(2) *Mon témoignage sur la détention de Louis XVI*, par M. Goret, p. 37.

Santerre est venu rendre compte au conseil général de
l'exécution de Louis XVI. Il a annoncé que le ci-devant roi, descendu de la voiture, avait voulu haran-
guer le peuple; mais qu'il lui a fait observer que ce
n'était pas le moment de parler, et qu'il avait ordonné
l'exécution de la sentence. En effet, après deux ou
trois paroles prononcées par Louis, un roulement
de tambours s'est fait entendre ; et M. Santerre, ayant
levé son épée en l'air, l'exécution a été aussitôt con-
sommée (1). »

(1) Séance de la Commune du 21 janvier; *Courrier français*
du 23 janvier 1793, n. 23.

# CHAPITRE XI.

————

Les Girondins avaient tenté de sauver le roi par *l'appel au peuple* et le *sursis*. Après sa mort, ils continuèrent à lutter contre le mouvement révolutionnaire ; leur but était de l'enrayer, de dérober les ennemis de la République aux mesures violentes, d'assurer des avantages à la classe aisée, en repoussant l'envahissement du peuple. Entre eux et la Montagne, ce fut, pendant plusieurs mois une guerre acharnée, pleine d'injures et de récriminations mutuelles. Le samedi 13 avril, ils parvinrent à faire décréter d'accusation Marat, le plus virulent de leurs antagonistes. Deux jours après, les commissaires de trente-cinq sections les accusaient eux-mêmes à la barre de la Convention.

« Les crimes de ces hommes sont connus. Dans les temps où ils feignaient de combattre la tyrannie, ils ne combattaient que pour eux ; ils nommaient, par l'organe de Capet, des ministres souples et dociles à leurs volontés mercantiles. Ils trafiquaient avec le tyran par Boze et Thierri (1). Ils voulaient lui vendre, à prix d'argent et de places, les orateurs, la liberté et les droits les plus chers du peuple. Ils se sont attachés à calomnier le peuple de Paris dans les départements. Ils ont voulu la guerre civile pour fédéraliser la République. Nous demandons que cette adresse, qui est l'exposition formelle des sentiments unanimes, réfléchis et constants du département de Paris, soient communiquée à tous les départements, et qu'il y soit annexé la liste de la plupart des mandataires coupables du crime de félonie envers le peuple souverain, afin qu'ils se retirent de cette enceinte aussitôt que la majorité des départements aura manifesté son adhésion. Ce sont Brissot, Guadet, Vergniaud, Gensonné, Grangeneuve, Buzot, Barbaroux, Salles, Birotcau, Pontécoulant, Pétion, Lanjuinais, Valazé, Hardy, Lehardi, Louvet, Gorsas, Fauchet, Lanthenas, Lasource, Valadi, Chambon. »

Les pétitionnaires furent admis aux honneurs de la

(1) Avant le 10 août, Boze, peintre, avait remis à Thierri, valet-de-chambre du roi, une lettre par laquelle Vergniaud, Guadet et Gensonné s'engageaient à prévenir toute insurrection si Louis XVI consentait à rappeler le ministère girondin.

séance, aux applaudissements des tribunes. Un nouvel
échec attendait la Gironde. Marat, acquitté par le tribunal révolutionnaire, reparaît en triomphe à la Convention, le front ceint d'une couronne de chêne, précédé par des sapeurs de la garde nationale, et suivi
d'un immense rassemblement ; les acclamations , les
applaudissements, les trépignements de l'auditoire, se
prolongent pendant plusieurs minutes ; les assistants
agitent leurs chapeaux , ou jettent en l'air leurs bonnets rouges. Cette ovation , accordée au plus exagéré
des révolutionnaires, fait pressentir la chute prochaine
du parti modéré. Cependant , il reprend courage, et
obtient la création d'une commission de douze membres , pour examiner les arrêtés de la Commune. Le
premier soin de cette commission est d'entourer la
Convention d'une force imposante. Par le décret du
23 mai, chaque citoyen de Paris est tenu de se rendre
au lieu ordinaire du rassemblement de sa compagnie.
Il est enjoint aux capitaines de faire l'appel nominal ,
et de prendre note des absents. Le poste de la Convention est renforcé de deux hommes de chaque compagnie ; et tous les citoyens doivent se tenir prêts à se
rendre aux postes que leur indiqueront les chefs de
section.

Assurés d'un appui, les Douze font arrêter Hébert,
rédacteur du *Père Duchêne* et procureur de la Commune. Celle-ci envoie à la barre une députation, pour
demander « qu'on rende à ses fonctions un *magistrat
estimable par ses vertus civiques et ses lumières*. Le

président Isnard répond par d'imprudentes paroles :
« Si jamais la Convention était avilie, Paris serait
anéanti ; bientôt on chercherait sur les rives de la
Seine si Paris a existé. » De nouvelles ambassades des
sections se succèdent et réclament la liberté d'Hébert
et le renversement de la commission des Douze. Elle
est maintenue par un vote de l'Assemblée, à la majorité de 279 voix contre 238. Plusieurs patriotes ardents sont conduits à l'Abbaye. Alors des commissaires, investis par trente-trois sections *de pouvoirs il-*
*limités pour sauver la chose publique,* se transportent
à l'hôtel de ville, reconstituent la municipalité, et déclarent la ville en insurrection.

Santerre, nommé maréchal de camp, le 19 mai,
avait été remplacé par Servais-Audoin Boulanger,
bijoutier de la rue Saint-Honoré (n° 117), et commandant en second de la section de la Halle au Blé. On le
juge insuffisant ; la Commune, qui l'a nommé, lui
substitue François Henriot, chef de la section des
Sans-Culottes. Henriot fait sonner le tocsin, battre la
générale, tirer le canon d'alarme, et expédie des
agents dans toutes les directions (1). Chacun court à
son poste, ou monte la garde devant sa maison ; les

(1) Ils étaient porteurs d'ordres ainsi conçus :

« Le citoyen N... se transportera dans Paris partout où la tranquillité publique l'exigera, et est autorisé à requérir la force
armée.

« Signé HENRIOT, *commandant général*
*de la garde nationale parisienne.* »

compagnies se rallient au drapeau qui flotte à la porte de chaque capitaine (1). Il est recommandé aux sections, par le conseil communal, « de se tenir serrés, jusqu'à ce que le peuple ait brisé les nouveaux fers dont on veut le charger. » Toutes se montrent hostiles à la faction des *hommes d'état*; mais en même temps, les citoyens-soldats se disent : « Tenons-nous fermes; ne bougeons pas; soyons prêts; et que la première cartouche soit notre réponse au premier j... f... qui parlera de dissoudre la Convention, ou d'en assassiner quelques membres, ou de piller les propriétés, sous prétexte d'arrêter les gens suspects (2). » Les sections de 1792, de la Butte-des-Moulins, du Mail, de Molière et de La Fontaine, des Gardes françaises, semblent disposées à soutenir les représentants inculpés. Quarante mille hommes du faubourg Saint-Antoine marchent contre elles. Ils trouvent les compagnies de la Butte-des-Moulins retranchées dans les cours du Palais–Égalité (ci-devant Royal), les fusils chargés, les canons en batterie, les mèches allumées (3). Les deux partis s'observent, se préparent à une collision ; puis ils s'envoient réciproquement des parlementaires, s'expliquent, et finissent par s'embrasser *avec des cris de joie et des larmes d'attendris-*

---

(1) *Précis rapide des évén.,* par A. A.-J. Gorsas.

(2) *Rév. de Paris,* n. 205, p. 504.

(3) *Quelques notions pour l'histoire,* par Louvet, an III, in-18, p. 92.

*sement* (1). Le citoyen Raffey, chef de la section de la Butte-des-Moulins, éprouve en fraternisant une si vive émotion, qu'un coup de sang le renverse, et qu'il faut le saigner aux deux bras (2). Cependant les membres du Directoire du département, les officiers municipaux, les commissaires des sections, réitèrent à la barre leurs accusations. La Convention supprime la commission des Douze, décrète que les sections ont bien mérité de la patrie, et les félicite par une proclamation.

« Français, un grand mouvement s'est fait dans Paris; les ennemis de la République vont se hâter de vous le peindre comme un grand malheur; ils vont vous dire que des milliers d'hommes armés, sortis confusément de toutes les sections, se sont précipités autour de la Convention nationale, et lui ont dicté leurs volontés. Des mesures plus rigoureuses que celles qui conviennent à la liberté dans une république naissante avaient excité des mécontentements ; on a cru les droits de l'homme violés, et les sections d'une ville qui s'est insurgée deux fois avec tant de gloire, se sont levées encore : mais avant même de se lever, elles ont mis toutes les personnes et les propriétés sous la sauvegarde de tous les bons républicains. Si le tocsin et le canon d'alarme ont retenti, du moins aucun trouble, aucune terreur n'ont été répandus. Toutes les

(1) *Moniteur* du 3 juin, n. 154, p. 667.
(2) *Rév. de Paris*, v. 203, p. 429.

sections, couvertes de leurs armes, ont marché, mais pour se déployer, dans le plus grand ordre et avec respect, autour des autorités constituées et des représentants du peuple. »

On pensait que les Girondins donneraient leur démission. « Soyez sûrs, disait Bourdon de l'Oise au club des Jacobins, que tous ces coquins qui veulent établir une aristocratie bourgeoise, et se mettre à la place du clergé et de la noblesse, vont réfléchir cette nuit. » Mais ils étaient déterminés à résister jusqu'au bout.

Les sections restent armées ; le canon et le tocsin résonnent de nouveau, dans la matinée du 2 juin. Une députation des autorités révolutionnaires et constituées du département de Paris, présente à la Convention les *dernières mesures de salut public*. « Délégués du peuple, les citoyens de Paris n'ont pas quitté les armes depuis quatre jours. Depuis quatre jours, ils réclament auprès des mandataires leurs droits indignement trahis ; et, depuis quatre jours, ces mandataires rient de leur calme et de leur inactive impassibilité. Les contre-révolutionnaires lèvent leur tête insolente. Qu'ils tremblent ! la foudre gronde ; elle va les pulvériser. Nous venons, pour la dernière fois, vous les dénoncer. Décrétez à l'instant qu'ils sont indignes de la confiance publique ; mettez-les en état provisoire d'arrestation ; nous en répondons tous sur nos têtes à leurs départements. Citoyens, le peuple est las d'ajourner sans cesse l'instant de son bonheur ; il le laisse

23

encore un moment dans vos mains ; sauvez-le, ou nous vous déclarons qu'il va se sauver lui-même. »

La gauche et les tribunes applaudirent avec frénésie ; la droite s'écrie que la représentation nationale n'est pas libre, qu'elle est environnée d'hommes armés. « Citoyens, dit Barrère, prouvons que nous sommes libres. Je demande que la Convention aille délibérer au milieu de la force armée, qui, sans doute, la protégera. »

Les représentants du peuple sortent, ayant à leur tête le président Hérault de Séchelles ; quatre-vingt mille hommes environnaient les Tuileries, avec cent soixante-douze pièces de canon. Aux sections armées s'étaient joints des volontaires prêts à partir pour la Vendée, et des détachements des gardes nationales de Courbevoie, de Saint-Germain-en-Laye, de Meudon et de Versailles (1). Le mot d'ordre donné par le commandant général était *insurrection* et *vigueur*. Henriot était placé à la porte du Carrousel, avec un détachement de cavalerie et d'artillerie. Suivant quelques relations, il apostropha insolemment le président Hérault de Séchelles. « La force armée, dit-il, ne se retirera que lorsque la Convention aura livré au peuple les députés dénoncés par la Commune. Personne ne sortira : je ne connais que ma consigne. » Le président, ajoute-t-on, ordonna d'arrêter le commandant général, qui, menacé d'un coup de pistolet par le dé-

(1) Récit de Lanjuinais, *Mém.* de Buzot, 1828, in-8, p. 323.

puté Lacroix, s'écria : « Aux armes ! canonniers, à
vos pièces, » et des gardes nationaux couchèrent en
joue des députés (1). Ces faits, appuyés par les témoignages suspects d'hommes attachés à la Gironde, sont,
nous le croyons, apocryphes. Les citoyens-soldats,
dans cette crise décisive, manifestèrent la plus grande
déférence pour la représentation nationale. Un canonnier, se trouvant pressé par un député qui lui avait
mis le pistolet sous la gorge, lui dit : « Fais de moi
ce que tu veux, jamais je ne te ferai de mal (2). »
Plusieurs récits contredisent des accusations injurieuses
pour le peuple de Paris. D'après le *Mercure de
France* (3), « L'assemblée se lève, s'avance en armes.
Les tribunes restent et quelques députés du côté
gauche. Alors les sentinelles n'osent résister. Au moment où l'Assemblée paraît sur la place de la Réunion
(Carrousel), il se fait un mouvement rapide dans les
troupes qui l'occupaient ; mais elle continue sa marche, et traverse sans résistance les haies épaisses des
bataillons. Après avoir parcouru ainsi la place de la
Réunion et le jardin national des Tuileries, l'Assemblée
revient au lieu de ses séances. »

« Les sentinelles, raconte Audouin, baissent leurs
armes devant la représentation nationale, qui traverse

(1) *Mém.* de Meillan, p. 58. *Supplément aux crimes des anciens comités,* par Dulaure, an III, in-8, p. 60.
(2) *Rév. de Paris,* n. 206, p. 542.
(3) N. 92, p. 274.

les haies formées par les soldats de la liberté. Ceux-ci, contents de voir au milieu d'eux une assemblée sur laquelle ils fondent leur espérance, témoignent leur satisfaction; tous cependant gardent une attitude ferme, républicaine! La liberté ou la mort, s'écrient-ils. Vous n'avez rien à craindre, nous sommes incapables d'un crime. Fondez la République, donnez-nous une constitution qui fasse notre bonheur, remplissez nos espérances et vos devoirs, punissez les traîtres et les conspirateurs. Vive la Montagne!

« La Convention traverse le jardin national, rempli de citoyens armés de fusils, de piques et de canons. Partout même attitude, partout même langage et même fraternité (1). »

Ce qui contribue à confirmer l'exactitude de ces deux narrations, c'est qu'au retour, aucun murmure, aucune protestation ne s'élevèrent, quand Couthon prit la parole en ces termes : « Citoyens, tous les membres de la Convention doivent être maintenant rassurés sur leur liberté. Vous avez marché vers le peuple; partout vous l'avez trouvé bon, généreux et incapable d'attenter à la sûreté de ses mandataires; mais indigné contre les conspirateurs qui veulent l'asservir. Maintenant, je demande que la Convention décrète que les vingt-deux membres dénoncés soient

(1) *Journal universel*, par Audouin (de Seine-et-Oise), du mardi 4 juin 1793, n. 1289.

mis en arrestation chez eux, ainsi que les membres du comité des douze. »

Les proscrits furent sacrifiés, et la Convention, débarrassée de ses entraves, put proportionner aux dangers publics sa formidable énergie. Dans le seul mois de juin, elle vota la constitution et *quatre cent cinquante-trois* décrets, relatifs à l'amélioration du sort du peuple ou à la défense du territoire. Attaquée par l'aristocratie dans la Vendée et la Bretagne, par le fédéralisme à Lyon, dans le Midi et en Normandie, en lutte avec l'Europe entière et les factions extérieures, elle avait mis, au mois de juillet, quatorze armées sur pied. Ou plutôt il n'y avait plus ni armées ni garde nationale ; la France révolutionnaire s'élançait comme un seul homme sur les champs de bataille. La levée en masse fut décrétée le 23 août : « Dès ce moment jusqu'à celui où les ennemis auront été chassés du territoire de la République, tous les Français sont en réquisition permanente pour le service des armées. Les jeunes gens iront au combat ; les hommes mariés forgeront les armes et transporteront des subsistances ; les femmes feront des tentes, des habits et serviront dans les hôpitaux ; les enfants mettront les vieux linges en charpie ; les vieillards se feront porter sur les places publiques pour exciter le courage des guerriers, la haine des rois et l'unité de la République.

« Les maisons nationales seront converties en casernes, les places publiques en ateliers d'armes, le

23.

sol des caves sera lessivé pour en extraire le salpêtre.

« Les armes de calibre seront exclusivement confiées à ceux qui marcheront à l'ennemi ; le service de l'intérieur se fera avec les fusils de chasse et l'arme blanche.

« Les chevaux de selle seront requis pour compléter les corps de cavalerie ; les chevaux de trait, autres que ceux employés à l'agriculture, conduiront l'artillerie et les vivres.

« La levée sera générale ; les citoyens non mariés et veufs sans enfants, de dix-huit à vingt-cinq ans, marcheront les premiers. Le bataillon qui sera organisé dans chaque district sera réuni sous une bannière portant cette inscription : *Le peuple français debout contre les tyrans.* »

Les ordres du jour d'Henriot et de son adjoint Ricordon (1), font connaître le rôle des hommes en état de porter les armes qui restaient encore dans la capitale.

Du 6 septembre 1793 :

« Il partira aujourd'hui trois convois d'artillerie ; l'un pour Arras, l'autre pour Metz, et le troisième pour Laon ; les réserves seront de deux cents hommes par section, et indemnisés, les patrouilles fréquentes, et toujours la même surveillance aux barrières.

« HENRIOT. »

(1) Cet homme ne nous est connu que par ce passage du pro-

Du 8 septembre 1972 :

« Demain lundi, à neuf heures du matin, le commandant général passera la revue au Champ de Mars. Les compagnies des canonniers, tant volontaires que casernés, en armes, mais sans canons ; les réserves de cent hommes bien complets, ainsi que la garde des barrières ; les patrouilles fréquentes.

« HENRIOT. »

Du 20 septembre 1793 :

« J'invite tous les bons citoyens à dissiper les attroupements aux portes des boulangers ; c'est une manie aristocratique dont il faut se méfier plus que jamais. Mes amis, du courage et de la persévérance : tous les tyrans seront détruits, la liberté et l'égalité existeront d'un pôle à l'autre.

« HENRIOT. »

Du 21 septembre 1793 :

« Mes camarades, sommes-nous sur nos gardes ? Des citoyennes, peinées de la paix qui règne entre vous, veulent allumer le feu de la guerre civile. Trente-deux d'entre elles ont déjà insulté la cocarde nationale. Prenez-y garde, citoyens et citoyennes respectables, il est facile de voir que c'est encore l'or du ministre anglais et compagnie qui a été répandu avec

---

cès-verbal de la Commune du 31 mai : « Le conseil adjoint le c. Ricordon au c. Henriot, commandant général provisoire. »

profusion. Une citoyenne qui est attachée à son pays et qui a ses occupations journalières, ne commet jamais d'extravagance capable de troubler l'harmonie d'une République telle que la nôtre, où l'on veut anéantir le règne des intrigants qui l'affligent et voudraient se la partager. Veillons plus qu'à l'ordinaire ; veillons, arrêtons les agitateurs de tout sexe ; traduisons-les devant les autorités constituées qui doivent en connaître. Point de grâce aux méchants et aux perturbateurs, et faisons parler la loi devant ces êtres indignes de la société !

« Les réserves, toujours de cent hommes, et les patrouilles fréquentes, tant aux barrières pour empêcher la sortie du pain et des farines, qu'autour des établissements publics pour y maintenir la tranquillité et faire respecter les couleurs nationales, et à la porte des boulangers pour y dissiper les attroupements.

« Il partira incessamment deux convois d'artillerie ; l'un pour Strasbourg, et l'autre pour Le Mans.

« HENRIOT. »

Du 26 septembre 1793 :

« Le commandant général prévient ses concitoyens qu'il vient de faire partir cinq cents citoyens, pour protéger et faire amener à Paris des subsistances, que les fermiers et les accapareurs retiennent dans les départements qui l'environnent. Il est de même parti, il y a trois semaines, deux cent cinquante hommes du côté de Corbeil et de Brie-la-Ville. Les rassemblements

se font encore à la porte des boulangers, par des bruits
qu'on répand, que demain il n'y aura pas de pain, et
qu'on fera bien d'en prendre aujourd'hui. Cette inquiétude, jointe à ceux qui en prennent pour le perdre, fait un tort considérable. Il serait à souhaiter que
tous les citoyens se surveillassent les uns les autres
pour empêcher cet abus. On emploie tous les ressorts
de contre-révolution pour perdre Paris.

« Citoyens, vos ennemis sont les gros fermiers et
les accapareurs de tout genre qui veulent perdre la
chose publique ; mais votre prudence et votre sagesse
les déconcerteront, et les autorités constituées, qui
veillent sans cesse pour vous, sauront bien les punir
et anéantir leurs desseins perfides.

« Les réserves de cent hommes, le service intérieur
et extérieur à l'ordinaire, et les patrouilles fréquentes,
et surtout aux barrières.

« RICORDON. »

28 vendémiaire an II (19 octobre 1793) :

« Le commandant général invite ses concitoyens à
surveiller les malveillants, qui cherchent à nous affa-
mer et à nous enlever nos denrées et marchandises de
première nécessité. Un exemple tout récent nous en
fournit malheureusement une preuve : il a été trouvé
plusieurs pains de six et de quatre livres hachés par
morceaux au coin d'une borne, rue Beaubourg, section de la Réunion, ainsi que de la viande crue. Le
comité de surveillance, toujours attentif, s'occupe de

la recherche de ces scélérats, qui veulent perdre la chose publique, et nous amener à une insurrection; mais le peuple, bon et éclairé, sait connaître ses ennemis; et si on le force encore une fois à reprendre les armes, il terrassera tous les petits tyrans. Ainsi, citoyens, c'est donc de votre surveillance que dépend notre salut. Toute la Républipue a les yeux fixés sur votre conduite.

« HENRIOT. »

Du 21 nivôse an II (10 janvier 1794) :

« Le commandant général invite ses frères d'armes à la plus grande union. Quelques factieux voudront vous faire partager une partie de leurs intrigues; mais, comme les Parisiens abhorrent tout ce qui tient à la dissolution de la société et à l'anarchie, leurs entreprises seront vaines; et nous serons toujours les amis et les défenseurs des hommes estimables par leurs vertus. Nos mains ne seront pas teintes du sang des scélérats; la loi seule a le droit d'appesantir son glaive sur leurs têtes. Dans quelques départements, on calomnie Paris; on fait entendre à nos frères de la campagne que le pain qu'on y mange est très-blanc, et qu'on leur laisse le son. C'est encore une perfidie des agents des tyrans. Que nos frères des départements envoient des commissaires pour vérifier les faits. Paris n'a jamais parlé de ce qu'il a fait; sa conduite et sa résistance à l'oppression parlent en sa faveur; on ne lui fera pas un crime de son respect pour les propriétés, de son amour pour la liberté et l'égalité , et surtout de son mépris pour les méchants. En dépit d'eux, la République sera toujours République une et indivisible.

« Total général des prisonniers, 5,030.

« HENRIOT. »

Du 1ᵉʳ pluviôse an II (20 janvier 1794) :

«J'invite mes frères d'armes à redoubler de sur-veillance. C'est en vain que des malveillants vou-draient troubler la société par des conseils perfides. Le peuple n'est plus facile à tromper; il voit trop clair. Le règne des intrigants passera avec les in-trigues.

«HENRIOT.»

Du 17 pluviôse an II (5 février 1794) :

« Il passera sous deux jours un convoi pour les ar-mées de la République. J'invite les citoyens de garde aux barrières, lorsqu'ils saisiront quelques comesti-bles, à les porter à l'administration des subsistances, à la mairie.

« La section de Guillaume-Tell (ci-devant du Mail) a arrêté que ses patrouilles de nuit auraient deux lan-ternes sourdes, afin de vérifier sur-le-champ les cartes des citoyens. J'invite les autres sections à imiter cet exemple, bien bon pour découvrir aisément les fripons. Plus nous serons sévères dans nos principes et notre surveillance, mieux se trouvera la société. Le républicain, jaloux de sa probité, fier de sa patrie, est l'esclave de tous les bons règlements, et l'ennemi de tous les coquins.

« Mes amis, il s'est passé hier une rixe très-désagréable au port aux vins, quai de la Tournelle : la trop grande affluence de citoyens a causé la perte d'un bateau de vin. Je vous avais dit que l'honnête homme n'avait pas besoin d'armes pour assurer sa conduite ; mais la révolte d'hier, occasionnée sans doute par quelque ennemi de l'ordre général, m'oblige à prendre des mesures rigoureuses contre les perturbateurs. En conséquence, la force armée est sur pied, et j'ai donné ordre d'arrêter tous ceux qui méconnaissent les règlements de la Commune. Les bons républicains sont invités à faire la police eux-mêmes  Si nous nous armons quelquefois de fusils, ce n'est pas pour nous en servir contre nos pères, frères et amis, mais contre les ennemis du dehors. Un Français ne doit pas assassiner un Français. S'il est coupable, la loi seule doit prononcer sur son sort.

« Le service à l'ordinaire.

« Henriot. »

Du 1er ventôse an II (19 février 1794) :

« Il part aujourd'hui un convoi pour Metz et pour Saint-Omer. Les tambours, à la tête des détachements, ne battront pas le pas de charge ; cette mesure n'est bonne que dans les instants de danger. Les patrouilles de nuit ne doivent pas discuter dans les rues avec les personnes qu'elles arrêtent, ni les colleter, ni les brusquer. Ce service doit se faire avec la fierté imposante d'un républicain. Les fonctionnaires publics seuls ne doivent pas être inquiétés dans leurs courses.

« J'invite mes frères d'armes, les braves grenadiers de la Convention nationale, à se priver de leurs bonnets lorsqu'ils seront de quelques fêtes civiques. Le peuple, qui n'aime ni les bonnets, ni les ganses de La Fayette, sera content, et fraternisera avec vous, si vous faites ce petit sacrifice. Ce ne sont pas les bonnets, mais le cœur et le courage qui gagnent les batailles.

« HENRIOT,

« Commandant général. »


Du 26 ventôse an II (16 mars 1794) :

« Je suis très-content du service. Tant que nous nous entendrons comme cela, nous déjouerons les projet des conjurés. Veillez jusqu'à ce que vous ayez arrêté tous les ennemis de la chose publique. Le tribunal révolutionnaire fera justice des traîtres. Les réserves seront de vingt hommes par section, et feront de fréquentes patrouilles pour surveiller, tant l'intérieur de la ville que l'extérieur. Je demande la continuation du plus grand silence, et la plus grande exactitude dans le service. Les chefs et adjudants-

24

généraux de légion feront plusieurs rondes dans leurs arrondissements respectifs.

« HENRIOT,
« Commandant-général. »

**Du 21** germinal an II (10 avril 1794) :

« Toutes les lettres anonymes adressées au général de Paris resteront au rebut. Les menaces, les injures, et tous les propos ordinaires des méchants, sont trop méprisables pour occuper une minute les fonctionnaires publics. Quelques insolents et faux patriotes se rassemblent dans les cafés, et s'y comportent d'une manière très-indécente. Tous les bons citoyens qui aiment la patrie doivent arrêter cette espèce de perturbateurs, et les conduire au comité de sûreté générale. Celui qui méprise le gouvernement actuel est un agent de la faction anglaise; mais qu'importe ? Veillons ; nous avons pour nous et notre gouvernement les hommes probes et vertueux de tous les pays.

« Les réserves seront de deux cents hommes par légion, et très-complètes.

« HENRIOT,
« Commandant général. »

**Du 7** floréal an II (26 avril 1794) :

« D'après la demande de l'administration entière des subsistances et approvisionnements, tous les bois arrivant à Paris, à destination, devront être déchargés dans les chantiers où ils doivent être vendus et non ailleurs. Il est donc défendu d'en vendre sur les barques et sur les ports. Les commandants des postes et factionnaires veilleront à l'exécution de cette consigne.

« HENRIOT,
« Commandant général. »

Du 9 floréal an II (28 avril 1794) :

« Tous les commandants de Paris surveilleront les ci-devant nobles ; nul d'eux n'a le droit de porter aucune arme offensive ou défensive. Ceux que le gouvernement a mis en réquisition ; ceux dont les mœurs et les vertus civiques ont été reconnues, sont exceptés. Depuis peu, il se passe encore quelques intrigues. Je suis bien aise de prévenir mes frères d'armes que toutes les places sont à la nomination du gouvernement actuel, qui est révolutionnaire, qui a des intentions pures, qui ne veut que le bien de tous. Il va lui-même jusque dans les greniers chercher les hommes vertueux. Il dit aux pauvres et purs sans-culottes : Venez occuper cette place ; la patrie vous y appelle. Sauvez-la, aimez-la, c'est votre mère comme la nôtre.

« HENRIOT,
« Commandant général. »

Du 17 floréal an II (6 mars 1794) :

« Mes frères, les ouvriers des ports n'ont pas donné l'exemple des privations que nous autres, pauvres dé-

mocrates sans-culottes, avons contracté dèsle berceau ;
ils exigent pour leurs journées un salaire trop fort;
vivons honnêtement, vêtons-nous décemment et proprement, soyons sobres; n'abandonnons pas nos vertus et notre probité, ce sont nos seules richesses ;
elles sont impérissables ; fuyons l'usure ; ne prenons
pas les vices du tyran que nous avons terrassé.

« J'invite mes frères d'armes de service à ménager
l'huile et la chandelle. Je désirerais qu'on n'en brûlât
plus qu'uue dans chaque corps-de-garde, afin de pouvoir donner l'autre à nos frères des ateliers. Ména-
geons, mes amis, économisons, et mettons-nous à
même, par cette sage mesure, d'éviter les moments de
détresse que nous venons d'éprouver.

« HENRIOT,<br>« Commandant général. »

Du 21 floréal an II (10 mai 1794) :

« La troisième légion fera faire des patrouilles dans
les Champs-Elysées, pour y arrêter les rôdeurs sans
asile, sans attache pour la patrie et sans mœurs; on
les conduira aux comités civils. Les réserves seront
toujours de deux cents hommes.

« HENRIOT,<br>«Commandant général. »

Du 3 prairial an II (22 mai 1794) :

« Veillez toujours, républicains; les détenus des
maisons d'arrêt projettent encore une évasion, à l'effet

de s'étendre partout où leur rage les conduira, et de livrer au fer assassin des millions de démocrates. La patrie compte sur notre surveillance; rendons-nous dignes d'elle.

« Le service aura la même exactitude.

« HENRIOT,
« Commandant général. »

Du 21 prairial an II (9 juin 1794) :

« Les patrouilles conduiront à leurs sections respectives les citoyens mendiants dans les rues, et les comités de secours leur donneront le nécessaire à leur subsistance; cette arrestation doit se faire avec beaucoup d'humanité et d'égards pour le malheureux qu'on doit respecter.

« La fête de l'Être-Suprême s'est passée avec beaucoup de décence; la simplicité, les mœurs et les vertus étaient en évidence. La représentation nationale, le ciel, la terre et toute la nature, rendaient leur hommage à l'Être-Suprême. Il ne manque plus qu'une chose pour rendre nos fêtes dignes de nous; c'est qu'à l'avenir on puisse supprimer toute espèces d'armes. Il ne faut plus, pour régler l'ordre et la marche de nos événements religieux, qu'une flamme tricolore, l'égalité, la fraternité, l'amour de son pays et la profonde soumission à nos lois. Nous connaissons nos devoirs et nos droits, nous devons les faire tourner au profit de la grande famille.

« HENRIOT. »

24.

« Les chefs de légion et adjudants généraux me répondront à l'avenir de l'exécution des consignes ; nos frères d'armes sont ce qu'ils doivent être ; tracez leurs devoirs et leurs obligations ; ils les rempliront fidèlement.

« Les chefs de légions et les adjudants généraux se feront rendre compte, jour par jour, par leurs adjudants de section, de ce qui se passe dans leurs arrondissements respectifs. Protéger les propriétés, défendre les personnes, ce sont nos devoirs. Veillons, aimonsnous, et pas de dissidence entre nous ; nos ennemis en profiteraient.

« HENRIOT,
« Commandant général. »

Du 4 messidor an II (22 juin 1794) :

« Toutes les légions ont très-bien fait leur service, il faut le continuer de même. Souvenez-vous toujours que la Convention nationale est le centre du gouvernement ; souvenez-vous, et ne l'oubliez jamais, que l'autorité civile est la première à laquelle toutes les autorités militaires sont inévitablement subordonnées.

« HENRIOT,
« Commandant général. »

Du 7 thermidor an II (25 juillet 1794) :

« Les chefs des légions et adjudants généraux veilleront tous les postes de leurs arrondissements respectifs, et inviteront tous nos frères d'armes à surveiller

les ennemis de la chose publique. Les canonniers sont
invités à se comporter avec décence, amitié et fraternité. Ils doivent se souvenir que la patrie ne veut
qu'une seule famille.

« HENRIOT,

« Commandant supérieur (1). »

François Henriot était, comme on le voit par son
style, un individu médiocre, sans éducation, mais
honnête et consciencieux. Il appartenait au parti qui
voulait faire surgir enfin, du milieu des décombres et
des ruines, un gouvernement démocratique régulier ;
Robespierre, qui en était le chef, développa ses plans
dans le rapport du 17 pluviôse (5 février 1794).

« Nous voulons, disait-il, un ordre de choses où
toutes les passions basses soient enchaînées, toutes les
passions bienfaisantes et généreuses éveillées par les
lois ; où l'ambition soit le désir de mériter la gloire et
de servir la patrie ; où la patrie assure le bien-être
de chaque individu ; où les arts soient les décorations
de la liberté qui les ennoblit ; où le commerce soit la
source de la richesse publique, et non pas seulement
de l'opulence monstrueuse de quelques maisons. Nous
voulons substituer la morale à l'égoïsme, la probité à

---

(1) En vertu d'une décision du comité de salut public, Henriot
était à la fois commandant de la garde nationale et de la dix-
septième division militaire ; il avait pour adjoints les généraux
de brigade Boulanger et Lavalette.

l'honneur, les principes aux usages, les devoirs aux
bienséances, l'empire de la raison à la tyrannie de la
mode, le mépris du vice au mépris du malheur, la
fierté à l'insolence, la grandeur d'âme à la vanité,
l'amour de la gloire à l'amour de l'argent, les bonnes
gens à la bonne compagnie, le mérite à l'intrigue, le
génie au bel esprit, la vérité à l'éclat; un peuple
magnanime, puissant, heureux, à un peuple aimable,
frivole et misérable. Que la France devienne le modèle
des nations, l'effroi des oppresseurs, la consolation
des opprimés, l'ornement de l'univers, et qu'en scel-
lant notre ouvrage de notre sang, nous puissions voir
au moins briller l'aurore de la félicité universelle.
Voilà notre ambition, voilà notre but ! »

Pour y arriver, Robespierre essaya de mettre un
terme à la terreur qui comprimait la France (1). « Il
faut, disait-il aux Jacobins, *arrêter l'effusion du sang
humain versé par le crime* (2). » Son frère parlait dans
le même sens et se justifiait d'*être modéré*. « Oui, je suis
modéré, si l'on entend par ce mot un citoyen qui ne
se contente pas de la proclamation des principes de
la morale et de la justice, mais qui veut leur applica-

(1) Il semblait de bonne foi résolu d'arrêter le torrent dévasta-
teur. (*Causes secrètes de la révolution du 9 thermidor*, par Vi-
late, an III, in-8, p. 23.)

Après avoir renversé les factions effrénées qu'il avait eues à
combattre, son intention avait été le retour à l'ordre et à la modération. (*Mémorial de Sainte-Hélène*, 1823, t. I, p. 424.)

(2) Séance du 23 messidor (11 juillet 1794).

tion ; si l'on entend un homme qui sauve l'innocence opprimée aux dépens de sa réputation. J'étais encore modéré, lorsque je disais que le gouvernement révolutionnaire devait être comme la foudre, qu'il devait écraser tous les conspirateurs, mais qu'il fallait prendre garde que cette institution terrible ne devînt un instrument de contre-révolution pour la malveillance, qui voudrait en abuser, et qui en abuserait au point que tous les citoyens s'en croiraient menacés (1). »

Au mois de messidor ( juin 1794 ), Robespierre affecta de ne point prendre part aux actes du comité de salut public ; il ne signa point l'arrêté qui créait quatre commissions populaires pour juger les détenus. Il méditait de terminer la guerre civile par la punition des députés et des administrateurs coupables (2). Il reprochait aux Tallien, aux Fréron, aux Collot-d'Herbois, aux Billaud Varennes, leur athéisme, leurs vices, leurs intrigues, leurs concussions. Il les accusait « d'avoir porté la terreur dans toutes les consciences, protégé les traîtres, déclaré la guerre aux citoyens paisibles, érigé en crimes ou des préjugés incurables, ou des choses indifférentes, pour trouver partout des coupables et rendre la révolution redoutable au peuple même (3). »

(1) Séance du 7 thermidor (25 juillet 1794).
(2) *Papiers de Robespierre*, p. 180.
(3) *Discours* prononcé par Robespierre, le 8 thermidor, imprimé par ordre de la Convention, in-8, p. 6.

Les députés menacés, dit Sénart (1), « espérant obtenir l'impunité de leurs forfaits, cacher et faire disparaître dans le trouble les preuves qu'ils craignaient, devancèrent les instants ; ils crièrent le plus fort, semblables à des forçats qui brisaient leurs fers. »

Lorsque, dans la célèbre séance du 9 thermidor, Tallien eut porté les premiers coups *au tyran*, il ajouta : « Comme il est de la dernière importance que les chefs de la force armée ne puissent faire de mal, je demande l'arrestation d'Henriot et de son état-major. » La Convention le remplace provisoirement par Deymard, commandant de la cavalerie, et rend un décret pour supprimer tout grade supérieur à celui de chef de légion. « La garde nationale reprendra sa première organisation ; en conséquence, chaque chef de légion commandera à son tour. Le maire de Paris et celui qui sera en tour de commander la garde nationale veilleront à la sûreté de la représentation nationale. Ils répondront sur leur tête de tous les troubles qui pourraient survenir à Paris. » Ces mesures précèdent l'arrestation des deux Robespierre, de Saint-Just, de Couthon, de Lebas. L'aide-de-camp Egron avertit Henriot de ce qui se passe :

« Mon général, vu le rapport qui vient de m'être

(1) *Mémoires* de Sénart, agent du gouvernement révolutionnaire, 1824, in-8, p. 152.

fait, je crois que vous feriez bien de monter à cheval et de vous montrer dans Paris

« Votre attaché aide-de-camp.

« EGRON.

La Commune, présidée par le maire Fleuriot-Lescot, fait délivrer la nuit Robespierre et les autres députés prisonniers, crée un comité d'exécution, et cherche à rallier les citoyens-soldats par des proclamations. « Frères et amis, écrit-elle aux habitants de Paris, la patrie est dans un danger imminent. Des scélérats oppriment la Convention; on poursuit le vertueux Robespierre, qui fit décréter les principes consolants de l'existence de Dieu et de l'immortalité de l'âme; Couthon, dont l'âme est enflammée du feu du patriotisme; Saint-Just, Lebas, Robespierre jeune, recommandables par leurs nobles travaux aux armées du Rhin et d'Italie. Qui sont leurs ennemis? Un Collot-d'Herbois, comédien convaincu sous l'ancien régime d'avoir volé la caisse de sa troupe; un Bourdon de l'Oise, calomniateur perpétuel des municipaux de Paris; un Barrère, attaché tour à tour à toutes les factions; un Tallien, un Fréron. Peuple, lève-toi! ne perds pas le fruit du 10 août et du 2 juin. Périssent tous les traîtres! »

Des courriers partent de l'hôtel de ville, et vont porter aux gardes nationaux de toutes les communes voisines une adresse ainsi conçue : «Robespierre et les patriotes les plus purs de la Convention ont été arrêtés par des conspirateurs, et remis aussitôt en liberté par le peuple souverain. Accourez à la Commune de Paris avec nos armes, pour sauver la chose publique! Le tocsin sonne pour donner l'éveil aux amis de la patrie. »

Dix-sept sections répondent à l'appel des insurgés. Le commandant général Henriot, libre encore, malgré le décret de la Convention, expédie des ordres aux adjudants-généraux des six légions (1).

Du 9 thermidor an II (27 juillet 1794) :

*« État-major général.*

« Le conseil général de la Commune vient d'arrêter, citoyens, que le commandant-général de la force armée dirigera le peuple contre les conspirateurs qui oppriment les patriotes, et délivrera la Convention de l'oppression des contre-révolutionnaires. Tu apporteras tous tes soins pour mettre à exécution ledit arrêté.

« Le général,

« HENRIOT.

---

(1) Voici la liste des sections qui prirent le parti de Robespierre; c'est un document précieux pour l'histoire de l'esprit public à Paris :

Sections de l'Observatoire, du Finistère, des Arcis, du faubourg du Nord, de Mutius-Scœvola (ci-devant du Luxembourg), du Bonnet-Rouge (ci-devant de la Croix-Rouge), de Montreuil, de Popincourt, de Marat (ci-devant de Marseille et

« Il y aura, en conséquence, une réserve de deux cents hommes, prête à marcher aux ordres des magistrats du peuple. »

Henriot monte à cheval, et parcourt les rues en criant :

« On assassine les patriotes ! aux armes contre la Convention ! C'est aujourd'hui que doit être fait un second 31 mai, et que trois cents Hébertistes qui siégent à la Convention doivent être exterminés ! »

Il était ivre. Des gens qui l'ont connu assurent qu'il était ordinairement fort sobre, et que ce jour-là, ayant voulu boire un petit verre d'eau-de-vie pour s'exciter, cela avait suffi pour le mettre hors de lui (1). Cinq gendarmes l'arrêtent le pistolet au poing ; mais, remis promptement en liberté, il marche contre la Convention. « Amis, dit-il aux canonniers rassemblés dans la cour des Tuileries, vous déshonorerez-vous aux yeux de votre patrie, de qui vous avez toujours bien mérité ? » Les canonniers sont d'abord indécis, et l'abandonnent en apprenant que la Convention vient de le mettre hors la loi. Vouland, au nom des comités du salut public et de sûreté générale, fait observer qu'il faut un chef à la garde nationale ; mais que, pour être sûr de ce chef, il faut que la Convention

du Théâtre-Français), de la rue Poissonnière, du Panthéon, de la Fraternité, des Amis de la Patrie, des Sans-Culottes, des Gardes françaises, des Quinze-Vingts et des Gravilliers.

(1) *Histoire parlementaire*, par Buchez, t. XXXIV, p. 141.

nationale le choisisse dans son sein. On désigne Barras, en lui adjoignant Fréron, Beaupré, Feraud, Bourdon de l'Oise, Rovère, Bollet, Delmas, Léonard-Bourdon, Auguis, Legendre, Huguet et Goupilleau de Fontenay, « pour diriger la force armée sur tous les points où la liberté publique pourrait être menacée. » Douze commissaires, envoyés dans les sections, y détruisent l'influence de la Commune, et détachent du parti de Robespierre la plupart de ses défenseurs. Le citoyen Esnard, chef de la première légion, commandant-général en vertu du premier décret promulgué, vient annoncer que tous les citoyens se rallient à la Convention. La maison commune est investie; Bourdon de l'Oise dirige contre elle plusieurs colonnes des sections des Lombards, des Arcis et des Gravilliers. Les salles sont envahies, aux cris *Vive la république! Vive la représentation nationale!* Lebas se brûle la cervelle ; Robespierre se fracasse la mâchoire d'un coup de pistolet ; son frère se précipite de la corniche du premier étage sur le pavé de la place ; Saint-Just et Couthon se rendent en silence. Quant à Henriot, Coffinhal, médecin auvergnat, vice-président du tribunal révolutionnaire, après lui avoir reproché d'avoir perdu la cause des patriotes par son incapacité, le saisit d'un bras vigoureux, et le jette par une fenêtre. On trouva l'ex-commandant général, couvert de sang et de boue, dans une cour obscure et fangeuse, d'où il fut tiré pour être conduit à l'échafaud.

Avec Robespierre périrent aussi deux officiers de

l'état-major des Sections-Armées, Lavalette et Boulanger (1).

(1) On lit dans la *Liste des guillotinés*, Paris, Marchand,
an II, in-8⁰ :

« Nᵒ 2640. S.-T. Lavalette, âgé de quarante ans, né à Paris,
ex-noble, ex-général de brigade à l'armée du Nord.

« Nᵒ 2641. F. Henriot, âgé de trente-trois ans, né à Nanterre,
près Paris, ex-général en chef de la force armée de Paris.

« Nᵒ 2662. S. Audouin Boulanger, âgé de trente-huit ans, né
à Liège, général de brigade de la 17ᵉ division. »

Cent huit individus furent mis hors la loi, et exécutés sans jugement comme complices de Robespierre.

# CHAPITRE XII.

———

Le 9 thermidor était l'œuvre des plus farouches terroristes; mais, entraînés par l'opinion publique, ils se décidèrent, selon l'expression de Tallien, *à faire remiser la guillotine*. Les débris de la Gironde furent rappelés; ceux qui avaient joué un rôle pendant la terreur furent proscrits à Paris, massacrés dans le Midi, persécutés avec acharnement. Les progrès de la réaction, la disette, la misère publique armèrent de nouveau la population des faubourgs. Le 1ᵉʳ prairial (20 mai 1795) une proclamation répandue à profusion, exhorte les citoyens et citoyennes de Paris à se porter en masse à la Convention, pour lui demander :

1° Du pain ;

2° L'abolition du gouvernement révolutionnaire, dont chaque faction abuse tour à tour;

3° La proclamation et l'établissement sur-le-champ de la constitution démocratique de 1793;

4° L'arrestation des membres des comités, comme coupables du crime de lèse-nation, et de tyrannie envers le peuple;

5ª La mise en liberté, à l'instant, des citoyens détenus pour avoir demandé du pain et émis leurs opinions avec franchise.

Les conjurés avaient écrit sur leurs chapeaux, avec de la craie, en gros caractères : *du pain et la constitution de* 1793. Ils s'avancent par bandes vers la Convention. Les compagnies de la Fontaine-de-Grenelle et du Contrat-Social protégent en vain la représentation nationale. Un combat s'engage dans la salle et dans les couloirs; le député Féraud tombe frappé d'un coup de pistolet. Le président, Boissy-d'Anglas, veut prendre la parole; sa voix est couverte par des cris tumultueux : *du pain! du pain!* Guillaume Delorme, capitaine des canonniers de la section Popincourt, monte à la tribune et lit le plan et les considérants de de l'insurrection. Au moment où il termine, Jean Quinel, garçon serrurier, rentre dans la salle, portant au bout d'une pique (le fer dans la bouche) la tête du malheureux Féraud. Saisis d'horreur, les députés se dispersent; il en reste à peine une centaine qui, placés entre deux rangs de baïonnettes, sont contraints de voter des décrets relatifs aux subsistances

15.

ou favorables aux Jacobins accusés. Ce n'est qu'à onze heures du soir, après trois assauts, que la Convention est délivrée et qu'Anguis et Legendre y entrent à la tête des grenadiers des sections de la Butte-des-Moulins et des Piques.

Le lendemain, les gardes nationaux des sections, des gardes Françaises, de Lepelletier (ci-devant 1792), de Brutus (ci-devant Molière), de la Fontaine de Grenelle, occupent la place du Carousel, les quais, la rue Saint-Honoré dans presque toute sa longueur, les rues des Bons-Enfants et des Petits-Champs. Les représentants Fréron, Gilet, Delmas et Aubri sont chargés de diriger la force armée de Paris. Les faubourgs se présentent en bon ordre, pénètrent dans le Carrousel, et braquent leurs canons sur les Tuileries; mais, n'osant engager la bataille, ils se bornent à envoyer à la barre une pétition, par laquelle ils exposent leurs griefs et réitèrent leurs réclamations. La Convention se voyant appuyée par la majorité des sections, ne craint pas d'ordonner le désarmement du faubourg Saint-Antoine. Fréron s'y transporte à la tête de huit mille hommes de gardes nationales et de troupes de ligne et des volontaires appartenant à ce qu'on appelait alors la *jeunesse dorée*. Ces forces s'arrêtèrent sur le boulevart près la maison de Beaumarchais; les insurgés avaient mis quatre canons en batterie, et travaillaient à établir des barricades. « Je vous donne une heure pour vous rendre, leur dit Fréron, n'oubliez pas que trente mille républicains, que l'artillerie, les mortiers, les bombes et les boulets sont là. »

Les faubourgs se soumirent ; on désarma également les sections des Gravilliers, de la Cité et du
Panthéon. Un arrêté du comité de salut public, affiché
le 6 prairial, enjoignit aux citoyens munis de piques,
ou d'autres armes non militaires, de les rapporter
dans les vingt-quatre heures au comité civil de leur
section, sous peine d'une année de détention. « Aujourd'hui, à la garde montante, dit le *Courrier Républicain* du 8 prairial, toutes les piques avaient dis-
paru ; on ne voit plus entre les mains de la garde que
de beaux et bons fusils. »

Un décret du 28 prairial (16 juin 1795) reconstitua
complètement la garde nationale. « Elle sera composée
d'infanterie et de cavalerie. Les citoyens y seront admis depuis seize ans jusqu'à soixante.

« Les ouvriers ambulants et non domiciliés, ceux
travaillant dans les manufactures, sans domicile fixe,
ne seront point compris dans cette organisation.

« Ceux d'entre eux qui seront cautionnés, par écrit,
par les citoyens chez lesquels ils travaillent, seront
admis dans les rangs des compagnies de leur quartier
quand la générale battra.

« Les citoyens peu fortunés, domestiques, journaliers et manœuvres des villes, ne seront plus compris
dans les contrôles des compagnies, à moins qu'ils ne
réclament contre cette disposition.

« Quand la générale battra, ils seront reçus dans les
compagnies de leur quartier.

« Nul ne pourra être élu au grade d'officier, sergent ou maréchal de logis, s'il ne sait lire et écrire.

« Tous ceux qui obtiendront des grades feront le serment de fidélité à la République, et de maintenir la sûreté des personnes et des propriétés. »

La Constitution de l'an III statua qu'aucun Français ne pourrait exercer les droits de citoyen sans être inscrit au rôle de la garde nationale ; que les officiers de la garde nationale seraient élus pour un an; et que le commandement de la garde nationale sédentaire, dans une ville de cent mille habitants et au-dessus, ne pourrait être confié à un seul homme.

Les légions furent supprimées à Paris ; le commandement fut déféré à un état-major de cinq membres, pris tour à tour, *pour cinq jours seulement*, parmi les commandants de la garde nationale de chaque section (1).

On revenait aux principes de 1789. Les lois politiques de l'an III établirent des électeurs primaires, payant une contribution de trois journées de travail ; des électeurs du second degré, payant un impôt foncier de cent cinquante à deux cents journées. On créa deux conseils: celui des Cinq Cents, qui proposait les lois, celui des Anciens, qui les acceptait. Le pouvoir exécutif fut confié à un Directoire de cinq membres,

(1) On trouve dans l'*Almanach national* de l'an III, p. 429 et suiv., les noms des commandants en chef, commandants en second et adjudants des quarante-huit sections, en 1795.

choisis par le Corps législatif, et âgés d'au moins quarante ans.

Ce retour vers les vieilles idées constitutionnelles
enhardissait les royalistes, et ils trouvèrent le prétexte
d'une manifestation dans le décret qui réservait aux
conventionnels les deux tiers des places dans les deux
conseils. La section Lepelletier, à laquelle apparte-
naient les grenadiers des Filles-Saint-Thomas, donna
le signal du mouvement. Trente-deux sections y répondirent (1), les unes dans l'espoir de ressusciter la
monarchie, les autres en haine d'un régime bâtard,
qui, afflublé d'une étiquette mensongère, frappait la
démocratie au nom même de la République. La Convention avait pour elle les compagnies des Thermes-
de-Julien, des Gardes-Françaises, du Faubourg-Montmartre, de l'Indivisibilité (ci-devant des Fédérés).
Pour accroître ses forces, elle implora le secours de
ceux qu'elle avait proscrits. Elle envoya le député
Fréron aux sections de Montreuil, des Quinze-Vingts
et de Popincourt, « qui, au seul mot de royalisme,
demandèrent des armes, et jurèrent d'exterminer les
factieux (2). » Elle autorisa l'enrôlement des *Marseil-*

(1) Entre autres, celles du théâtre Français, des Tuileries, de
la Butte-des-Moulins, de Brutus, de l'Arsenal, du Mont-Blanc,
de la rue Poissonnière, du Luxembourg, du Temple, de l'Unité
(Quatre-Nations), de la Fontaine-de-Grenelle, de la Fidélité (maison commune), de la Fraternité, de Bondi, de la Halle-au-Blé.

(2) Discours de Fréron, séance du 13 vendémiaire an IV (5 octobre 1795).

*lais du* 10 *août*, des *Vainqueurs de la Bastille*, du *Bataillon sacré des Patriotes de* 1789. Le général Menou
reçut l'ordre de désarmer la section Lepelletier ; mais
cet homme, qui avait défendu Louis XVI au 10 août,
considérait le bataillon de patriotes comme *un tas de
scélérats et d'assassins* (1). Il entra en pourparlers avec
les rebelles, fit rétrograder les troupes qu'il commandait, et dit aux soldats : « Si quelqu'un de vous s'avise
d'insulter les bons citoyens de la section Lepelletier,
je lui passerai mon sabre à travers le corps. »

Ainsi, l'insurrection put s'organiser. Un *comité cen-
tral* de onze membres s'établit au couvent des Filles-St-
Thomas, sous la présidence de Richer-Sérizy, journaliste dévoué à la cause royale. Elle choisit, pour guider
les sections révoltées, le général de brigade Auguste Da-
nican ; Lafond de Soulé, ancien garde du corps de
Louis XVI ; le comte Colbert de Maulévrier, et le marquis de Volville. Elle s'empara des dépôts de chevaux
et de subsistances, et de la trésorerie nationale, dirigea
environ trente mille hommes sur les Tuileries, et mit
hors la loi la plupart des représentants du peuple,
ainsi que ceux qui s'armeraient pour les protéger. L'Assemblée, menacée, riposta par l'arme législative habi-
tuelle, la proclamation. Dans la soirée du 12 vendémiaire (6 octobre 1795), parut une adresse qui annonçait d'énergiques résolutions : « Après avoir épuisé

(1) Rapport de Barras du 30 vendémiaire an IV (22 octobre
1795)

tous les moyens fraternels, la Convention nationale
est résolue de faire enfin cesser cette lutte scandaleuse
élevée entre la volonté du peuple et une poignée de
royalistes. Elle compte sur tous les républicains, tant
soldats-citoyens que citoyens-soldats. Amis des lois,
défenseurs de la liberté, écoutez la loi du devoir, et
dès que le cri de *force à la loi* se sera fait entendre,
rangez-vous sous les étendards de la vertu. A votre
aspect imposant, les conspirateurs fuiront; et bientôt
la paix et le bonheur s'élèveront sur les ruines de toutes les factions! »

La direction des huit ou dix mille hommes dont la
Convention pouvait disposer, fut confiée à Barras.
« Dans la nuit du 12 au 13, dit-il, je fus nommé général en chef de l'armée de l'intérieur. Je m'entourai
de patriotes; j'appelai à moi les officiers destitués;
je ralliai le peu de troupes que nous avions; j'établis
des postes à toutes les avenues des Tuileries; je dési-
gnai des réserves. Le général *Buonaporté* (1), connu
par ses talents militaires et son attachement à la République, fut nommé, sur ma proposition, commandant en second. » Le jeune général, dans ses préparatifs stratégiques, employa surtout l'artillerie. Il dis-
posa quarante-deux pièces de canon au débouché de
toutes les avenues qui aboutissaient aux Tuileries.

L'attaque des sections commença le 13 vendé-

(1) C'est ainsi que le nom encore obscur de Napoléon Bonaparte est écrit dans le rapport officiel.

miaire , à quatre heures du soir. Elles étaient maîtresses des rues Saint-Honoré, Saint-Roch, et de la
Loi (ci-devant Richelieu); après d'inutiles sommations, une vive fusillade fut échangée ; le général
Brune et l'adjudant Gardanne repoussèrent les assaillants du côté des rues de l'Échelle et de Rohan ; le général Cartaux les tint en échec sur les quais ; Berruyer, à la tête du *bataillon sacré*, les chassa du théâtre de la République et du Palais-Égalité , et enleva
une barricade formée au coin de la rue du Coq ; le représentant J.-B. Cavaignac , par la prise de Saint-
Roch, compléta la victoire, qu'il vint annoncer en ces
termes à la Convention :

« Je viens vous faire part des avantages que l'armée
républicaine a remportés sur les rebelles. Ceux-ci s'é-
taient postés en avant de l'église Saint-Roch ; ils
avaient garni de tirailleurs les maisons qui bordent la
rue de la Convention (du Dauphin). Nos soldats ont
été les premiers attaqués ; mais deux pièces de canon,
servies à propos, ont débusqué l'ennemi, et l'ont forcé
de se replier jusqu'à l'église Saint-Roch. J'ai eu beaucoup de peine à empêcher les soldats de charger à la
baïonnette. Le général Berruyer a eu son cheval tué
sous lui ; Vachot, et l'adjudant général Mulloy se sont
distingués. Tout est tranquille actuellement. Rien ne
bouge, rien ne bougera, je vous en réponds. »

Ainsi, les sections armées, instituées pour servir la
Révolution, succombèrent en la combattant. Leur défaite entraîna la dissolution de cette puissante armée

parisienne, qui, depuis 1789, avait pesé d'un si grand poids dans la balance politique. Un décret du 16 vendémiaire (8 octobre 1795), cassa l'état-major : la garde nationale parisienne fut légalement sous les ordres d'un commandant temporaire et de trois adjoints ; mais personne ne fut appelé à ces fonctions, et la démission de Barras laissa Bonaparte chef de toutes les forces armées de Paris (1). On ne toléra qu'un seul tambour par section ; on supprima le corps de cavalerie ; chaque bataillon fut réduit à huit compagnies de fusiliers, sans aucune marque distinctive. Les grenadiers et les chasseurs, qui avaient résisté à tant d'orages, furent licenciés et sommés de déposer leurs fusils sous trois heures. On désarma les sections Lepelletier et du Théâtre-Français. Les autres, par l'arrêté du 18 vendémiaire (10 octobre), furent soumises à d'humiliantes conditions.

« Le comité de salut public, considérant qu'il importe de donner sans délai à la garde nationale de Paris une organisation qui mette désormais les bons citoyens à l'abri de l'atteinte des factieux ;

« Considérant que le moyen le plus sûr de parvenir à ce but est de déterminer d'une manière précise la quantité d'armes qui doivent être confiées aux citoyens, en raison du service pour lequel ils sont commandés, arrête :

« Les citoyens faisant partie de la garde nationale

(1) 4 brumaire an IV (26 octobre 1795).

26

de Paris sont tenus de déposer leurs fusils armés de leurs baïonnettes, au comité civil de leurs sections respectives. Il sera déposé, dans un local destiné à cet effet, dans le comité civil de chaque section, une quantité d'armes déterminée, à raison de quatre-vingts par chaque section. Il sera délivré à chaque citoyen commandé de service, un fusil du dépôt de sa section, lequel il sera tenu de remettre dans ledit dépôt, après avoir fait son service.

« Il est attribué à chaque dépôt d'armes, un gardien nommé par le comité de salut public. Chaque gardien tiendra un registre, sur lequel il inscrira les noms des citoyens qui recevront des armes, en justifiant de leur billet de convocation, et y fera mention de la remise qui devra en être faite à la garde descendante. Il sera alloué auxdits gardiens un habillement. Le général en chef de l'armée de l'intérieur prendra toutes les mesures nécessaires pour opérer le désarmement. En conséquence, il est ordonné aux habitants des 48 sections de remettre, sous douze heures, leurs fusils aux comités de leurs sections. Les comités retiendront quatre-vingts fusils par bataillon, pour le service journalier de la garde nationale, et feront transporter le reste au lieu qui sera indiqué. »

Le parti monarchique exploita à son profit le mécontentement des citoyens ; il les excita contre le Directoire exécutif, gouvernement faible et incertain, sans cesse tiraillé en sens contraires par les Jacobins et royalistes. Dans l'espoir de se créer une armée au

sein de la capitale, les amis de Louis XVIII réclamè-
rent le rétablissement de la garde nationale. Un de
leurs organes écrivait au Corps législatif : « Des armes, des fusils, des canons, des uniformes, une garde
nationale bien organisée, bien commandée, et je réponds de tout. Assassinée plutôt que vaincue à la
journée du 13 vendémiaire, la garde nationale sera
pour vous ce qu'elle fut le 9 thermidor, le 3 prairial.
Législateurs ! hâtez-vous d'armer les bras qui doivent
rétablir entre le gouvernement et le Corps législatif
l'équilibre de la puissance (1). »

Le 9 thermidor (20 juillet 1797), Pichegru disait,
dans un rapport au conseil des Cinq Cents : « Le seul
remède aux maux dont la patrie est menacée, c'est la
réorganisation des gardes nationales. Jamais on n'aura
la liberté sans elles. C'est dans leur sein que se formèrent les bataillons nombreux qui parurent tout à
coup aux yeux de l'Europe étonnée, et qui se trouvèrent armés et presque instruits à la voix de la patrie
en danger. On ne leur fit jamais un appel qui les ait
trouvées sans énergie. Que leur réorganisation soit
pour les citoyens un signal de réunion. »

Pichegru lut un projet qui replaçait la garde nationale sur les bases de 1791 ; les conseils approuvèrent
ses plans ; mais le 18 fructidor (4 septembre 1797) en
empêcha l'exécution. Le Directoire, usant de vigueur,

(1) *Le Thé* ou *le Contrôleur général* du 3 thermidor an V
(21 juillet 1797).

condamna à la déportation soixante-cinq membres des conseils, et les rédacteurs de quarante-deux journaux ; les anciens nobles, et les émigrés qui avaient reparu , furent exilés. La garde nationale, dont ils comptaient faire l'instrument de leurs complots, demeura telle quelle, inerte et brisée. Ce ne fut que sous l'Empire, qu'elle reçut une organisation nouvelle ; mais cette organisation équivalait à une suppression complète. Napoléon se réservait la faculté de former au besoin, dans les communes, des légions composées de tous les Français valides, de vingt ans à soixante ans. Ces légions se composaient d'un nombre indéterminé de cohortes , de dix compagnies chacune, dont une de grenadiers, une de chasseurs, et huit de fusiliers. Les officiers étaient nommés par l'Empereur. L'ancien uniforme était conservé , avec des épaulettes d'argent. Les boutons portaient ces mots : *Garde nationale,* au centre d'une couronne d'olivier et de chêne ; ceux des grenadiers étaient distingués par une grenade, et ceux des chasseurs, par un cor.

Les gardes nationales devaient être employées au maintien de l'ordre dans l'intérieur , et à la défense des frontières et des côtes. Les places fortes étaient spécialement confiées à leur honneur et à leur bravoure (1).

(1) Sénatus-consulte du 24 septembre 1805 ; décret du 12 novembre 1806 ; *Collection des lois,* par Duvergier, tome XV, pag. 326, 327.

Les seules gardes nationales mises en activité au commencement du régime impérial furent celles des départements du Nord, de la Somme, du Pas-de-Calais et de la Lys (1). Elles composaient trente-trois légions, de quatre cohortes chacune, excepté la légion du Quesnoy, qui n'en avait que trois (2).

En 1812, au moment où l'Empereur s'apprêtait à combattre la Russie, il divisa les gardes nationales en premier ban, second ban, et arrière-ban, termes empruntés à ce vocabulaire féodal, d'où il avait déjà tiré les grands maréchaux, les connétables, les chambellans, les pages, les veneurs, et les grands ducs feudataires. Le premier ban comprenait les hommes de 20 à 26 ans, qui n'avaient pas fait partie du contingent des conscrits à l'époque de l'appel de leurs classes ; le second ban, tous les hommes valides, de 26 à 40 ans ; le troisième, les hommes de 40 à 60 ans. Cent cohortes du premier ban furent mises immédiatement

(1) Chef-lieu Bruges.

(2) *Nord.* 1<sup>re</sup> légion, Lille ; 2e, Turcoing ; 3e, Douai ; 4e, Dunkerque ; 5e Bergues ; 6e, Cambray ; 7e, le Quesnoy ; 8e, Hazebrouck ; 9e, Séclin ; 10e, Avesnes ; 11e, Armentières ; 12e, Saint-Amand ; 13e, le Cateau ; 14e, Valenciennes.

*Pas-de-Calais.* 1<sup>re</sup> légion, Arras ; 2e, Béthune ; 3e, Boulogne ; 4e, Saint-Omer ; 5e, Montreuil ; 6e, Aire ; 7e, Bapeaume ; 8e, Saint-Pol.

*Somme.* 1<sup>re</sup> légion, Amiens ; 2e, Abbeville ; 3e, Péronne ; 4e, Mondidier ; 5e, Doullens ; 6e, Molliens-le-Vidame.

*Lys.* 1<sup>re</sup> et 2e légions, Bruges ; 3e, Ypres.

à la disposition du ministre de la guerre (1). Elles ne
devaient point sortir du territoire de l'Empire, et
étaient exclusivement consacrées à la garde des frontières, à la police intérieure, et à la conservation des
places fortes, arsenaux et dépôts maritimes; mais à
peine furent-elles organisées, qu'on les dirigea, les
unes vers l'Espagne, les autres sur les bords du
Rhin.

Lorsqu'une cruelle succession de désastres eut
amené les coalisés sur le sol français, l'Empereur décréta que les gardes nationales urbaines, dont le contingent était de neuf cent soixante mille hommes,
remplaceraient les garnisons de l'intérieur (2). Avant
de partir pour la campagne de France, il ordonna de
réunir deux armées de réserve, composées de cohortes de gardes nationales, l'une à Soissons, Meaux, No-
gent, Troyes et Lyon, et l'autre à Toulouse et Bordeaux (3). Son projet de rétablir la garde nationale de
Paris souleva de vives objections. « Tout le monde,
dit le duc de Rovigo (4), observait que la garde nationale de Paris avait été le moyen le plus puissant dont
les agitateurs politiques n'avaient cessé de disposer pendant la révolution, et qu'il serait dangereux de le leur
remettre de nouveau entre les mains ; mais la nécessité

---

(1) Sénatus-consulte du 13 mars 1812.
(2) Décret du 17 décembre 1813.
(3) *Journal de Paris*, 7 janvier 1814.
(4) *Mémoires*, Paris, 1828. in-8, t. VI, p. 293.

où l'on était d'avoir recours à la population pour la défense de la capitale, faisait que l'on s'abusait sur quelques vérités dont, au fond, on était convaincu. D'ailleurs, on était moins opposé à la levée de la garde nationale de Paris, qu'embarrassé de la composer d'hommes
qui ne laissassent rien à craindre en cas d'agitation, et
qui fussent disposés à la fois à défendre leurs murailles et à faire respecter leurs domiciles. Ces deux qualités étaient à peu près impossibles à réunir, parce
que l'espèce d'hommes qui convenait à la défense de
la ville était celle qui est toujours généreuse, qui pro-
digue ses efforts et son sang ; c'est la moins opulente,
celle qui n'a rien à perdre, chez laquelle l'honneur national parle toujours haut; mais on la considérait
comme dangereuse pour la classe opulente et les propriétaires, et on était d'avis de l'éloigner de la formation des cadres.

Les opinions étaient tellement partagées que l'Empereur ne voulut ni revenir à l'emploi d'un moyen
dont il avait besoin, ni le mettre en usage sans avoir
entendu d'avance tous les avis. Il réunit un conseil
privé d'environ dix-huit ou vingt personnes (1). L'Empereur y posa la question de la nécessité de lever
la garde nationale de Paris, et laissa un libre cours à

(1) Les princes de la famille, les trois dignitaires, les ministres, les ministres d'État, les présidents des sections du conseil
d'État, le président du sénat, le grand-maître de l'Université, le
premier inspecteur de la gendarmerie. (*Note du duc de Rovigo.*)

toutes les observations qui furent présentées. On rappela tout ce que la garde nationale de Paris avait fait aux époques marquantes de la révolution, et l'on était généralement de l'avis de ne la point armer, à quoi l'Empereur répondit qu'il y avait nécessité absolue ; que, conséquemment, les observations ne devaient porter que sur le choix à mettre dans sa composition, mais que sa réunion était urgente.

« Il laissa encore parler une bonne heure, puis il mit la proposition aux voix. Une chose remarquable, c'est que tous les membres du conseil qui avaient acquis de la célébrité dans la révolution, furent d'abord d'avis de ne point lever la garde nationale de Paris, et qu'ensuite, obligés de se rendre sur ce point, ils conseillèrent de ne point mettre de choix dans la composition des cadres. Les autres membres du conseil opinèrent pour la levée de la garde nationale, en surveillant la nomination des chefs qui devaient commander cette milice urbaine. L'Empereur adopta cet avis; il ordonna, en conséquence, la mise en activité de la garde nationale de Paris; je n'eus plus qu'à exécuter les dispositions qui avaient été prises à l'avance (1). Il était trois heures du matin lorsque le conseil se sépara. »

(1) Le duc de Rovigo était ministre de la police générale.

# CHAPITRE XIII.

Rétablissement de la garde nationale de Paris. — Noms des officiers. — Leur entrevue avec l'Empereur. — Ordre du jour de Moncey. — Préparatifs de la défense de Paris. — La garde nationale, le 30 mars 1814. — Entretien de l'Empereur avec le général Belliard.

———

Le décret parut le 8 janvier 1814.

« La garde nationale de notre bonne ville de Paris est mise en activité.

« L'Empereur la commande en chef.

« L'état-major général est composé d'un major général commandant en second, de quatre aides-majors généraux, de quatre adjudants commandants, et de huit adjoints capitaines.

« La garde nationale de Paris se compose d'une légion par arrondissement ; chaque légion, de quatre bataillons, et chaque bataillon de cinq compagnies, dont une de grenadiers et quatre de fusiliers. Les quatre compagnies de grenadiers d'une légion forment un bataillon d'élite, qui porte le nom de bataillon d'é-lite de telle légion.

« Chaque légion est commandée par un colonel et un adjudant major. L'adjudant major est choisi parmi les officiers en retraite. Chaque bataillon est commandé par un chef de bataillon et par un adjudant.

« Chaque compagnie est composée de la manière suivante : Un capitaine, un lieutenant, deux sous-lieutenants, un sergent-major, quatre sergents, un caporal fourrier, huit caporaux, deux tambours et cent cinq hommes.

« Total de la compagnie, cent vingt-cinq hommes.

« Les généraux et les colonels prêteront serment entre nos mains ; les officiers des autres grades prêteront serment entre les mains de notre cousin le vice-conné-table.

« Les officiers et sous-officiers sont tenus d'être ha-billés en uniforme de garde nationale ; les grenadiers sont tenus de s'armer, de s'habiller et de s'équiper à leurs frais.

« Notre ministre de l'intérieur nous présentera la nomination des officiers.

« Nul ne pourra se faire remplacer dans le service de la garde nationale, si ce n'est le père par le fils, le beau-père par le gendre, l'oncle par le neveu et le frère par son frère.

« Sont nommés :

« Major général commandant en second, le maréchal duc de Conégliano (1).

« Aides-majors généraux : le général de division, comte Hullin ; le comte Bertrand, grand maréchal ; le comte Montesquiou, grand chambellan ; le comte de Montmorency.

« Adjudants commandants : le baron Laborde, adjudant commandant de la place de Paris ; le comte Albert de Brancas, le comte Germain, le sieur Tourton.

« Adjudants capitaines : le comte de Lariboissière, le chevalier Adolphe de Maussion, les sieurs Montholon fils, Collin fils jeune, Lecordier fils, Lemoine fils, Cardon fils, Mallet fils.

« Chefs de légions : le comte de Gontaut, le comte Regnaud de Saint-Jean-d'Angély, le baron Hottinger. le comte Jaubert, les sieurs Dauberjon de Murinais, Defraguier, Le Pileur de Brevannes, Richard-Lenoir, Devins de Graville, le duc de Cadore, le comte de Choiseul Praslin, le sieur Salleron. »

Les vices de ce décret sont sensibles. « Napoléon n'armait qu'avec répugnance une force ennemie de son pouvoir absolu et prenait toutes les mesures pour qu'elle ne pût maîtriser le gouvernement (2). » Les

(1) Rose-Adrien-Jeannot de Moncey, né à Besançon le 31 juillet 1754, soldat en 1773, général en avril 1794, maréchal de France le 19 mai 1804.

(2) *Mémoires pour servir à l'histoire de la campagne de 1814*, par F. Koch, chef de bataillon d'état-major, 1819, in-8, t. II, p. 431.

fonctionnaires publics enchérissant sur les idées despotiques de l'Empereur, enrôlèrent timidement les contribuables ou fils de contribables, portés au rôle de l'impôt personnel pour une cote égale ou supérieure à 10 francs. Au moment où réveillant avec hardiesse les traditions révolutionnaires, il fallait lever une armée citoyenne homogène, l'autorité impériale établit des distinctions puériles entre les grenadiers et les fusiliers, entre les bataillons d'élite et les autres. Au lieu de laisser aux gardes nationaux le choix de leurs officiers, elle leur imposa des chefs ; et, par une folle manie aristocratique, elle recruta presque tout l'état-major parmi les nobles de fabrique vieille ou nouvelle. La prestation même du serment fit ressortir la différence des grades d'une manière choquante 'pour un corps dont le principe essentiel avait été, et aurait dû être encore, l'égalité.

Le 16 janvier, l'état-major jura fidélité à Napoléon, auquel il fut présenté par Alexandre Berthier, vice-connétable, prince de Neufchatel et de Wagram. L'archichancelier Cambacérès reçut, dans un ordre hiérarchique, le serment des capitaines, des lieutenants et des sous-lieutenants (1).

Le dimanche 23 janvier, les officiers de tous grades se réunirent aux Tuileries, dans la salle des maréchaux.

----

(1) Les capitaines, le jeudi 20 janvier ; les lieutenants, le vendredi ; les sous-lieutenants, le samedi. (*Journal de Paris*, 23 janvier 1814)

ils étaient par ordre de légion et rangés en demi-
cercle. Napoléon parut après la messe, tenant par la
main Marie-Louise et le roi de Rome, et dit, au milieu
du silence le plus absolu : « Messieurs les officiers de la
garde nationale de la ville de Paris, j'ai du plaisir à vous
voir réunis autour de moi. Je compte partir cette nuit
pour aller me mettre à la tête de l'armée. En quittant la
capitale, je laisse avec confiance, au milieu de vous,
ma femme et mon fils, sur lesquels sont placées tant
d'espérances. Je devais ce témoignage de confiance à
tous ceux que vous n'avez cessé de me donner dans les
principales époques de ma vie. Je partirai avec l'esprit dégagé d'inquiétudes lorsqu'ils seront sous votre
garde. Je vous laisse ce que j'ai au monde de plus cher
après la France, et le remets à vos soins. Il pourrait
arriver toutefois que, par les manœuvres que je vais
être obligé de faire, les ennemis trouvassent le moment
de s'approcher de vos murailles. Si la chose avait lieu,
souvenez-vous que ce ne pourra être l'affaire que de
quelques jours, et que j'arriverai bientôt à votre secours. Je vous recommande d'être unis entre vous et
de résister à toutes les insinuations qui tendraient à
vous diviser. On ne manquera pas de chercher à
ébranler votre fidélité à vos devoirs, mais je compte
sur vous pour repousser toutes ces perfides instiga-
tions. »

Avant de terminer ce discours, qu'il prononça d'une
voix émue, l'Empereur prit son fils entre ses bras, et
le promena devant le cercle des officiers qui, pleins

27

d'attendrissement et d'enthousiasme, crièrent : *Vive l'Empereur ! vive l'imperatrice ! vive le roi de Rome* (1) *!*

Napoléon quitta Paris le 25 janvier, en laissant le gouvernement à l'impératrice régente. Elle reçut le lendemain, dans la salle du trône, une députation de la garde nationale de Paris. Le duc de Conégliano présenta une adresse que les douze légions venaient de voter, et supplia Marie-Louise de vouloir bien transmettre à l'Empereur les expressions de leur dévouement. « J'agrée, répondit-elle, les sentiments que vous m'exprimez ; je mets, comme l'Empereur, toute ma confiance dans la garde nationale de Paris, et je donnerai des ordres pour que son adresse soit mise sous les yeux de Sa Majesté. » D'autres adresses, pleines d'ardeur patriotique, furent remises à l'impératrice par les gardes nationales de Chartres et de Rouen.

Un ordre du jour, en date du 25, invitait les chefs de légion à s'entendre avec les maires « pour compléter les désignations et la formation des compagnies. Les fusiliers prirent la qualification de chasseurs. Le 6 février, la garde nationale commença à occuper les postes. Pendant plusieurs semaines, on ne s'occupa à Paris que de la garde nationale. Les chansons populaires étaient : *La ronde de nuit de la garde nationale;* la *Demande d'admission dans la garde nationale,* ou l'*Héroïsme de Cadet-Buteux.* Un *Manuel du garde na-*

_____

(1) *Mémoires de Rovigo,* t. VI, p. 302.

*tional* eut six éditions coup sur coup (1). Une estampe représentait un enfant à genoux, en uniforme de garde national, *priant Dieu pour la France et pour son père* (2).

Le 11 février, le roi Joseph, lieutenant général de l'Empereur, passa, dans la cour des Tuileries, la revue des compagnies de grenadiers; les officiers et sous-officiers des compagnies de fusiliers y assistèrent; le roi de Rome s'y présenta en uniforme de la garde nationale. Pendant le défilé un courrier apporta la nouvelle de la défaite de douze régiments russes, près de Sézanne, et des cris prolongés retentirent : *Vive l'Empeseur! vive l'impératrice! vive le roi de Rome!* Il semblait que la France entière fût personnifiée dans une seule famille. Après la revue, Moncey publia l'ordre du jour suivant :

« Paris, 11 février 1814.

« Le roi, lieutenant général de l'Empereur, commandant en chef la garde nationale, charge le major général de faire mettre à l'ordre du jour les heureuses nouvelles qu'il vient de recevoir. Le roi s'est félicité

---

(1) *Manuel du garde national*, ou *Catéchisme militaire*, avec quatre planches qui représentent toutes les pièces d'un fusil, la charge en douze temps, toutes les positions du garde, et une compagnie de gardes nationaux rangés en bataille. Paris, veuve Lepetit, in-18.

(2) Paris, chez Bance aîné, rue Saint-Denis, n. 214.

d'avoir reçu ces nouvelles au milieu de la garde nationale et d'avoir été le témoin de ses acclamations et
de ses vœux, pour que la victoire hâte les négocia-
tions et ramène bientôt dans nos murs l'Empereur et
la paix.

« Sa Majesté charge le major général d'exprimer la
satisfaction que lui a fait éprouver, dans la revue d'aujourd'hui, la tenue, la contenance et le patriotisme de
la garde nationale.

« Le major général, par ordre du roi, annonce aux
grenadiers de la garde nationale qu'ils peuvent occuper de suite le poste d'honneur qui leur est destiné
dans l'intérieur du château des Tuileries. Le service
se fera par légions, suivant l'ordre des numéros ; la
première légion fournira le poste dimanche à midi. »

« C'est ainsi que se vérifient et s'appliquent immédiatement, après la première revue de la garde nationale, ces mots adressés par l'Empereur au corps des
officiers : « Je pars, je vais combattre l'ennemi et je vous
confie ce que j'ai de plus cher, l'impératrice ma
femme, et le roi de Rome, mon fils.

« Les gardes nationaux sont invités à se procurer
eux-mêmes des fusils de chasse et des munitions. Ils
les garderont pour leur service personnel et en con-
serveront la propriété. Les chefs de légion qui auront
un nombre suffisant de gardes nationaux exercés à la
chasse, et munis de fusils à deux coups, pourront en
former, dans chaque compagnie, une ou plusieurs
sections de tirailleurs.

« Les tirailleurs porteront les épaulettes et le pompon vert. Ils pourront être habillés en veste ou en
capote, pourvu que l'habillement et le chapeau soient
uniformes dans la même section.

« Les chefs de légion pourront former de même,
pour marcher à la tête de la légion, un détachement
de sapeurs avec la hache.

« Le major général prie la garde nationale d'agréer
ses remerciements du zèle éclairé avec lequel elle a
exécuté et souvent prévenu toutes les mesures d'ordre
et d'organisation. Il se félicite de ne trouver dans ses
rangs que des âmes fermes et des cœurs vraiment
français. »

« Le major général commandant en second,
« *Maréchal duc de* Conégliano. »

Outre les tirailleurs on créa des compagnies de
gardes à cheval; un corps d'artillerie de la garde nationale, desservi par trois cents élèves de l'école Polytechnique et quatre cent quatre-vingts canonniers
invalides; *un corps du génie de la garde nationale de
Paris*, ayant un uniforme spécial, et composé d'archi-
tectes du gouvernement et d'ingénieurs des ponts-et-
chaussées. Des chevaux de frise hérissèrent les routes;
les barrières furent garnies de palissades, dans lesquelles on ménagea des embrasures pour le service
du canon. Douze maisons, voisines des murs d'enceinte, furent réservées aux états-majors des douze
légions.

27.

Un décret du 15 mars ordonna la levée de toutes les gardes nationales de la Seine, mais il venait trop tard, et, avant l'heure du péril, les gardes de Belleville, de Bercy, de Saint-Denis et des élèves d'Alfort eurent seules le temps de s'organiser.

Malheureusement, les armes manquaient : sur douze mille hommes inscrits dans les douze arrondissements, moitié à peine avaient quelques fusils de calibre, des mousquetons, des carabines, des fusils de chasse, ou de mauvaises lances à banderolles. Il y avait plus d'un mois que la garde nationale demandait avec instance qu'on lui délivrât des fusils de munition. Le duc de Rovigo en avait écrit à l'Empereur, qui répondit : « Vous me faites une demande ridicule ; l'arsenal est plein de fusils ; il faut les utiliser. » Néanmoins, Clarke, duc de Feltre, ministre de la guerre, refusa de livrer des fusils, en alléguant qu'il en avait très-peu, et qu'il les conservait pour l'armée. Ce ne fut que lorsque l'étranger fut sous les murs de Paris, que le duc de Feltre consentit à remettre à la garde nationale quatre mille fusils, au lieu de vingt mille dont elle avait besoin.

Les munitions furent également distribuées en quantité insuffisante. On assure même qu'une partie des cartouches distribuées ne contenaient que des cendres, ou du charbon pulvérisé; et pourtant il y avait au magasin de Grenelle deux cent cinquante milliers de poudre en barils, cinq millions de cartouches d'infanterie, vingt-cinq mille cartouches à boulets, et trois mille obus chargés (1).

Le 29 mars, au soir, l'empereur de Russie, le roi de Prusse, et le généralissime, le prince de Schwartzemberg, étaient arrivés à Bondy. Leur armée, divisée en trois colonnes, comprenait cent dix-neuf mille fantassins et vingt-six mille cinq cents hommes de cavalerie (2). Les troupes françaises ne présentaient qu'un effectif de vingt-trois mille cinq cent quarante hommes (3). Le maréchal Mortier, duc de Trévise, couvrait La Chapelle, Pantin et Belleville, à la tête

---

(1) *Hist. des campagnes de* 1814 *et* 1815, par le général de Vaudoncourt, 1826, in-8, t. II, p. 370.

(2) Colonne de droite, marchant sur Montmartre et commandée par le maréchal Blücher : corps d'York, 12,000 fant., 3,500 cav.; corps de Kleist, 11,000 fant., 3,000 cav.; corps du comte Langeron, 14,000 fant., 5,000 cav.; corps de Woronzow, 15,000 fant. Total, 52,000 fant., 11,500 cav.

Colonne du centre, arrivant sur Belleville et Pantin, par la route d'Allemagne; général en chef, le comte Tolly de Barklay : corps de Rajewski, 16,000 fant., 3,000 cav.; réserves des grenadiers et des cuirassiers, 6,000 fant., 3,000 cav.; gardes, 15,000 fant., 10,000 cav. Total, 37,000 fant., 10,000 cav.

Colonne de gauche, se portant sur Charenton et Vincennes; général en chef, le prince royal de Wurtemberg : corps de Wurtemberg, 10,000 fant., 2,000 cav.; corps du comte de Giulay, 15,000 fant., 3,000 cav.; grenadiers autrichiens, 5,000. Total, 30,000 fant., 5,000 cav.

(3) Aile droite : général en chef, le duc de Raguse. Divisions de cavalerie, Bordesoulle, Chastel et Merlin, 3,350; divisions

de onze mille cinq cent cinquante combattants. Un
corps de douze mille trois cent quatre-vingt-dix hommes, commandé par le maréchal duc de Raguse, cam-
pait aux Prés-Saint-Gervais et à Montreuil, et appuyait sa droite sur la Marne. Le peu de troupes de
ligne disponibles à Paris rejoignit l'un ou l'autre de
ces corps, et la garde nationale occupa seule les postes de l'intérieur et des barrières. Le 30 mars, dès le
point du jour, au bruit du tambour qui retentissait de
tous côtés, les citoyens coururent au mur d'enceinte.
Les 1ʳᵉ et 4ᵉ légions étaient chargées de le garder depuis la barrière de Passy jusqu'à celle de Clichy, exclusivement. La ligne centrale, depuis la barrière de
Clichy jusqu'à celle de Charonne, fut occupée par les
2ᵉ, 3ᵉ, 5ᵉ, 6ᵉ et 7ᵉ légions. Les 8ᵉ et 9ᵉ s'étendirent à
droite, depuis la barrière de Charonne jusqu'à celle
de la Rapée. Sur la rive gauche de la Seine, la 11ᵉ légion se plaça entre la rivière de Bièvre et la barrière
des Fourneaux, ayant la 10ᵉ à sa droite, et la 12ᵉ à sa
gauche.

Ces trois dernières légions, étant moins menacées
par l'ennemi, fournirent à l'hôtel de ville une forte
réserve, destinée à se porter au secours des barrières
attaquées, et sur les points de l'intérieur où l'ordre pu-

d'infanterie du duc de Padoue, Ricard, Lagrange, 3,370 fant. ;
divisions d'infanterie, Compans, Ledru, Boyer, 5,670.

Aile gauche : général en chef, le duc de Trévise. Divisions
d'infanterie, Michel, Charpentier, Curial, Christiani, 8,950 ; division de cavalerie, Ornano et Roussel, 2,200.

blic serait troublé. A toutes les barrières principales fut placé un piquet de cinquante gardes nationaux, grenadiers ou chasseurs; douze grand'gardes, de cent hommes chacune, se tenaient prêtes à servir de renfort, et gardaient les petites barrières.

Moncey, tout en limitant le rôle de la garde nationale à la défense du mur d'enceinte, l'engagea à mettre des avant-postes sur les hauteurs de Montmartre et de Saint-Chaumont. « Je ne veux point en donner l'ordre, dit-il aux chefs des légions; mais je verrais avec la plus vive satisfaction des officiers, sous-officiers, grenadiers et chasseurs de bonne volonté se présenter pour occuper cette ligne d'avant-postes. »

L'action s'engagea dès six heures du matin, et la garde nationale y participa glorieusement. A l'extrême droite, deux patrouilles de la 9e légion, et les compagnies de Bercy, se retranchèrent dans le château de ce village, et y soutinrent longtemps le feu des Wurtembergeois. La 8e légion, établie à la barrière du Trône, garnit d'habiles tirailleurs les vignes ou jardins de Charonne et de Montreuil, pendant que les élèves de l'école Polytechnique mettaient en batterie, près de Saint-Mandé, vingt-huit pièces de l'artillerie de la garde nationale. Ces pièces, chargées par les lanciers russes, furent sur le point de tomber en leur pouvoir; mais quatre cents hommes de la 8e légion, guidés par le chef de bataillon Saint-Romain et par le capitaine Caluer, s'avancèrent au pas accéléré, et protégèrent la retraite.

Sur la butte de Fontarabie, quatre bouches à feu enlevaient des rangs entiers de Cosaques. Le chef de la 7e légion, M. Lepileur de Brévannes, s'y trouvait avec un bataillon entier, qui conserva sa position toute la journée. Quatre autres pièces étaient placées sur la butte Saint-Chaumont, servies par des élèves de l'École, et appuyées de détachements des 5e et 6e légions; et ce ne fut qu'après une lutte sanglante, que les troupes légères russes parvinrent à les débusquer.

Des tirailleurs de toutes les légions, même des 9e et 10e, s'étaient donné rendez-vous à Montmartre. C'étaient presque les seuls défenseurs de cette formidable position, où l'on n'avait monté que neuf pièces, deux au Moulin-Neuf, et sept au moulin de la Lancette. Tant de négligence était d'autant plus inconcevable, que le roi Joseph avait convoqué le conseil de défense au pied de la butte, dans le pavillon du Château-Rouge. D'une des fenêtres de cette maison, Allent, chef d'état-major de la garde nationale et directeur du dépôt des fortifications (1), étudiait la marche des assiégeants; leurs progrès étaient rapides; leurs masses supérieures accablaient l'armée française. Vers midi, un aide de camp de Marmont vient annoncer au conseil de défense que toute résistance est inutile. Le roi Joseph répond aussitôt :

(1) Pierre-Alexandre Joseph Allent, né à Saint-Omer, le 4 août 1772.

Paris, le 30 mars 1814.

« Si M. le maréchal duc de Trévise et M. le maréchal duc de Raguse ne peuvent plus tenir leurs positions, ils sont autorisés à entrer en pourparlers avec
le prince de Schwartzemberg et l'empereur de Russie,
qui sont devant eux,

                                    « JOSEPH.

Montmartre, à midi un quart.
« Ils se retireront sur la Loire. »

Joseph s'enfuit, après avoir expédié cette lettre, et
le duc de Raguse se met immédiatement en commu-
nication avec les souverains alliés. Néanmoins le combat continue. Le maréchal Blucher, débordant la
gauche de l'armée française, dirige ses troupes sur
les Batignolles. Les gardes nationaux de la 2e légion,
embusqués dans les vignes et les plâtrières, accueillent
l'avant-garde par une vive fusillade, et se replient sur
la barrière de Clichy. Là, Moncey avait établi son
quartier général. Comme l'extrême gauche de l'armée
française ne s'étendait que jusqu'à Montmartre, il dirigeait, en qualité de commandant de la garde nationale, toutes les forces défensives depuis la barrière
Blanche jusqu'à Chaillot. En voyant le corps du comte
de Langeron s'approcher par le chemin de Saint-Ouen,
il sort de Paris, fait avancer deux pièces d'artillerie
légère, et ordonne aux tirailleurs qui descendaient de

Montmartre de se poster dans les maisons. Ceux-ci répondent d'abord : « Nous n'avons pas peur, nous ne voulons pas nous cacher. » Le général Lapointe, chef d'état-major, parvint à triompher d'une susceptibilité honorable, mais funeste en des circonstances aussi critiques. « Croyez-vous, dit-il, que le doyen des maréchaux vous conseille une lâcheté ? »

En revenant à la barrière de Clichy, Moncey apprend la défection du chef de la 2ᵉ légion, le comte Regnault de Saint-Jean-d'Angély (1); il lui donne pour successeur le chef de bataillon Odiot; puis il va visiter les autres barrières. Par ses ordres, des postes de gardes nationaux se placent sur les monticules qui dominent les Thernes et la plaine du bois de Boulogne; l'artillerie est conduite en avant de l'Arc de Triomphe, et couverte d'abattis. Le maréchal retourne à la barrière de Clichy, où sa présence anime les gardes nationaux. Les uns construisent un retranchement intérieur avec des charrettes et les bois d'un chantier; les autres, du haut de la plateforme et des fenêtres du bâtiment de l'octroi, font un feu nourri sur les Russes. Des pièces de canon, placées aux em-

(1) Nous avons appris que M. Regnault avait paru à la tête d'un détachement de sa légion sur la butte Montmartre; mais qu'après avoir vu les premiers boulets, sa prudence, l'emportant sur son courage, l'avait entraîné loin du champ de bataille, où il avait été dégradé et remplacé provisoirement par M. Odiot. (*La régence à Blois*, par un habitant de Paris. Paris, Lenormant 1814, in-8, p. 6.

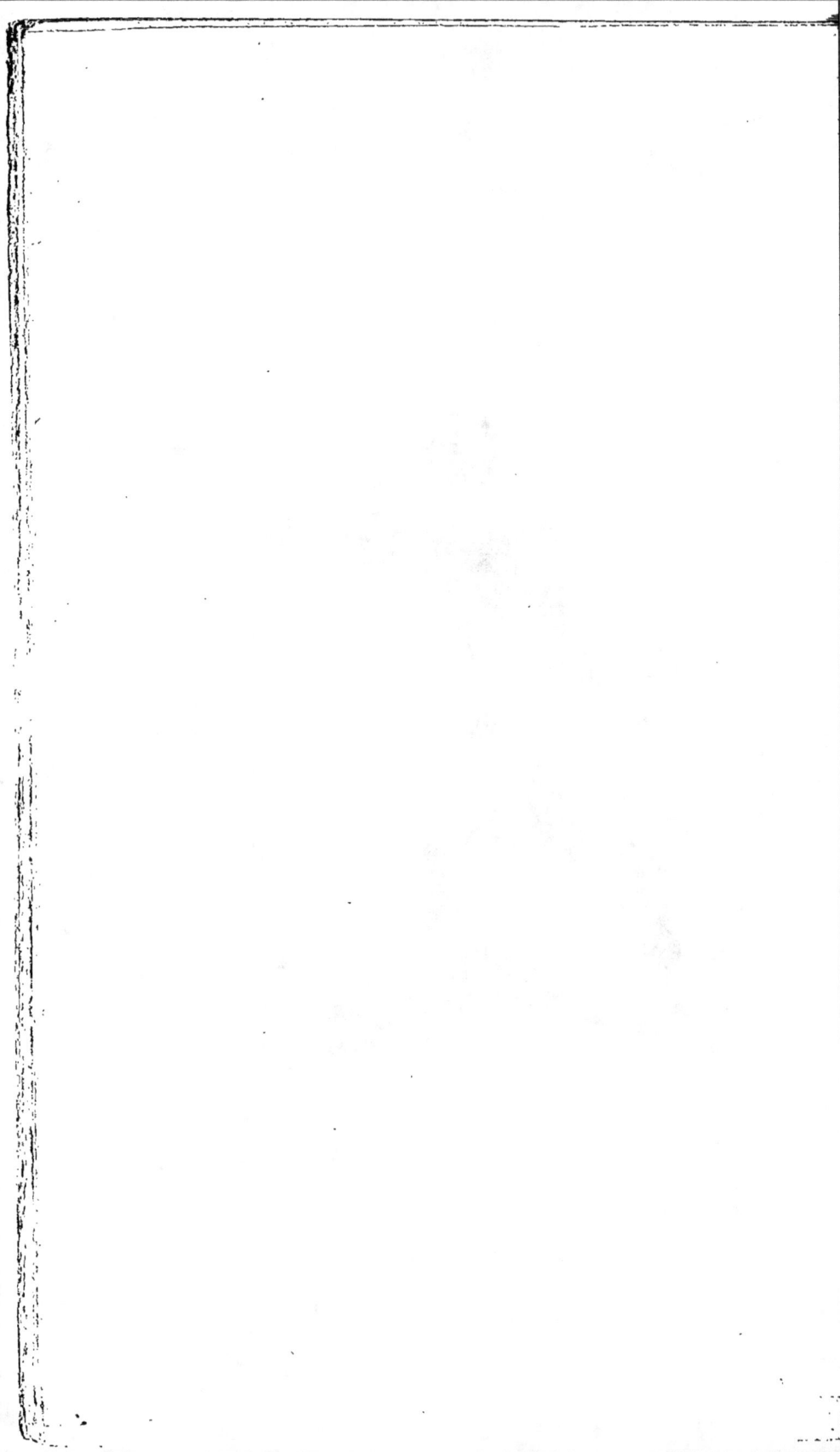

brasures des palissades, balayent la grande rue des Batignolles. L'avant-garde du corps de Langeron recule; mais à cinq heures, le son de la trompette annonce un parlementaire, et un armistice est proclamé. Les hostilités cessent, tant à la barrière de Clichy qu'à la barrière de l'Etoile, où la 1re légion était aux prises avec la cavalerie du général Emmanuel. Toutefois, quelques tirailleurs russes ayant fait une démonstration, les gardes nationaux ripostèrent, et le feu recommença pendant quelques instants.

L'article 5 de la capitulation portait : «La garde nationale, ou garde urbaine, est entièrement distincte des troupes de ligne ; elle sera tenue sur pied, ou désarmée, ou licenciée, suivant les dispositions ultérieures des puissances alliées. Dans la nuit, MM. Alexandre de Laborde et Tourton, adjudants-commandants de la garde nationale, se rendirent auprès du prince de Schwartzemberg, et obtinrent de lui que la garde nationale conserverait, à l'intérieur ou aux barrières, tous les postes utiles à la tranquillité publique.

Moncey, obligé de suivre l'armée, remit le commandement au chef de l'état-major Allent ; mais celui-ci déclina cet honneur et le réclama pour le comte de Montmorency (1).

(1) Anne-Charles-François, comte, puis duc de Montmorency, né le 28 juillet 1768 ; émigré ; rentré en France sous le Consulat ; commandant de la garde nationale d'Eure-et-Loir ; nommé, le 8 janvier 1814, aide-major général de la garde nationale de Paris.

Toutes les mesures prises par le maréchal avant son départ furent scrupuleusement exécutées, pendant la nuit du 30 mars. « Sur quelques points, l'ivresse ou la fatigue des tambours de planton empêcha les ordres de parvenir ; sur d'autres, il survint des incidents que les ordres n'avaient pas prévus ; mais le zèle et l'intelligence des officiers et des gardes nationaux remédia à tout. Aux Tuileries, le chef du poste, de concert avec l'architecte, lui-même officier supérieur de la garde nationale (1), prit les dispositions nécessaires pour conserver et défendre au besoin le château. Dans quelques prisons, les détenus profitèrent, pour s'échapper, de l'intervalle qui s'écoula entre le départ des postes de la ligne et l'arrivée de la garde nationale : elle ramena les uns et contint les autres. Les maraudeurs et les gens à la suite de l'armée furent conduits ou dirigés sur ses colonnes ; les Cosaques qui pénétrèrent par dessus les palissades furent, suivant la consigne, saisis à l'instant même, et gardés en lieu sûr jusqu'au lendemain. A l'intérieur, de continuelles patrouilles prévinrent les rassemblements. Beaucoup de maisons étaient barricadées, et dans presque toutes, les habitants conservaient de la lumière jusqu'au dernier étage. Le moindre bruit attirait aux croisées les femmes, les enfants, les vieillards. Quoique la population fût inquiète et debout, néanmoins les rues semblaient désertes ; leur profond silence n'était inter-

(1) M. Fontaine, chef de bataillon de la première légion.

rompu que par la marche des patrouilles. Si, profitant
de leur éloignement, quelques figures d'un aspect sinistre paraissaient se grouper comme des ombres,
presque aussitôt d'autres patrouilles les écartaient ou
les mettaient en fuite (1).

La défense de Paris est l'une des plus belles pages
de l'histoire de la garde nationale. Si l'on eût secondé
le zèle des citoyens, exalté leurs sentiments patriotiques, soulevé la population, employé les ressources
matérielles dont on pouvait disposer, les coalisés auraient été anéantis. Napoléon avait compté sur une
victoire, et il fut altéré en apprenant cet échec décisif. Il le sut par le général comte Belliard, qu'il ren-
contra à la Cour-de-France, avec un corps de cavalerie qui avait vaillamment combattu dans la plaine
Saint-Denis. L'Empereur était en voiture, accompagné
du prince de Neufchâtel et du duc de Vicence. Il mit
pied à terre, prit la main de Belliard, et l'emmena sur
la grande route, en lui disant : « Eh bien ! qu'est-ce
que cela ? Comment êtes-vous ici avec votre cavalerie ?
Où est l'ennemi ?

— Aux portes de Paris.

— Et l'armée ?

— Elle me suit.

— Et qui garde la capitale ?

— La garde nationale parisienne.

(2) *Mém.* de F. Kock, t. II, p. 513.

— Que sont devenus ma femme et mon fils? Où est Mortier? Où est Marmont?

— L'impératrice et le roi de Rome sont partis avant-hier pour Rambouillet, et de là je pense pour Orléans. Les maréchaux sont sans doute encore à Paris, pour y terminer leurs arrangements.

Là dessus Belliard, tout en suivant l'Empereur, qui marchait à grands pas, fit une narration succincte des événements. Le prince de Neufchâtel et le duc de Vicence arrivèrent au moment où il la terminait.

— Eh bien! messieurs, reprit Napoléon, vous entendez ce que dit Belliard. Allons, je veux aller à Paris, partons! Caulaincourt, faites avancer ma voiture.

— Mais, sire, dit Belliard, il n'y a plus de troupes à Paris.

— C'est égal; j'y trouverai la garde nationale; l'armée me rejoindra demain ou après-demain, et je rétablirai les affaires.

— Mais je répète à Votre Majesté qu'elle ne peut aller à Paris. La garde nationale, d'après le traité, occupe les barrières, et quoique les alliés ne doivent y entrer qu'à sept heures, il serait possible qu'ils eussent passé outre, et qu'elle rencontrât aux portes ou sur les boulevards, des postes russes ou prussiens.

— N'importe, je veux y aller; ma voiture! Suivez-moi avec votre cavalerie.

— Mais, sire, Votre Majesté s'expose à se faire prendre, et à faire saccager Paris; plus de cent vingt mille hommes occupent les hauteurs environnantes.

Quant à moi, j'en suis sorti en vertu d'une convention, et je ne puis y rentrer.

— Quelle est cette convention? qui l'a conclue?

— Je ne la connais pas, sire ; seulement, le duc de Trévise m'a prévenu qu'elle existait, et que je devais me porter à Fontainebleau.

— Que fait Joseph? Où est le ministre de la guerre?

— Je l'ignore ; nous n'avons reçu aucun ordre de l'un ni de l'autre, pendant toute la journée. Chaque maréchal agissait pour son compte. On ne les a point vus aujourd'hui à l'armée, du moins au corps du duc de Trévise.

— Allons, il faut aller à Paris; partout où je ne suis pas, on ne fait que des sottises. Ma voiture !

La voiture était en arrière; le prince de Neufchâtel et le duc de Vicence profitèrent de ce retard pour essayer de dissuader l'empereur.

« Il fallait tenir plus longtemps, reprit-il, et tâcher d'attendre l'armée. Il fallait remuer Paris, qui ne doit pas aimer les Russes, mettre en action la garde nationale qui est bonne, et lui confier la défense des fortifications que le ministre a dû faire élever et hérisser d'artillerie. Elle les aurait sûrement bien gardées, tandis que les troupes de ligne auraient combattu en avant, sur les hauteurs et dans la plaine.

— Je vous répète, sire, dit Belliard, qu'on a fait plus qu'il n'était possible. L'armée entière, forte de quinze à dix-huit mille hommes, a résisté à plus de cent mille jusqu'à quatre heures, espérant

28.

que vous alliez venir de moment en moment. Le
bruit s'en étant répandu dans Paris, et ayant percé
jusqu'à l'armée, elle a redoublé d'ardeur, et forcé les
ennemis à tourner la ville par la plaine de Neuilly et
le bois de Boulogne. La garde nationale s'est aussi
fort bien montrée, soit en tirailleurs, soit en défendant
les méchants tambours qui couvraient les barrières.

— Mais Montmartre fortifié, garni de gros canon,
devait faire une vigoureuse résistance.

— Heureusement, sire, l'ennemi l'a cru comme
vous, et voilà pourquoi il s'en est approché avec tant
de circonspection. Cependant il n'en était rien, et il n'y
avait que neuf pièces de 6.

— Qu'a-t-on fait de mon artillerie, je devais en avoir
plus de deux cents pièces à Paris, et des munitions
pour les alimenter pendant un mois.

— La vérité, sire, est que nous n'avons eu à opposer à l'ennemi que de l'artillerie de campagne, dont
encore à deux heures, il a fallu ralentir l'action, faute
de munitions.

— Allons! je vois que tout le monde a perdu la tête;
voilà pourtant ce que c'est que d'employer des hommes qui n'ont ni sens commun ni énergie! Eh bien!
Joseph s'imagine cependant être en état de conduire
une armée, et le routinier Clarke a tout l'orgueil d'un
bon ministre! mais l'un n'est qu'un c......., et l'autre
un j... f....., ou un traître, car je commence à croire
ce que m'en disait Savary (1). »

(4) *Mémoires* de F. Koch, t. II, p. 562.

Cette conversation, qui porte tous les caractères de l'authenticité, vaut un volume de considérations. Napoléon y montre ce qu'on aurait dû faire, et condamne crûment des hommes incapables ou perfides. Belliard est l'inexorable écho du fait accompli. Tous deux rendent hommage à la garde nationale, dont Napoléon dut alors regretter d'avoir si longtemps méconnu l'importance.

# CHAPITRE XIV.

Adhésion motivée de la garde nationale. — Ordre du jour du commandant en chef, comte Dessoles. — Retour des Bourbons. — La garde
nationale pendant les Cent-Jours et la Restauration.

———

Courageuse dans le combat, la garde parisienne eut,
après la défaite, une attitude calme et digne. Bien
qu'elle fût l'une des victimes de l'absolutisme impérial,
elle ne mêla point sa voix à celle des fanatiques qui
insultaient à Napoléon, et criaient *vive Alexandre!*
en baisant les genoux des vainqueurs. Ce fut seulement le 10 avril 1814, quand la déchéance de l'Empereur eut été prononcée par le sénat, que les officiers
de l'état-major de la garde nationale firent parvenir
leur adresse d'adhésion au gouvernement provisoire.

« La garde nationale a dû attendre, pour exprimer
les sentiments dont elle est animée, que l'acte consti-

tutionnel qui assure le bonheur de la nation française, eût été adopté par ses représentants (1).

« Le sénat et le gouvernement provisoire viennent de couronner leur généreuse entreprise, en proclamant ce prince dont l'antique race fut, pendant huit cents ans, l'honneur de notre pays. Un peuple magnanime, que des malheurs inouïs n'ont pu abattre, *va recouvrer les droits que le despotisme n'avait pu lui faire oublier.*

« La garde nationale se glorifie d'avoir suivi jusqu'ici la seule direction qui fût vraiment utile à ses concitoyens. Dans l'instant où chacun d'eux paraît manifester son vœu et son opinion, elle a dû faire taire des sentiments particuliers, et ne s'occuper que de l'intérêt commun à tous, celui de l'ordre et de la tranquillité publique.

« A peine échappée à d'inutiles dangers, elle s'est occupée d'utiles travaux, elle a cherché à seconder votre zèle qu'elle partage, et vos succès qu'elle admire. Exempte, par sa composition de toute rivalité de rang, et, par son existence passagère, de toute ambition, elle n'aspire qu'à remplir l'honorable but auquel elle est appelée, et à donner à la France entière l'exemple du dévouement pour son prince et de l'amour pour son pays.

« C'est ainsi qu'elle adhère avec empressement à l'acte constitutionnel qui rend le trône de France à Louis-Stanislas-Xavier et à son auguste famille. »

_____

(1) Il fut décrété par le Sénat, le 6 avril 1814.

On voit, par ce document, que la garde nationale attendait de Louis XVIII les libertés confisquées par Napoléon. Plusieurs jours après l'entrée des alliés à Paris elle portait encore les couleurs tricolores. Ce fut l'objet du premier ordre du jour de son nouveau commandant, le comte Dessolles, nommé le 2 avril par le gouvernement provisoire (1).

      « Du 9 avril, à onze heures du soir.

      « Le gouvernement provisoire, par arrêté de ce soir, ordonne à la garde nationale de prendre la cocarde blanche, qui redevient, dès ce moment, la cocarde nationale et le seul signe de ralliement des Français. En conséquence, MM. les chefs de légions sont invités à donner les ordres nécessaires pour que la garde nationale prenne de suite la cocarde blanche.

      « La cocarde uniforme est en bazin blanc plissé ; s'il ne s'en trouve point de faites en assez grand nombre, on pourra porter provisoirement la cocarde en ruban blanc.

      « Le présent ordre sera imprimé et transmis de suite à MM. les chefs de légion, distribué dans toutes les compagnies, et affiché dans tous les postes. »

      « Le général, commandant en chef,

         « le comte DESSOLLES. »

---

(1) Jean-Joseph-Paul-Augustin, comte Dessolles, capitaine en 1792 ; adjudant général, le 11 vendémiaire an II ; général de brigade, le 12 prairial an V ; général d'une division de l'armée

Les Bourbons, à leur retour, s'efforcèrent de se concilier la garde nationale. Monsieur, frère du roi, entra dans Paris le 12 avril; un détachement, pris dans les six premières légions, alla au devant de lui jusqu'à Livry, et le prince *daigna* dire aux gardes nationaux, *avec ce ton de bonté et de courtoisie qui distingue les descendants d'Henri IV* (1) :

« J'aime l'habit que vous portez, il est celui d'un grand nombre de bons Français. J'en ai fait faire un pareil dans la bonne ville de Nancy; je n'en aurai point d'autre pour mon arrivée à Paris. » En effet, il se revêtit de l'uniforme, qu'il décora du *cordon bleu* en sautoir. Dès son installation dans la capitale il passa successivement en revue les douze légions, leur distribua force rubans blancs, aux sons de la musique militaire qui jouait à satiété : *Vive Henri IV* et *où peut-on être mieux qu'au sein de sa famille.*

Le 21 avril 1814, le commandant Dessoles, l'état-major, des détachements de la garde nationale à pied et à cheval (2) allèrent à Saint-Denis au-devant du duc de Berry, qui les reçut en criant : *Vive la France! vive la garde nationale!* Le 24, le duc et son *auguste* père, Monsieur, réunirent tous les officiers au nombre

du Hanovre en 1803; gouverneur des royaumes de Cordoue et de Jaen en 1808. Il était rentré dans la vie privée depuis 1812.

(1) *Journal de Paris* du 13 avril 1814.

(2) Cette dernière avait été organisée, le 16 avril, sous les ordres du comte Charles de Damas, émigré, ancien commandant de la légion de Mirabeau (armée de Condé).

de douze cents dans la grande galerie du Louvre, et *daignèrent s'entretenir de la manière la plus affable avec la plupart d'entre eux.* Par un ordre du jour du 26 avril, le comte Dessolles annonça que les gardes nationaux à mesure qu'ils auraient passé la revue, recevraient *une fleur de lys en argent,* suspendue à un ruban blanc moiré (1); qu'il leur serait délivré un brevet de cette décoration, et que les conseils de discipline pourraient en priver, pour un temps plus ou moins long, les gardes nationaux coupables de graves infractions au service, ou de fautes tendant à compromettre la sûreté publique et l'honneur de la garde nationale.

A Saint-Ouen, Louis XVIII s'entoura de détachements de la garde nationale de Paris. Celle de Versailles s'y joignit, apportant un magnifique drapeau blanc aux armes de France, présent des dames de la ville, et solennellement béni le 19 avril, par monseigneur l'évêque. Lorsque le *digne héritier du bon Henri* eut été réinstallé sur le trône de ses ancêtres, un nouvel ordre du jour résuma la conduite qu'avait tenue la garde nationale, et lui traça ses devoirs.

Paris, 4 mai 1814.

« C'est au milieu de la garde nationale que le roi est entré à Paris, a traversé la capitale, et, de la mé-

(1) Une ordonnance du 5 août 1814 y ajoute un liséré bleu de roi.

tropole, est venu se reposer enfin dans le palais de ses pères.

« Paris a offert le spectacle intéressant de toutes les familles réunies, les pères, les époux et les fils sous les armes, animés d'une joie vive mais calme, et contenant leurs transports pour assurer l'ordre autour de Sa Majesté ; derrière eux, au-dessus d'eux, les mères, les épouses, les enfants, se livrant, avec l'abandon d'un cœur dégagé de tous soins, à l'enthousiasme qu'inspirait la présence du roi et de la famille royale.

« Ce jour termine avec gloire une période honorable, et commence, pour la garde nationale, une nouvelle série de services.

« Dès l'origine, elle s'est constituée suivant le but véritable de son institution, pour défendre, contre tous les ennemis de l'ordre, les personnes et les propriétés.

« Dans la journée du 30 mars elle a défendu l'enceinte jusqu'à ce qu'une convention et l'ordre de ses chefs lui aient prescrit de remettre les barrières.

« Dans la nuit du 30 au 31 mars, à mesure que l'armée et la garnison évacuaient la capitale, la garde nationale occupait tous les postes ; ses patrouilles dissipaient tous les attroupements ; sur tous les points de l'enceinte elle contenait les troupes irrégulières ; partout le désordre a été arrêté dans sa naissance, et la capitale sauvée par elle-même.

« Depuis, la garde nationale a soutenu avec constance tout le poids d'un pénible service, et n'a cessé, dans sa conduite, d'unir la fermeté à la modération.

29

« Dans cette révolution inopinée, où l'esprit de parti pouvait donner lieu à des débats, germes fâcheux d'une guerre intestine, Paris a vu la garde nationale attendre avec calme le signal de ses chefs, forcés d'attendre eux-mêmes qu'une lumière égale éclairât tous les esprits; et quand le signe antique de ralliement des Français est redevenu celui de la nation, avec quelle unanimité toute la garde nationale, prenant au premier ordre la cocarde blanche, a jeté dans la balance de l'opinion le poids de son exemple, et donné à son tour le signal à l'armée !

« Dans la journée d'hier, en maintenant l'ordre, elle a repoussé dans son propre sein les mouvements d'un zèle inconsidéré. Le petit nombre de ceux que le désir de voir plus longtemps le monarque avait entraînés hors des rangs, les ont repris de suite, ou d'eux-mêmes, ou à la voix de leurs chefs; en un mot, elle s'est montrée digne de la confiance noble et touchante avec laquelle Sa Majesté lui a remis le dépôt sacré de sa personne et de sa famille.

« Tant que la garde qui doit environner le prince ne sera pas constituée telle que l'exigent la majesté du trône et les lois de la monarchie, la garde nationale continuera le même service près les fils de saint Louis et de Henri IV, et n'oubliera point qu'elle en répond à la France.

« Le général en chef témoigne à la garde nationale sa vive satisfaction. Il se félicite de voir son nom mêlé à de si grands services, s'attacher avec gloire à cette mémorable révolution. Il le doit à la garde nationale; il s'honore de la commander, et la remercie d'avoir, par une si noble conduite, honoré son commandement.

> « Le général commandant en chef,
>
> « DESSOLLES. »

Les douze légions, en grande tenue, furent passées en revue par le roi, le 8 mai, du haut du balcon des Tuileries. Le 13, « Sa Majesté voulant donner un témoignage éclatant de sa satisfaction particulière aux gardes nationales de son royaume, et notamment de sa bonne ville de Paris, ayant une entière confiance dans leur zèle et leur fidélité pour sa personne, » nomma Monsieur, comte d'Artois, colonel général de toutes les gardes nationales de France. « Ce beau titre, disait une proclamation du 15 mai, signée par l'abbé de Montesquiou, ministre de l'intérieur, et par le comte Dupont, ministre de la guerre : ce beau titre était dû au prince qui, doué de qualités éminemment nobles et toutes françaises, s'est présenté à la nation sous l'habit national, et a offert à tous les yeux un gage assuré de ses sentiments affectueux, que manifestait encore sa touchante affabilité. L'uniforme des gardes nationales, déjà si honorable par lui-même, l'est devenu dès lors davantage, et une généreuse émulation a soudain enflammé toutes les classes de l'État, pour entrer dans les rangs à la tête desquels brille un prince digne de servir de guide à l'honneur français, et au dévouement de tous les cœurs pour Sa Majesté. Ce noble empressement qui a éclaté dans Paris s'est montré non moins vif dans les grandes cités et sur tous les points du royaume. Les hommes qu'une haute naissance fait remarquer, ceux que l'éducation et la fortune distinguent, et ceux qui se consacrent à des arts libéraux et à une utile industrie, tous se pressent sous des drapeaux qui présentent au roi l'élite de son peuple, et une force immense pour le maintien de l'ordre intérieur. Quels agitateurs, s'il en pouvait exister, se permettraient de le troubler en présence de tant de nombreuses phalanges de citoyens essentiellement dévoués à l'autorité souveraine? Quel empire les lois n'auront-elles pas sous l'égide de tant de bras armés pour l'intérêt des familles et des propriétés ! »

Le comte Dessolles reçut le titre de major-général des gardes nationales du royaume (1); il conserva celui de commandant en chef de la garde parisienne. Mais à partir du 16 juin, il fut subordonné au commandant de la place. Le retour des troupes de ligne à Paris réduisit le service de la garde nationale aux postes des Tuileries, de l'état-major, de l'hôtel de ville, des mairies, du Trésor et de la Banque. A la revue passée aux Tuileries, le 16 juin, M. de Montesquiou (2) exprima au comte Maison, général en chef

----

(1) Ordonn. du 20 mai.
(2) Élisabeth-Pierre, comte de Montesquiou-Fezenzac, né à Paris, en 1764, grand chambellan, aide-major de la garde nationale de Paris.

de la garnison nouvelle, « la joie que lui faisait éprouver le retour si désiré de ces braves défenseurs de la
France » ; et cette joie était sincère, car si la Garde
parisienne était comblée d'honneurs, elle était aussi
accablée de fatigues. « Les troupes de ligne, répondit
le comte Maison, s'efforceront de mériter l'estime et
l'affection des habitants de la capitale ; nous ambi-
tionnerons surtout celles de la garde nationale, dont
tout bon Français a su apprécier les services et admi-
rer la conduite pendant les grands événements qui
viennent de se passer. »

Les postes intérieurs des Tuileries, que la garde
nationale avait conservés, lui furent enlevés, le 26
juin, par les gardes-du-corps récemment créés. Le ministre de la maison de Louis XVIII, M. de Blacas,
s'empressa de pallier, par une lettre au général Dessolles, ce que cette mesure pouvait avoir de désobli-
geant. « S. M. était vivement touchée du dévouement
de ces braves Français, assujétis aux devoirs de la discipline la plus exacte, comme aux fatigues de la vigilance la plus assidue. » Louis XVIII ordonna qu'on
assignât, dans la salle des maréchaux, aux grenadiers
et chasseurs de service, une place distincte d'où il leur
fût possible de le contempler quand il se rendrait à la
chapelle. Les gardes nationaux et les gardes-du-corps
fraternisèrent, le 18 juillet, dans un grand banquet
donné à Tivoli, sous la présidence du comte Dessolles.
Des toasts y furent portés au roi, à la famille royale,
à l'armée, aux dames, à l'union des Français. Le duc

29.

de Berry, *qui voulait bien honorer la fête de son auguste présence*, s'était réservé la santé de la garde nationale ; prévenu par le duc de Grammont, capitaine des gardes, il s'écria : « Vous me l'avez volée ; mais j'en vais porter une qui est dans le cœur de tous les Bourbons : *A la prospérité de la France!*

Les revues, grandes parades, distributions de croix, félicitations princières, bénédictions de drapeaux, se succédèrent pendant plusieurs mois, et s'étendirent aux départements. Il plut des décorations du Lys à Rouen, Bordeaux, Cahors, Évreux et Sainte-Menehould. La garde nationale, séduite par tant de cajoleries, se prit à aimer sérieusement les Bourbons, malgré leur médiocrité personnelle. Ils apportaient des libertés, des garanties constitutionnelles, le vote régulier de l'impôt, à un peuple longtemps maintenu sous un joug d'airain, corvéable à merci, et témoin chaque jour des embastillements les plus arbitraires. Et puis, ils promettaient la paix, et ce fut là le principal motif de la popularité réelle dont ils jouirent à leur avènement. La terre, selon l'expression d'un poëte du temps, était lasse de ne produire que des lauriers (1). La France s'épuisait ; depuis le 11 janvier 1813 seulement, elle avait fourni treize cent mille hommes ; les villages étaient déserts. Le désir du repos avait pénétré tous les cœurs ; il éclate dans

---

(1) *Le Souper de Henri IV*, par Rougemont, vaudeville, représenté aux Variétés, le 23 avril 1814.

les journaux de l'époque, dans les pièces de circonstance dont les journaux furent prodigues (1), dans une multitude d'odes, de chansons, de quatrains, de *bouquets*, de madrigaux (2). L'avénement de la dynastie bourbonnienne répondait donc à un vœu presque général ; mais l'influence accordée à des princes sans mérite, à des émigrés, à des hobereaux ; les concessions faites à l'étranger par le traité du 30 mai; le maintien des droits réunis; la loi du 22 octobre contre

(1) *Pélage* ou *le Retour d'un bon Roi* (Opéra). *Les Héritiers de Michau* (Opéra-Comique). *Une Nuit de la garde nationale,* comédie (Odéon, 16 juin 1814). *Les Clefs de Paris; un petit Voyage du Vaudeville,* divertissement pour le retour de la paix (Vaudeville). *Vive la Paix!* ou *le Retour au village* (Ambigu-Comique). *L'entrée d'Henri IV à Paris* (Cirque). *Henri IV,* mélodrame en trois actes (Gaîté). *La Pacification générale,* comédie, par Chambelland, représentée à Dijon, le 26 juin 1814.

(2) *Vive la paix!* par Desaugiers; *Vive le roi! vive la paix!* par Coupart ; *Invocation à la paix,* par le chevalier de Piis.

Souris à l'heureux jour qui vient rendre aux Français,
Henri IV et les lis, les Bourbons et la paix !
(*Aux mânes de mon père,* par Jacquemin.).

Les cieux après l'orage,
Font briller un beau jour ;
Avec le vert feuillage,
La paix est de retour.
(*Vive Henri!* par Armand Gouffé.)

Moi, que la paix inspire,
Heureux de ses présents, je puis donc les chanter.
(*Ode,* par André de Mureille.)

la presse ; les *censeurs* royaux ; les monuments élevés à la mémoire des chouans ; des préjugés rétrogrades, des mesures inconsidérées, firent perdre à Louis XVIII les avantages de sa position, et quand Napoléon revint de l'île d'Elbe, on le salua comme un libérateur.

On lisait dans les journaux, pendant les premières semaines du mois de mars 1815 : « *Buonaparte* a débarqué, le 1$_{er}$ mars, près de Cannes ; toutes les mesures sont prises pour l'arrêter et déjouer cette tentative insensée.

« — On a appris à Marseille, le 3 mars, le débarquement de *Buonaparte* : quoiqu'on doute encore de la nouvelle, les drapeaux blancs ont flotté à l'instant à toutes les fenêtres ; des cris de *vive le roi!* ont éclaté ; la garde nationale entière a demandé à marcher.

« — Le duc de Valentinois, qui allait prendre posses-sion de la principauté de Monaco, a été arrêté par un détachement de la petite *bande de Buonaparte ; ce chef de brigands*, après avoir eu avec le duc une conversation, lui a laissé continuer sa route.

« — Le 9 mars sera à jamais remarquable dans les fastes de notre histoire. A midi, les douze légions de la garde nationale de Paris, et les régiments qui forment la garnison, se sont rassemblés dans la cour des Tuileries et sur le Carrousel. A une heure, S. A. R. le duc de Berri a passé devant le front de chacune des légions. Alors le roi a paru sur le balcon, et les légions, par ordre de numéros, ont eu l'honneur de défiler devant S. M., aux cris mille fois répétés de

*vive le roi !* La garde nationale semblait fière de pouvoir, la première, dans ces circonstances, faire éclater
envers notre souverain légitime ces témoignages d'a-
mour, qui sont si bien partagés par tous les Français.

« — Une ordonnance de S. M., en date du 9 mars,
règle l'organisation, l'armement et l'équipement des
gardes nationales sédentaires, principalement chargées de la garde des places fortes, de la répression des
factieux et des rebelles. Dans les départements où il
se présentera des gardes nationaux pour faire un service extérieur et momentané, les préfets, de concert
avec les inspecteurs des gardes nationales, les orga-
niseront en compagnies, cohortes et légions volontaires. Aucun engagement ne pourra résulter de ce
service de dévouement et d'honneur. Les citoyens seront libres de rentrer dans leurs foyers dès que la rébellion sera comprimée (1).

« — Hier matin, 11 mars, une foule immense remplissait la terrasse et la cour des Tuileries. A trois heures,
des officiers de la maison du roi ont paru au balcon ;
l'un d'eux a indiqué qu'il désirait parler. Il a annoncé
que le roi venait de recevoir la nouvelle que le duc
d'Orléans, à la tête de vingt mille hommes et de la
garde nationale de Lyon, avait attaqué *Buonaparte*
dans la direction de Bourgoin ; qu'il l'avait complètement battu et repoussé pendant dix lieues. Ces heu-

(1) *Le Nain jaune* du 15 mars 1815, n. 355.

reuses nouvelles ont été reçues aux cris mille fois répétés de *vive le roi* (1)*!*

« —Aujourd'hui, 16 mars, à midi, aux lieux de rassemblement indiqués (2), les douze légions se sont réunies pour être passées en revue par le prince colonel
général. Monsieur a été salué du cri unanime de *vive
le roi! vive Monsieur!* S. A. R. était accompagnée du
major général comte Dessolles. Elle a parcouru toutes
les lignes, en recevant les témoignages les plus éclat-
tants du zèle, du dévouement, et de la fidélité de la
garde nationale. Après le départ du prince, MM. les
chefs et officiers supérieurs de chaque légion ont reçu
l'inscription de tous ceux qu'un premier élan a fait
sortir des rangs pour composer le corps qui, sous le
titre de *légion du colonel général*, doit marcher avec
le prince contre l'ennemi de la France et de l'Europe.

« — Il ose reparaître, ce *tigre*, qui, pendant la durée
de son exécrable règne, a fait périr au moins un Français par minute ; cet *hydre*, qui a si longtemps dévoré
notre substance! à qui donc cet *aventurier* vient-il dis-
puter le trône de nos pères? aux descendants de
Henri IV. Tous ceux qui tiennent à une famille, à une

(1) *Journal de Paris* du 12 mars 1815, n. 71.

(2) 1re, 2e et 3e légions, place Vendôme ; 4e, 5e, 6e, boulevard
Bondi ; 7e, 8e, 9e, Place-Royale ; 10e, 11e, 12e, jardin du Luxembourg.

patrie, tous ceux qui possèdent quelque chose, le repoussent avec horreur.... Haine et guerre au *Corse
parricide* (1)*!* »

Le 21 mars 1815, et les jours suivants, on lisait
dans les mêmes journaux :

« L'Empereur est arrivé hier à huit heures et demie
à Paris. Une foule immense remplissait les cours du
château, la place du Carrousel et les rues adjacentes ;
des cris de *vive l'Empereur!* se faisaient entendre de
toutes parts.

« — S. M. l'Empereur a témoigné sa satisfaction de
la belle tenue de la garde nationale parisienne, qui,
suivant les expressions de S. M., a sauvé deux fois la
capitale.

« — L'Empereur a fait remettre la décoration de la
légion d'Honneur au garde national à cheval qui s'offrit seul pour accompagner le comte d'Artois, lorsque
celui-ci fut obligé de quitter Lyon.

« — La garde impériale a voulu célébrer son retour à
Paris, en offrant, le 3 avril, un banquet fraternel à la
garnison et à la garde nationale de Paris. Toutes les
dispositions avaient été faites au Champ de Mars ; un
repas de dix-sept à dix-huit mille couverts avait été
préparé sur les glacis. Le plus beau temps a secondé
cette fête civique. Des toasts à l'Empereur, à l'impératrice et au roi de Rome, ont été portés au bruit du
canon.

(1) *Journal de Paris* des 16 et 17 mars 1815.

«—Les grenadiers du 2ᵉ bataillon de la 6ᵉ légion de
la garde nationale de Paris, qui, le 30 mars 1814, sont
sortis de cette capitale pour la défendre, étaient con-
venus de se réunir tous les ans pour célébrer l'anniversaire du dévouement des braves. Cette cérémonie
a eu lieu le 13 avril. On y avait invité plusieurs des
officiers et grenadiers qui ont accompagné l'Empereur
à l'île d'Elbe. La liberté, la gloire nationale et l'Empereur ont été le sujet des toasts portés et des couplets
chantés à cette fête patriotique. MM. les grenadiers du
2ᵉ bataillon ont profité de cette circonstance pour
donner une marque d'estime et de reconnaissance à
M. Sénepart, leur capitaine, qui, dans la journée du
30 mars, fit preuve de beaucoup de courage et d'un
véritable dévouement, et pour enhardir par son exemple les soldats qu'il commandait, fit marcher à ses côtés, dans les rangs, son fils, âgé de 13 ans. Ils ont offert, à ce brave capitaine, un sabre, au nom de la compagnie.

«Un discours a été ensuite adressé par M. Destrain,
au nom des grenadiers de la garde nationale, à ceux
de l'île d'Elbe.

« Cette réunion de citoyens dévoués à la patrie et à
son chef, est rentrée vers onze heures du soir dans
Paris, au son d'une musique guerrière, et aux cris de
*vive l'Empereur !* »

Napoléon reparaissait avec des idées nouvelles,
fruit d'une tardive expérience. Il se déterminait à reprendre en sous-œuvre la Révolution. Il jetait au peu-

ple, comme un appât, les mots : *Abolition de la*
*noblesse et des titres féodaux ; liberté de la presse ; sup-*
*pression de la censure; exécution des lois de l'Assemblée*
*constituante* (1). Il emprunta à l'une d'elles quelques
dispositions, dans son décret du 10 avril, sur l'organisation de la garde nationale ; mais on y sentait encore le cachet du despotisme impérial. Tous les Français inscrits au rôle des contributions foncières ou
mobilières, de l'âge de vingt à soixante ans, étaient
*obligés au service.* Les bataillons de chaque arrondissement de sous-préfecture, quel que fût leur nombre,
formaient une seule légion. Chaque bataillon de garde
nationale se divisait en six compagnies de cent vingt
hommes, dont une de grenadiers et une de chasseurs.
Les grenadiers et chasseurs étaient armés de fusils de
calibre, avec baïonnette et giberne ; ils pouvaient au
besoin être distraits de leurs corps, pour former des
bataillons séparés. Deux cent quatre bataillons de grenadiers et de chasseurs, tirés des départements de
l'Est et du Nord, furent mis immédiatement en activité, pour tenir garnison dans les places frontières et
occuper les défilés, passages de rivières, postes et ou-
vrages de campagne qui leur seraient indiqués.

Les fusiliers, réservés au service intérieur, pouvaient monter la garde avec leurs vêtements accou-
tumés, en mettant à leur chapeau la cocarde nationale ; tout individu payant moins de cinquante francs

(1) Décrets des 13 et 14 mars.

30

d'impôt, était armé et équipé aux frais de son département.

L'Empereur nommait les chefs de légion et les chefs de bataillons de grenadiers et de chasseurs, sur la proposition du ministre de l'intérieur. Un comité d'arrondissement désignait les autres officiers, et soumettait ses choix à un comité départemental ; l'Empereur délivrait les brevets. Les sous-officiers étaient nommés par les chefs de bataillon, sur la proposition des capitaines, et sauf l'approbation des chefs de légion.

Napoléon reprit le commandement en chef de la garde parisienne, et confia au comte Durosnel (1) les fonctions qu'avait si dignement remplies le maréchal Moncey. Le 16 avril, les douze légions furent passées en revue dans la cour des Tuileries et sur la place du Carrousel, aux cris *mille fois répétés* de vive l'Empereur ! On y revit, pour la première fois depuis la République, les habits et les vestes coudoyer les uniformes. Napoléon avait prescrit qu'on n'éloignât personne des rangs pour motif de tenue plus ou moins régulière (2). Après le défilé, il ordonna de former le carré, fit avancer les officiers des douze légions, et leur dit :

« Soldats de la garde nationale de Paris, je suis

(1) Antoine-Jean-Auguste-Henri Durosnel, né le 9 novembre 1771, général de brigade le 24 décembre 1805, lieutenant général le 16 avril 1809.

(2) Ordre du jour du 11 avril.

bien aise de vous voir. Je vous ai formés il y a quinze
mois pour le maintien de la tranquillité publique dans
la capitale, et pour sa sûreté. Vous avez rempli mon
attente. Vous avez versé votre sang pour la défense
de Paris, et si des troupes ennemies sont entrées dans
vos murs, la faute n'en est pas à vous, mais à la trahison, et surtout à la fatalité qui s'est attachée à nos
affaires dans ces malheureuses circonstances.

« Le trône royal ne convenait pas à la France. Il ne
donnait aucune sûreté au peuple sur ses intérêts les
plus précieux. Il nous avait été imposé par l'étranger.
S'il eût existé, il eût été un monument de honte et de
malheur. Je suis arrivé, armé de toute la force du
peuple et de l'armée, pour faire disparaître cette tache
et rendre tout leur éclat à l'honneur et à la gloire de
la France.

« Soldats de la garde nationale, nos armées sont
toutes composées de braves qui se sont signalés dans
plusieurs batailles, et qui présenteront à l'étranger une
muraille de fer, tandis que quatre cent cinquante mille
grenadiers et chasseurs des gardes nationales garanti-
ront nos frontières. Je ne me mêlerai point des affaires
des autres nations. Malheur aux gouvernements qui se
mêleraient des nôtres ! Des revers ont retrempé le caractère du peuple français ; il a repris cette jeunesse,
cette vigueur qui, il y a vingt ans, étonnaient l'Europe.

« Soldats, vous avez été forcés d'arborer les couleurs proscrites par la nation, mais les couleurs nationales étaient dans vos cœurs. Vous jurez de les

prendre toujours pour signe de ralliement, et de défendre ce trône impérial, seule et naturelle garantie
de vos droits. Vous jurez de ne jamais souffrir que des
étrangers, chez lesquels nous avons paru plusieurs fois
en maîtres, se mêlent de nos institutions et de notre
gouvernement. Vous jurez enfin de tout sacrifier à
l'honneur et à l'indépendance de la France.

— Nous le jurons ! répondit unanimement toute la
garde nationale.

Quelques pâles reflets du soleil de 1792 éclairèrent
l'agonie de l'Empire. Les bataillons de chasseurs et de
grenadiers, mis en réquisition, montrèrent la plus
belliqueuse animation. Les enrôlements volontaires se
multiplièrent : plus de mille jeunes gens se firent inscrire à la préfecture de la Seine dans la seule journée
du 2 mai. Il se forma des corps francs. Les élèves des
lycées, âgés de 17 à 20 ans, demandèrent à se réunir
en escouades de canonniers, et des pièces d'artillerie
furent mises à leur disposition. Les citoyens de Paris
et des autres grandes villes, sous la direction de l'autorité militaire, s'exercèrent à la manœuvre ou travail-
lèrent aux fortifications.

« L'instruction de la garde nationale de Paris, et les
sentiments qui l'animaient pour l'Empereur, ne per-
mettaient pas de faire de différence entre la garde
bourgeoise de la capitale et les différents corps de
l'armée (1). » Les canonniers de l'artillerie parisienne

(1) *Journal de Paris* du 18 mai 1815.

rivalisaient avec les vieux artilleurs d'Austerlitz et de la Moskowa.

On réapprit la *Marseillaise*. Les airs *vive Henri IV* et *Charmante Gabrielle*, qu'avait exhumés la Restauration, firent place aux chansons révolutionnaires. On en fit de nouvelles : la *Lyonaise*, la *Rouennaise*, la *Parisienne*, la *Dauphinaise*, la *Nantaise*, etc. Les soirs où l'on jouait *Marius à Minturne*, au Théâtre-Français, les spectateurs appliquaient à Napoléon ces deux vers :

> Le seul nom d'un héros enfante des soldats ;
> Vous les verrez marcher en foule sur ses pas.

La salle retentissait d'applaudissements, de cris de *vive l'Empereur ! vive la patrie !* Et la *Marseillaise*, l'air : *Veillons au salut de l'Empire*, étaient demandés et exécutés à plusieurs reprises.

Rennes donna le signal des *fédérations*, dont les membres signaient un pacte de défense mutuelle, et prenaient pour devise : *patrie ! liberté ! Empereur !* Après la *fédération bretonne*, vinrent les fédérations *bourguignonne*, du Loiret, de Maine-et-Loire, etc. Les faubourgs Saint-Antoine et Saint-Marceau, si longtemps redoutés de l'Empereur, se lièrent par une confédération. Le 14 mai, plus de douze mille faubouriens se rendirent aux Tuileries, sans armes, divisés en pelotons, marchant sous les ordres de commissaires, reconnaissables à des brassards tricolores. Des détachements de la garde nationale, des sapeurs, des tambours, des musiciens des 8ᵉ et 12ᵉ légions, précédaient le cortége, dont les drapeaux portaient : *Fédération du faubourg Saint-Antoine*, *fédération du faubourg Saint-Marceau*. On distinguait encore dans les rangs l'étendard des *forts du Port au Blé*, et les flammes des douze légions. Napoléon dit aux fédérés que sa confiance en eux était entière ; qu'il connaissait le bon esprit du peuple ; qu'il leur serait donné des armes ; que si jamais l'ennemi osait s'approcher de Paris, ils serviraient d'éclaireurs à la garde nationale. Il leur donna pour commandant le lieutenant général Augustin Darricau, qui fut bientôt plus vulgairement connu sous le nom de général *des haricots* (1).

De nouvelles alliances offensives et défensives se formèrent entre les faubourgs Saint-Denis et Saint-Martin, et les habitants de différents quartiers. Un décret du 15 mai les organisa en vingt-quatre bataillons de tirailleurs, composés des habitants de Paris et de la banlieue, qui, ne faisant pas partie de la garde nationale, voulaient se faire inscrire pour la défense de la capitale. On leur adjoignit un bataillon d'étudiants en droit et en médecine, et l'on plaça dans leurs cadres tous les gardes nationaux nouvellement recen-

---

(1) Darricau, né en Gascogne, le 5 juillet 1773, était colonel en 1806 ; la bataille d'Austerlitz lui valut le grade de général de brigade ; il fut nommé lieutenant général en Espagne, le 31 juillet 1811.

sés qui, n'ayant pas pourvu à leur habillement, étaient considérés comme hors d'état d'en faire les frais. Les tirailleurs fédérés, exemptés de tout service habituel, s'exerçaient seulement les dimanches et fêtes, au maniement des armes, aux manœuvres de l'infanterie et au tir à la cible; ils reçurent un uniforme spécial (1). Pour les équiper, il fut ouvert, dans les douze mairies, dans les douze légions, dans les ministères, des souscriptions à la tête desquelles se mirent le comte Daru, le maréchal Soult et le prince d'Eckmühl.

On revit des dons patriotiques; de fortes sommes furent offertes *pour les frais de la guerre, les besoins de la patrie et l'habillement des gardes nationales*; chacun des ministres fit un don de trois mille francs. Les commissaires de police et employés de la préfecture se cotisèrent pour une somme de vingt mille fr. MM. Thomas frères, place des Victoires, n° 9, donnèrent trois cents fr.; un propriétaire de la rue du Chaume déposa cinq cents fr.; la compagnie des agents de change dix mille fr.; M. Alméric, fourrier des grenadiers du 1er bataillon de la 3e légion, neuf cents fr.; M. Lache-

---

(1) « L'uniforme des tirailleurs sera un habit-veste de drap bleu, croisé sur la poitrine, sans revers, collet jaune, parements bleus, liserés blancs coupés en pointe; boutons de la garde nationale; retroussis blancs; pantalon à la matelote, gris ou en toile blanche; chapeau à trois cornes, avec la cocarde nationale surmontée d'un pompon jaune.

« Giberne et porte-giberne en cuir noir. » (Décret du 15 mai. Arrêté du ministre de l'intérieur, du 20 mai 1815.)

nadais, propriétaire à Paris, dix mille fr.; M. le Villain-Dufriche, marchand de drap, rue de l'Odéon, n° 34, remit cinq habits complets, en drap vert, au colonel Simon, commandant du premier corps franc du département de la Seine. Une dame écrivit au comte Carnot, ministre de l'intérieur : « Le temps est revenu d'organiser la victoire ; je vous remets un mandat de cent fr. sur la Banque ; c'est le produit de mes bijoux. Pour la première fois j'ai regretté de n'avoir pas d'autre parure que mes enfants. — Femme L...»

A la revue du 14 mai, un officier s'approche de l'Empereur, et lui présente vingt-cinq billets de mille francs enveloppés dans un ruban de la légion d'Honneur, en disant : « Sire, je crois qu'en ce moment tout bon Français doit aider le gouvernement suivant ses moyens. Je prie donc Votre Majesté d'accepter 25,000 fr.; » puis il se perd dans la foule.

Les grenadiers du 3ᵉ bataillon de la 1ʳᵉ légion donnèrent dix-huit cents fr.; les épiciers de Paris 6,409 fr. 70 c.; ceux-ci annoncèrent que, malgré les circonstances qui n'étaient pas favorables au commerce, ils étaient dans l'intention de renouveler leur don patriotique. Une souscription, ouverte dans les légions, produisit, pour l'état-major, 4,000 fr.; pour la 1ʳᵉ légion, 11,483 fr.; pour la 4ᵉ légion, 4,487 fr. 55 c.; pour la 8ᵉ, 6,534 fr. 20 c. (1).

---

(1) Les circonstances empêchèrent le versement du contingent des autres légions.

En attendant que leur organisation fût complète, les fédérés, concurremment avec des volontaires des douze légions, s'employèrent à des travaux de terrassement qui changèrent en forteresses tous les tertres de la banlieue. Un bastion, élevé en avant de la barrière d'Italie, à droite de la route de Fontainebleau, reçut le nom de *Redoute de la Fédération parisienne*. Les fédérés, qui la construisirent, se réunissaient tous les matins, à six heures, au Tivoli d'hiver, rue de Grenelle-Saint-Honoré, n° 45, et ce local, en mémoire de leurs travaux, s'appelle encore aujourd'hui *la Redoute*.

L'enthousiasme patriotique atteignit son apogée à la cérémonie du 31 mai, où Napoléon proclama l'*Acte additionnel aux constitutions de l'Empire*, et distribua des aigles à l'armée et à la garde nationale. Des clameurs universelles lui répondirent lorsqu'il s'écria d'une voix sonore : « Vous, soldats de la garde nationale de Paris, vous jurez de ne jamais souffrir que l'étranger souille de nouveau la capitale de la grande nation. C'est à votre bravoure que je la confierai. » Mais le sentiment général était plutôt le désir de se venger des défaites passées que celui de soutenir la constitution nouvelle. Amalgame bâtard de la charte de 1814 et du sénatus-consulte du 10 thermidor an X, l'*Acte additionnel* créait des pairs héréditaires, des *Assemblées primaires* de canton, des électeurs *à vie*, choisis parmi les plus imposés de chaque arrondissement ; des députés spéciaux pour la propriété manufacturière et commerciale. Sa teneur était loin d'accomplir les promesses semées sur la route de Cannes à Paris. La France ne pouvait plus, comme en 1792, prendre pour ralliement des principes imprescriptibles; on lui demandait les dernières gouttes de son sang au nom d'un intérêt dynastique ; on ne lui accordait, pour prix de ses sacrifices, que d'insuffisantes libertés. Aussi, après la bataille de Waterloo (18 juin 1815), personne ne songea à épuiser, dans un dernier effort, les ressources de la nation. Le rôle de la garde parisienne se réduisit à maintenir le calme dans Paris, et à assurer la liberté du Corps législatif.

Il fallut reprendre ces Bourbons, que Carion-Nisan a si bien caractérisés, en disant qu'ils n'avaient *rien oublié, rien appris* (1). S. A. R. Monsieur fut réintégré dans ses fonctions de colonel général des gardes nationales; le maréchal Masséna, que les Chambres avaient un moment investi du commandement de la garde parisienne, fut remplacé par le comte Dessolles, qui, lui-même, au mois d'octobre 1815, eut pour successeur le maréchal Oudinot, duc de Reggio.

Soumise au régime des ordonnances (2), privée de chefs qui eussent sa confiance, la garde nationale s'effaça. Le gouvernement, auquel elle faisait ombrage,

(1) Discours au Tribunat, le 12 floréal an XII, *Moniteur* du 13 floréal, p. 1013, col. 3.
(2) Ordonnances des 11 janvier 1816, 30 septembre 1818, 21 uin 1821.

la laissa dans l'inaction. En 1821, on lui retira tous les postes, excepté ceux des Tuileries, des Chambres pendant les sessions, de l'hôtel de ville, de l'état-major général, et de la maison d'arrêt de la garde nationale.

Un seul incident rehausse les annales de la garde nationale, pendant le règne de Louis XVIII. La Chambre des députés venait d'exclure Manuel, pour avoir, dans ses discours, proféré des paroles injurieuses envers la famille des Bourbons (3 mars 1823). Le courageux député protesta : « Je déclare, dit-il, que je ne reconnais ici à personne le droit de m'accuser ni de me juger. Si je cherchais ici des juges, je n'y trouverais que des accusateurs. Ce n'est point un acte de justice que j'attends, c'est à un acte de vengeance que je me résigne. Dans cet état de choses, j'ignore si la soumission est un acte de prudence ; mais je sais que, dès que la résistance est un droit, elle est aussi un devoir. Arrivé dans cette Chambre par la volonté de ceux qui avaient le droit de m'y envoyer, je ne dois en sortir que par la violence de ceux qui n'ont pas le droit de m'en exclure ; et si cette résolution de ma part doit appeler sur ma tête de plus graves dangers, je me dis que le champ de la liberté a été quelquefois fécondé par un sang généreux. »

Le lendemain, conformant ses actes à ses paroles, Manuel siégeait au côté gauche ; la droite le contemple avec stupeur ; le président Ravez n'ose ouvrir la séance ; enfin, à deux heures, il agite la sounette et dit : « J'avais écrit aux questeurs, pour les inviter à donner aux huissiers l'ordre de ne pas laisser entrer M. Manuel. Cet ordre a été donné ; mais la consigne a été violée. En vertu de l'article 91 du règlement, qui m'attribue la police de la Chambre, j'invite M. Manuel à se retirer. — M. le président, répond le député proscrit, j'ai annoncé hier que je ne céderais qu'à la violence, et je viens tenir ma promesse. » Le président propose à la Chambre de suspendre la séance pendant une heure, et de se retirer dans ses bureaux. La droite adopte la motion ; la gauche reste à son poste. Le chef des huissiers entre, à trois heures, s'avance, chapeau bas vers Manuel, et lui signifie un ordre du président. « Monsieur, répond Manuel, j'ai déjà déclaré deux fois que je ne céderais qu'à la violence. Il faut qu'on m'arrache d'ici : allez chercher la force armée. — J'ai ordre de la faire entrer, en cas de refus de votre part. — Exécutez votre ordre.

Quelques minutes après on voit paraître un détachement de vétérans et un autre de la 1re compagnie du 3e bataillon de la 4e légion, conduit par le sergent Mercier, passementier de la rue Aux-fers. Le côté gauche se lève et s'écrie, par un mouvement spontané : « Quoi! la garde nationale! c'est la garde nationale qu'on choisit pour violer le sanctuaire de la Représentation! c'est la garde nationale qui attenterait à la personne d'un député de la nation! On veut la compromettre, on veut la déshonorer! » L'officier des vétérans hésite, puis il somme les gardes nationaux

de s'emparer de la personne du député. « Le sergent
Mercier et ses camarades témoignent leur refus par
des gestes énergiques. Les acclamations, les cris de
*Vive la garde nationale!* éclatent dans les tribunes
publiques; mais le vicomte de Foucault, colonel de
gendarmerie, se présente à la tête d'une escouade. Il
vient, dit-il, prêter main-forte à la garde nationale.
« C'est faux, crie-t-on, de toutes parts, la garde nationale a refusé d'être complice de cet attentat. Ne la
déshonorez pas! — Laissez-lui toute sa gloire, ajoute
La Fayette. — Gendarmes, dit le colonel, empoignez-
moi M. Manuel. » Le député est entraîné; la gauche
le suit tout entière, accueillie à sa sortie par une multitude immense qui l'applaudit avec transport.

Une protestation fut signée le lendemain par le général Foy, Labbey de Pompierre, Dupont (de l'Eure),
d'Argenson, Villemain, La Fayette, Casimir Perrier,
Thiars, Sébastiani, Etienne, et cinquante-deux autres
députés. Le général Foy dit en l'appuyant : « Est-ce
dans les circonstances graves, solennelles, terribles,
dont vous êtes entourés, que vous pourriez vous arro-
ger le droit de repousser la minorité par un injuste et
calamiteux dédain? car ce droit n'existe nulle part; il
n'est écrit ni dans la charte, ni dans le règlement, ni
dans le cœur des Français, ni dans celui de cette brave
garde nationale; oui, messieurs, de cette brave garde
nationale, qui a donné hier un si noble exemple de
son respect pour la représentation nationale. Non,
tout n'est pas désespéré; la liberté peut se recouvrer

encore, puisque la patrie renferme de pareils citoyens.»

Mercier fut l'objet d'une ovation populaire. Il fut, pendant plusieurs jours, assiégé par la foule des visiteurs. Le général La Fayette lui écrivit pour le complimenter; un grand nombre de représentants se firent inscrire chez lui. « J'avoue, dit-il à l'un d'eux, qu'en me trouvant en face des représentants de la nation, j'ai été saisi d'une émotion profonde. Il m'aurait été impossible de mettre la main sur un député : je ne crois pas que la garde nationale ait été instituée pour cela. »

Les félicitations adressées au sergent Mercier exaspérèrent les ultra-royalistes. Une ordonnance en date 19 mars, le déclara rayé des contrôles de la garde nationale, en punition de l'acte de désobéissance dont il s'était rendu coupable. Les colonels des légions, qui tous devaient leur grade au roi, protestèrent contre toute participation à l'insubordination du sergent. Les journaux ministériels lui prodiguèrent les plus grossières insultes. Nous en citerons un échantillon, pour prouver quelle était, à l'égard de la garde nationale, l'esprit de la faction aristocratique.

« La rue Aux-Fers, dit le journal *La Foudre* (1), vient d'être illustrée par l'apparition soudaine d'un pigeon semi-belliqueux. Cet oiseau, qui rentre dans l'espèce des bizets, était depuis longtemps perché sur une aune au fond d'une boutique, non loin de la fontaine

_____

(1) Troisième année, n. 136, 25 mars 1823, p. 394.

des Innocents. Son vol tranquille et terre à terre n'annonçait point que l'ambition pût entrer dans le cœur de cet animal ; tout semblait prédire qu'il ne s'élèverait jamais bien haut. Mais la renommée libérale, qui se plaît à chercher ses favoris dans les lieux les plus obscurs, alla elle-même chercher notre bizet au fond de sa retraite.

« C'était dans le mois de *mars* ; le nom du mois était heureux. La *pie libérale*, surnommée à si juste titre le *Manuel* des bavards, avait troublé une assemblée par ses cris, et une nouvelle répugnance pour le fromage blanc ; ordre fut donné au *bizet* susdit, qui s'était déguisé en brave, d'*empoigner* la pie et de la chasser. Le pigeon libéral aussitôt sentit ses pattes défaillir. Son bec pâlit, ses ailes tremblent, il ne peut avancer… O courageux animal ! dans cet état, qui le croirait ? il a l'audace de reculer. C'en est fait, il a résisté à l'ordre ! Sa gloire est établie, sa fortune est faite. Il accepte toutes les récompenses. Quand on prend du galon on n'en saurait trop prendre.

« Cet animal, quand il est bien gavé, est un très-bon plat. »

On peut croire que dès-lors le parti *ultrà* médita la ruine de la garde nationale, et qu'il attendit impatiemment une occasion favorable. Elle ne se présenta qu'en 1827.

Le 12 avril, jour anniversaire de l'entrée de Charles X aux Tuileries, la garde nationale, suivant un usage établi par Louis XVIII, devait garder seule le monarque ; elle ne fut admise à cet honneur que le 16. « Ce jour là, raconte un contemporain (1), le roi voulut passer une revue particulière. J'appartenais à l'état-major. Je fus commandé pour une des stations du roi. Lorsque Sa Majesté se présenta, je la saluai, et, tenant mon chapeau en évidence, j'élevai la voix en criant : *Vive le roi!* Personne ne répondit, comme à l'ordinaire, à ce cri d'amour et de fidélité, et le plus grand silence fut observé. Ce silence fut remarqué, et m'affecta particulièrement. Le public était généralement mécontent des mesures proposées par M. de Villèle. »

Charles X ne parut point s'être aperçu de la froideur avec laquelle on l'accueillait ; il y répondit par des éloges. L'ordre du jour du 17 était en ces termes :

« La garde nationale a exercé, le 16, l'honorable prérogative qui lui est réservée, de garder seule le roi et la famille royale, le jour anniversaire du 12 avril. Sa Majesté, en uniforme de colonel général de la garde nationale, accompagnée de Monseigneur le dauphin, a inspecté les détachements d'infanterie et de cavalerie de la garde nationale, de service pour relever les divers postes de la maison militaire et de la garde royale, qui étaient en bataille dans la cour des Tuileries.

(1) *Mémoires* du vicomte Gauthier de Brécy, doyen des lecteurs de Charles X. Paris, 1824, in-8, p. 399.

« Le roi, satisfait de sa belle tenue et de la régularité avec laquelle les divers mouvements furent exécutés ; voulant donner à la garde nationale de Paris un nouveau témoignage de sa constante bienveillance, et prouver combien il apprécie le zèle et le dévouement de ce corps, a chargé le maréchal commandant en chef d'annoncer qu'il en passerait la revue générale le dimanche 29 de ce mois.

« Le commandant en chef,

« Maréchal duc de Reggio. »

Le même jour, une ordonnance royale retira le projet de loi sur la police de la presse, projet que M. Peyronnet appelait *la loi de justice et d'amour.* Cette satisfaction donnée à l'opinion publique avait évidemment pour but de préparer au roi les *vivats* de la garde nationale. Il fut en effet salué, au Champ de Mars, par de bruyantes et continuelles acclamations. Vingt mille hommes étaient sous les armes; les six premières légions étaient placées sur deux rangs, du côté droit du Champ de Mars ; les six autres étaient rangées en face ; et la treizième légion (garde nationale à cheval) était adossée à la Seine. Charles X entra à une heure, par l'avenue de Lamotte-Piquet, accompagné des ducs d'Orléans, du duc de Chartres, et d'un grand nombre d'officiers généraux. Le dauphin, Madame, la duchesse de Berri, Madame et Mademoiselle d'Orléans suivaient le cortége en calèche découverte. Deux cent mille spectateurs occupaient les glacis. Ja-

31.

mais les Parisiens ne crièrent aussi cordialement *vive le roi!* mais ils y mêlèrent des cris de *vive la Charte! vive la liberté de la presse!* Ceux de *à bas les ministres! à bas les jésuites!* furent rares et isolés dans les rangs, comme l'attestent les témoignages que recueillit la commission chargée de l'examen des actes du ministère Villèle (1).

Dans la 1re légion, un garde national qui avait crié *Vive la charte!* fut expulsé du Champ-de-Mars (2). M. Villot, colonel de la 2e, dépose en ces termes : « La 2e légion s'est formée devant l'hôtel de M. le garde des sceaux ; pendant une heure, elle a gardé le silence le plus profond. Elle a suivi la rue de Rivoli et a passé devant l'hôtel de M. le ministre des finances ; elle a gardé le même silence. Le roi, à son passage, a été accueilli avec le plus grand enthousiasme; je n'en avais pas vu de pareil depuis 1814, et il a fallu plus que de la bonne volonté pour entendre trois ou quatre cris isolés qui sont partis du milieu de la légion; ils avaient été excités par un groupe d'hommes, tous en uniforme, quelques-uns portant un fusil, les trois quarts seulement un sabre, qui marchaient derrière la ligne et jetaient les cris : *A bas les ministres! à bas les jésuites!* Après le passage du roi, ou plutôt après que Sa Majesté a eu dépassé le front de

---

(1) Pièces annexées au rapport de M. Girod (de l'Ain), sur la mise en accusation des ministres, 21 juillet 1828.

(2) Déclaration du colonel Lapeyrière.

la 1ʳᵉ compagnie de grenadiers du 2ᵉ bataillon, **M.** le
maréchal Oudinot est venu, accompagné d'un officier
supérieur de gendarmerie, pour faire arrêter un grenadier accusé d'avoir crié *A bas les ministres !* Le
commandant lui fit observer qu'il y avait erreur, que
ce grenadier était chef de bureau dans une direction
générale et d'opinion royaliste. Cet éclaircissement
satisfit l'officier de gendarmerie, et l'arrestation n'eut
pas lieu. La légion est revenue dans le plus grand ordre ; elle s'est rompue sur le boulevard, en face du
Théâtre-Italien. Je m'étais aperçu que les têtes
avaient été montées ; j'avais évité de faire passer ma
légion par la rue de Rivoli et la place Vendôme. »

« La 3ᵉ légion, » déclare son colonel, le vicomte de
Sambucy, » réunie dès neuf heures du matin sur la
place des Victoires, était aussi nombreuse que belle.
Elle arriva en bon ordre au Champ-de-Mars. On
resta près de deux heures dans l'inaction ; pendant ce
temps, des individus étrangers aux légions circulaient
derrière les lignes pour exciter à proférer des *cris
répréhensibles ;* ils s'approchèrent de quelques gardes
nationaux qui les obligèrent de s'éloigner aussitôt,
des salves d'artillerie annonçant la présence du roi.
Sa Majesté paraît devant le front de la 3ᵉ légion, elle
y est reçue aux acclamations unanimes de *Vive le roi !*
Vers le centre du second rang, un cri répréhensible
se fait entendre ; de nouvelles acclamations couvrent
ce cri, à peine distingué. Tous les rapports des chefs
de peloton affirment que les gardes nationaux de la

3ᵉ légion n'ont fait entendre que le cri de *Vive le roi!*
Au retour, près la rue de Luxembourg, je n'entendis
que deux ou trois cris : *A bas les ministres!* Les
cris *A bas Villèle!* ne partirent d'abord que des groupes marchant des deux côtés de la colonne, et si les
provocations de ces derniers excitèrent un très-petit
nombre de gardes nationaux à répéter ces cris, ceux
de *vive le roi!* les couvrirent immédiatement. »

Les rapports des autres colonels sont dans le même
sens. La 4ᵉ, peut-être la *plus turbulente* de toutes, ne
se permit que d'ajouter des *vive la Charte!* aux *vive le
roi* (1)*!* Dans la 8ᵉ légion, un garde national sortit des
rangs, s'approcha du roi en présentant son arme, et
demanda le renvoi des ministres. Charles X répliqua :
« Je suis venu ici pour recevoir des hommages et non
des leçons ; » et l'audacieux fut chassé de sa compagnie (2). Un autre *séditieux*, qui criait *A bas les ministres!* dans les rangs de la 8ᵉ légion, fut désigné par
le roi et mis en état d'arrestation.

La conduite de la garde nationale n'était donc pas de
nature à provoquer une mesure de rigueur. Charles X,
lui-même, en rentrant aux Tuileries, dit aux maréchaux dont il était entouré : « Cela aurait pu mieux
se passer, mais au total je suis content. » Le maréchal
Oudinot demanda l'autorisation de mentionner, dans
l'ordre du jour la satisfaction du roi. Sa Majesté ré-

(1) Déclaration de M Polissart-Quatremère, colonel.
(2) Déclaration du comte Excelmans, lieutenant général.

pondit qu'elle y consentait, mais qu'elle voulait voir
le projet d'ordre du jour. A neuf heures du soir, le
maréchal l'apporta au roi, qui l'appuya, et les ordres
furent donnés en conséquence (1).

Mais le ministère offensé ne voulait pas rester sans
vengeance; il projetait d'ailleurs depuis longtemps le
licenciement de la garde nationale (2). M. de Corbière
pria le roi de vouloir bien rassembler son conseil. Les
ministres se réunirent à onze heures du soir; MM. de
Villèle, de Corbière, Clermont-Tonnerre, Damas et
Peyronnet proposèrent le licenciement. C'était une mesure extrême que Louis XVIII n'avait osé prendre que
trois fois contre les gardes nationales de Sens, du Gard
et de Brest, pour refus de service en des jours de
trouble (3). L'évêque d'Hermopolis, M. de Chabrol, et
le duc Doudeauville la combattirent avec énergie; enfin,
vers deux heures du matin, elle fut adoptée à la majorité de deux voix (4); et le lendemain un gendarme
alla signifier au maréchal Oudinot cette sèche et bru-
tale ordonnance :

(1) *Histoire de la garde nationale,* dédiée aux gardes nationaux licenciés, par un de leurs camarades (Eugène de Monglave),
Paris, 1827, in-32, p. 127.

(2) *Histoire de France pendant les années* 1825, 1826 et 1827,
Paris, chez l'éditeur, rue de l'Odéon, n. 23, 1829, in-8, t. II,
p. 81.

(3) 9 juin 1817, 26 septembre 1818 et 24 août 1820.

(4) *Mémoires* d'Alissan de Chazet, Paris, 1837, in-8, t. III,
p. 131.

« Charles, par la grâce de Dieu, roi de France et de Navarre, etc.

« Sur le rapport de notre ministre secrétaire d'État au département de l'intérieur, avons ordonné et ordonnons ce qui suit :

« *Art.* 1. La garde nationale de Paris est licenciée.

« *Art.* 2. Notre ministre secrétaire d'État au département de l'intérieur est chargé de l'exécution de la présente ordonnance.

« Donné à notre château des Tuileries, le 29e jour du mois d'avril de l'an de grâce 1827, et de notre règne le troisième.

« CHARLES.

« Par le roi,

« Le ministre secrétaire d'État au département de l'intérieur,

« CORBIÈRE. »

Paris fut frappé de stupeur. « Il s'était endormi dans l'ivresse de la joie, il se réveilla dans la douleur. Ces pères de famille toujours dévoués, ces citoyens fidèles, qui avaient combattu l'anarchie dans leurs murs, l'étranger au dehors, étaient dénoncés au monarque ; les ministres les accusaient de conspirer ! La foudre lancée du haut du trône annonçait à l'univers que Paris n'était plus qu'un amas de rebelles, qu'il n'y avait plus ni citoyens ni cité, et que les acclamations de reconnaissance et de dévouement étaient des cris de révolte et de sédition (1).

Les ultra-royalistes se félicitèrent du licenciement de la garde nationale. L'un des plus fougueux, le marquis de Moustier, ancien ambassadeur à Madrid, dit à Charles X : « Ah! sire, voilà ce qui s'appelle gouverner! Encore deux ou trois résolutions semblables, et V. M. est *roi de France*. C'est ainsi que Bonaparte gouvernait ; il ne faut pour cela que des baïonnettes et vouloir. J'ose assurer à V. M. que pas un de ces bourgeois n'osera remuer ; et cependant ils sont blessés dans l'endroit le plus sensible, le bonnet à poil et les guêtres (2). » Les aveugles courtisans de la branche aînée ne s'aperçurent pas qu'en supprimant la garde nationale ils brisaient l'un des arcs-boutants du trône. « Elle était pleine d'amour, de dévouement et de respect pour le roi ; elle en avait donné des preuves éclatantes (3). » En supposant qu'en 1830 ses sentiments eussent été affaiblis par un juste mécontentement, il est douteux qu'elle eût outrepassé les limites constitutionnelles. Elle aurait réclamé le châtiment des ministres, sans faire remonter plus haut sa colère, sans courir les risques d'un bouleversement social. Toute protestation violente et agressive aurait

(1) *Acte d'accusation contre le ministère*, par Labbey de Pompierre, député de l'Aisne, séance du 14 juin 1828.

(2) *Histoire de France pendant les années 1825, 1826 et 1827*, t. II, p. 80.

(3) Rapport de M. Girod (de l'Ain), du 21 juillet 1828.

été comprimée par les citoyens-soldats, non moins in-
téressés au maintien de l'ordre qu'à l'extension des libertés publiques. « Si la garde nationale eût existé,
les royalistes auraient eu un centre commun, et les
factieux les eussent trouvés en face d'eux (1). » Mais,
lorsque les ordonnances du 26 juillet soulevèrent Paris, la seule force capable de régulariser les mouvements populaires avait été imprudemment détruite.
Aucun corps intermédiaire ne garantissait la monarchie
des atteintes du peuple irrité, et la monarchie tomba.

(1) *Mémoire pour servir à l'histoire de* 1830, par Mazas, secrétaire de M. de Polignac, Paris, 1832, in-8, p. 13.

# CHAPITRE XV.

—

Les gardes nationaux reparurent au bruit du canon, au milieu des barricades du 28 juillet 1830. La
foule battit des mains à leur aspect ; ils prirent place
dans les rangs du peuple insurgé, et contribuèrent aux
succès de cette grande journée, dont on a dit ingé-
nieusement : « On a beau vanter le 14 juillet, ce ne
sera jamais que la moitié du 28. » Parmi les premiers
qui se montrèrent en uniforme, on cite M. Maupetit,
fabricant de châles (rue de Bondi, n° 20), grenadier de
la 5e légion ; M. Mobler, mécanicien, fourrier des sapeurs de la 6e ; MM. Pelvilain et Crétu, de la 2e, que
la garde royale désarma et fit prisonniers, dans la rue
de Choiseul ; M. Boulet, professeur d'escrime, grena-

32

dier de la 6e ; Genevray, grenadier de la 11e, et le dentiste Miel, qui fut tué rue des Prouvaires. Plusieurs autres gardes nationaux succombèrent; leur costume les signalait aux troupes royales, et les exposait aux balles des tirailleurs. Achille Piquefeu, de la 8e légion, fut mortellement frappé au marché Saint-Jean ; Charles Nicol, marchand de papier (rue Montmartre no 15), fut atteint de plusieurs balles, en s'opposant au passage des détachements suisses qui tentaient de gagner les boulevards. Jeannisson, propriétaire des bains Saint-Guillaume, grenadier de la 3e légion, s'embusqua au premier étage du café Minerve, et après avoir riposté pendant plusieurs heures au feu des gardes royaux, il tomba, en criant : *Vive la liberté !*

C'étaient des gardes nationaux, mais ce n'était point encore la garde nationale. Dès le 28, elle tenta, dans quelques quartiers, de se reformer, et d'agir en corps. M. Gabillot, lieutenant de grenadiers, 1re légion, 2e bataillon, 3e compagnie, réunit une soixantaine de ses camarades à la mairie du 1er arrondissement, et s'y maintint, malgré les sommations réitérées du général Saint-Hilaire, commandant d'une brigade de la garde royale. Un faible détachement de la 3e légion, après avoir parlementé avec les soldats de la ligne qui gardaient la Banque, les avait déterminés à laisser la garde nationale participer au service, quand le 5e de ligne déboucha par la rue de la Vrillère, et le 53e par la rue des Bons-Enfants; et un feu meurtrier, dirigé par le duc de Raguse en personne, décima les citoyens-soldats.

Sur la rive gauche, les gardes nationaux de la 12e légion, commandés par Bremer, cuirassier de l'Empire (rue de la Chaise, no 18), organisèrent la défense des barricades du Pont-Neuf. Des gardes nationaux de la 10e vinrent prier leur maire, M. Hutteau d'Origny, de se mettre à leur tête. Celui-ci y consentit. La légion, ainsi partiellement reconstituée, se porta d'abord à la prison de l'Abbaye, fit rendre les armes au détachement de ligne qui occupait le poste, délivra les militaires détenus pour cause d'insubordination; puis elle se divisa en deux colonnes; l'une alla se placer en face de la Grève; l'autre sur le quai Malaquais, d'où elle échangea des coups de fusil avec les Suisses cantonnés dans la grande galerie du Louvre.

Le 29 au matin, la garde nationale de Montrouge amena au quartier-général de l'hôtel de ville le 50e de ligne, avec lequel elle avait fraternisé en buvant le vin des jésuites. Elle était conduite par le maire de la commune, M. Armand Leullier, et par le gérant du *Figaro*, M. Nestor Roqueplan. Dans tous les arrondissements de Paris les gardes nationaux isolés la veille se groupèrent et commencèrent à former des compagnies. La 10e légion se retrouva sur la place de l'Abbaye, et envoya des pelotons à la caserne de Babylone, au Musée d'artillerie, au Louvre et aux Tuileries. Georges Wazelle, ébéniste, caporal de la 8e, dirigea sur le Louvre environ quinze cents ouvriers du

faubourg Saint-Antoine, qui l'avaient élu pour chef.
M. Delaborde se mit à la tête de la 2e, et lui assigna
pour quartier-général le manége de la rue Cadet, où
trois compagnies furent formées instantanément, et
nommèrent leurs officiers. L'une d'elles, commandée
par le capitaine Servatius, comptait dans ses rangs
MM. Ferrière-Laffitte, Morlot, l'agent de change
Bainières, Eugène et Adrien Laffite, le banquier Lar-
reguy, l'un des collaborateurs du journal du *Commerce*.
Elle prit position à l'entrée du faubourg Montmartre,
en attendant des ordres de l'hôtel de ville. Deux mes-
sages contradictoires arrivèrent. Le capitaine Servatius, après en avoir donné lecture à la compagnie,
ajouta : « Vous le voyez, mes camarades, d'un côté
on nous ordonne de rester dans notre arrondissement ;
de l'autre, on nous demande de diriger un renfort
vers le Théâtre-Français; que comptez-vous faire? »
Le cri unanime : *Au feu!* partit des rangs de la compagnie.

Dans la journée, au moment où se consommait la
victoire, le général La Fayette, appelé à commander
la force publique, annonça, par une proclamation,
la résurrection de la garde nationale.

« La garde nationale parisienne est rétablie ; messieurs les colonels et officiers sont invités à réorga-
niser immédiatement le service de la garde nationale ;
messieurs les sous-officiers et gardes nationaux devront être prêts à se réunir au premier coup de tambour ; provisoirement ils sont invités à se réunir chez

les officiers et sous-officiers de leurs anciennes compagnies et à se faire inscrire sur les contrôles.

« Il s'agit de faire régner l'ordre, et la commission municipale de la ville de Paris compte sur le zèle ordinaire de la garde nationale pour la liberté et l'ordre public.

« Messieurs les colonels, en leur absence, messieurs les chefs de bataillon, sont priés de se rendre de suite à l'hôtel de ville pour y conférer sur les premières mesures à prendre dans l'intérêt du service.

« Fait à l'hôtel de ville, le 29 juillet 1830.

« LAFAYETTE.

« Pour copie conforme :

« *Le colonel, chef d'état-major,*
« ZIMMER. »

« Le général, commandant en chef, voulant régulariser le service, prévient MM. les chefs de légion de la garde nationale et tous les autres chefs de corps et d'administration, qu'à compter de ce moment tous les ordres donnés seront signés par lui, par le colonel Zimmer, faisant les fonctions de chef d'état-major, et par MM. Georges Lafayette et le colonel Carbonel, ses aides de camp. Tout autre signature sera regardée comme nulle et non avenue.

« A l'hôtel de ville de Paris, le 1er août 1830, à dix heures du matin.

« LAFAYETTE. »

32.

Le 30 juillet, les postes principaux, les édifices publics étaient occupés par la garde nationale, qui s'efforçait de régulariser le triomphe et de sauver les vaincus. Plusieurs gardes royaux furent épargnés, grâce à l'entremise de M. Stofel, maître bottier (passage du Saumon. nᵒ 19), caporal des grenadiers de la 3ᵉ légion, 2ₑ bataillon, 1ʳᵉ compagnie. D'autres gardes nationaux dérobèrent à une mort presque certaine un grand nombre de ces malheureux satellites, dont le seul crime était l'obéissance.

Peu à peu les compagnies se complétèrent. Le général Lafayette et la commission municipale y ajoutèrent une garde nationale mobile, composée de vingt régiments, et payée à raison de trente sous par jour (1). Ceux mêmes qui n'avaient ni désiré ni servi la révolution, coururent à leurs corps-de-garde pour modérer une agitation dont ils n'appréciaient pas les causes, et dont ils redoutaient les effets. Un placard affiché rue Montmartre, au coin de la rue du Mail, portait ces mots : « Gardes nationaux, sortez, si vous ne voulez être brûlés dans vos maisons. »

M. Valentin Lapelouse, gérant du *Courrier français,* écrivit aux chasseurs de la compagnie dont il avait été capitaine : « Réunissez-vous autour de moi; nous veillerons ensemble à la conservation de nos familles et de nos propriétés. » L'idée de l'ordre fit rentrer dans les cadres les hommes de tous les partis, et hâta

---

(1) **Arrêté** du **31** juillet **1830**, rapporté le 8 août.

le rétablissement de la garde nationale. Le 1ᵉʳ août le général Lafayette, dans un ordre du jour, lui signalait sa mission, et l'employait à calmer l'agitation causée par trois jours de combat.

« Le général commandant en chef invite messieurs les chefs de légion à prendre toutes les mesures nécessaires pour maintenir la tranquillité publique. A cet effet, ils feront faire de nombreuses patrouilles et renforcer les postes qui ne seraient pas suffisants pour ce service. Il leur est enjoint d'envoyer sur-le-champ à l'hôtel de ville, un sous-officier avec quelques hommes pour y prendre des cartouches. Ils enverront, autant que possible, la désignation des postes et l'état des hommes qui les composent. Messieurs les chefs de légion qui ont des barrières dans leurs commandements, feront sur-le-champ doubler les barrières principales; ils ordonneront aux divers commandants de prendre toutes les mesures nécessaires pour assurer la perception des droits. »

« LAFAYETTE. »

On sait comment quelques députés disposèrent de la couronne en faveur de Louis-Philippe. Il existait dès-lors un parti républicain dont le tort fut d'ignorer l'histoire, et de confier ses destinées à Lafayette, qui avait été toute sa vie le plus fervent et le plus invariable des constitutionnels. Sous son tout-puissant patronage, le nouveau roi fut accepté, et la garde nationale appuya ce trône, qui devait être *entouré d'ins-titutions républicaines*. Pour le soutenir elle versa son sang aux émeutes de 1832, 1834 et 1839, où le rêve de l'avenir échoua contre les réalités du présent. Louis-Philippe gouverna d'abord avec elle; la loi du 22 mars 1831 rendit enfin aux citoyens le droit d'élire leurs officiers, à l'exception des colonels et des lieutenants colonels, que le roi choisissait sur une liste de dix candidats, et des majors, adjudants-majors, chirurgiens et aides-majors dont il se réserva la nomination. Les maréchaux Lobau et Gérard furent successivement placés à la tête de la garde nationale parisienne. Le pouvoir prit longtemps soin de ne point heurter l'esprit de la force civique, qui lui servait d'appui; mais l'immolation constante des intérêts nationaux aux intérêts dynastiques; la corruption électorale effrontément employée; la dissolution d'un grand nombre de gardes nationales des départements; le remplacement du maréchal Gérard par le général Jacqueminot; une résistance opiniâtre à toute espèce de réformes et d'améliorations; toutes les fautes du *gouvernement personnel*, refroidirent les plus zélés. Il en vint à craindre la garde nationale, et, menacé par la manifestation du 22 février 1848, ce ne fut pas à elle qu'il eut recours. La commission du banquet réformiste du douzième arrondissement ayant invité les gardes nationaux à se grouper autour des convives, le général Jacqueminot s'efforça de les en détourner par une proclamation. « On cherche à vous égarer, disait-il, au nom même de la légalité, dont le maintien est confié à votre dévouement et à votre patriotisme. Peu d'entre nous, sans doute, sont disposés à se laisser entraîner à une démarche coupable ; mais je voudrais leur épargner et la honte et le regret de compter leur petit nombre, au milieu des 85,000 gardes nationaux dont nos légions se composent. C'est donc au nom de la loi que je vous adjure de ne pas tromper la confiance du pays, qui a remis à votre garde la défense de la royauté constitutionnelle et de l'ordre légal. »

Le 23 février, en présence d'éventualités graves, le ministre se décida toutefois à faire battre le rappel. La garde nationale y répondit, mais en manifestant l'intention d'appuyer le mouvement populaire, et d'éviter l'effusion du sang. Le lieutenant colonel de la 2e légion, M. Bainières, ancien agent de change, alla trouver le duc de Nemours, et lui annonça qu'il ne répondait pas de l'esprit de la légion, si l'opinion publique n'était pas satisfaite par de justes concessions. La troisième, réunie sur la place des Petits-Pères, fit entendre les cris de *vive la réforme ! à bas les ministres !* A onze heures, elle reçut dans son carré des groupes chargés par la garde municipale, et croisa la baïonnette sur les assaillants. Le colonel, M. Besson, pair de France, se rendit, à midi, auprès du général Jacqueminot, pour le prier d'être auprès du roi l'interprète des sentiments de la 3e légion.

Un grand nombre de gardes nationaux de la 4e

étaient rassemblés, dès le matin, place du Chevalier-
du-Guet. Ils envoyèrent une députation à M. Crémieux, pour lui demander conseil. Celui-ci répondit :
« Protecteurs de l'ordre public et de la liberté, allez en
masse, sans fusils, sur tous les points où des collisions
éclatent ; mettez un terme à l'effusion du sang de vos
frères, citoyens ou soldats, car les soldats sont vos
frères comme le peuple. Et si vous craignez que votre
concours ne semble un acquiescement à une détesta-
ble politique, adressez à la Chambre une pétition,
dans laquelle vous ferez connaître votre opinion comme
citoyens, en même temps que vous marcherez comme
gardes nationaux. » La députation, revenue dans son
quartier, écrivit au *Siècle*, que si la 4e légion était
prête à maintenir l'ordre, elle n'entendait pas se con-
stituer la complice d'un ministère corrupteur. Une
pétition fut signée et portée à la Chambre. « Je vais
la déposer sur la tribune, dit M. Crémieux en la recevant, et maintenant, courez où des collisions s'élèvent, rétablissez l'ordre et la paix : le ministère est
frappé de mort ; la garde nationale a prononcé son
arrêt. »

En effet, elle montrait partout le même esprit. Le
2e bataillon de la 5e légion avait fait rentrer la garde
municipale dans la caserne Saint-Martin. La 7e avait
désarmé cent cinquante gardes municipaux. Le colonel de la 10e, M. Lemercier, avait fait de vains efforts
pour obtenir de ceux qu'il commandait une obéissance
absolue ; ils exigeaient avant tout le renvoi du minis-

tère et la réforme électorale. Trois cents hommes de
la 11e avaient, sur le pont Saint-Michel, arraché des
étudiants à la brutalité des agents de police. Vaincu
par cette irrésistible unanimité, le ministère se retira.
La 13e légion (cavalerie) en fut instruite la première.
Elle venait de parcourir les boulevards et les quais,
et stationnait sur la place du Carrousel. Le colonel,
M. de Montalivet, intendant de la liste civile, prit la
parole en ces termes :

« Mes chers camarades,

« Le roi m'a chargé de vous remercier du concours
que vous avez prêté à l'ordre et au gouvernement
fondé en juillet. Il vient d'accepter les démissions de
tous ses ministres ; il m'a chargé de vous en prévenir.
Rentrez chez vous, *tout est terminé*. Mais demain,
soyez exacts à votre poste ; car il n'y a plus de ministère, et la garde nationale aura tout à faire pour maintenir l'ordre ; l'abstension de la garde nationale aujourd'hui était un fait regrettable, et nous devons vous
féliciter du concours que vous avez prêté au gouvernement. »

« Colonel, dit un officier, la garde nationale à
cheval n'a pas fait aujourd'hui acte d'adhésion au ministère ; elle est venue prêter main-forte à l'ordre et
aux institutions de juillet. — Mes sentiments sont
connus, reprit M. de Montalivet ; je n'ai pas à les exprimer ici ; l'uniforme me gêne pour dire tout ce que

je sens, tout ce que j'éprouve; mais je crierai avec vous : *Vivent les institutions formées en juillet ! Vive le roi !* »

L'heureuse nouvelle se répandit dans Paris; la joie succéda à l'inquiétude ; les barricades des rues Beaubourg et Saint-Martin furent abandonnées; une illumination spontanée fit flamboyer toutes les fenêtres; une foule immense circula dans les rues. La pacification semblait complète, quand la fusillade du boulevard des Capucines tua la monarchie de juillet.

Le 24 février, au Palais-Royal, aux Tuileries, « la garde nationale était active. Comme le peuple, avec le peuple, elle se battait, j'entends ceux des soldats-citoyens qui avaient pu se procurer de la poudre et du plomb, deux choses qu'on leur avait obstinément refusées (1). » Après la victoire, le Gouvernement provisoire confia le maintien de la tranquillité de la ville de Paris au patriotisme de la garde nationale, sous le commandement de M. de Courtais.

Des remercîments furent adressés à la garde nationale, au nom du peuple français :

« Citoyens,

« Votre attitude dans ces dernières et grandes journées a été telle qu'on devait l'attendre d'hommes exercés depuis longtemps aux luttes de la liberté.

(1) *La Réforme* du 25 février 1848.

« Grâce à votre fraternelle union avec le peuple, avec les écoles, la révolution est accomplie.

« La patrie vous en sera reconnaissante.

« Aujourd'hui tous les citoyens font partie de la garde nationale ; tous doivent concourir activement avec le Gouvernement provisoire, au triomphe régulier des libertés publiques.

« Le Gouvernement provisoire compte sur votre zèle, sur votre dévouement à seconder ses efforts, dans la mission difficile que le peuple lui a conférée.

« *Les Membres du Gouvernement provisoire,*

« DUPONT (de l'Eure), F. ARAGO, MARIE, LAMARTINE, CRÉMIEUX, LEDRU-ROLLIN, GARNIER-PAGÈS.

« L. BLANC, A. MARRAST, FLOCON, ALBERT, *Secrétaires.* »

La garde nationale s'augmenta rapidement. Composée, au 24 février, de 56,751 hommes, elle présentait, au mois de mars, un effectif de 190,299 hommes, non compris vingt-quatre bataillons de garde mobile (1).

Les événements qui se sont accomplis depuis cette époque sont trop près de nous, trop connus, pour que nous ayons à les narrer en détail. Nous avons surtout voulu, dans notre histoire, éclaircir des points douteux, et révéler des particularités inédites. Les faits

(1) Chaque bataillon est subdivisé en huit compagnies de 121 hommes chacune.

contemporains ont été l'objet d'une foule de relations détaillées ; nous nous bornerons donc à rappeler le rôle de la garde nationale pendant les lamentables journées de juin.

Aucune des mesures que dictait la prudence n'avait été prise par l'autorité; les barricades s'élevaient sans obstacle.

La garde nationale se rassembla, le 23 juin, vers midi, avant que les troupes de ligne eussent été mises en mouvement. Elle marcha sur la barricade du boulevard Saint-Denis ; le 3e bataillon de la 2e légion déboucha par le boulevard Bonne-Nouvelle ; la 5e par la rue Sainte-Appoline ; la 3e par la rue Saint-Claude. Un feu nourri déconcerta d'abord les assaillants; deux chefs de bataillon de la 2e furent blessés, MM. Lefèvre et Édouard Thayer. M. Jean Bertin, ancien notaire (5e légiion, 2e bataillon, 2e compagnie), fut atteint d'une balle à la cuisse ; M. Herlusion, capitaine de la 2e compagnie du 3e bataillon de la 2e légion, tomba blessé entre les mains des insurgés et resta quelque temps en leur pouvoir. M. Leclerc (3e légion, 1er bataillon, 6e compagnie) reçut entre ses bras son fils, frappé de deux balles. Avec un admirable héroïsme, ce malheureux père quitta aussitôt les rangs, en disant : « J'ai laissé mon autre fils auprès de sa mère; je vais le chercher; il saura mourir aussi pour la cause de l'ordre. »

Maîtresses du boulevard Saint-Denis, les 2e, 3e et 5e légions s'engagèrent dans les faubourgs Poissonnière et Saint-Denis. La 1ʳ leur envoya un renfort, et, avec le concours du 7ᵉ léger, elles enlevèrent la barricade qui unissait, par une épaisse muraille, les rues Bellefond et La Fayette.

Là, un chef de bataillon de la 2ᵉ légion, M. Lefèvre, ancien élève de l'École-Polytechnique, fut frappé d'une balle au bas ventre. Ses camarades le relevèrent. « La barricade est-elle prise? leur demanda-t-il. — Oui. — Eh bien, vive la République! » On l'emporta sur un brancard, et quelques heures après il n'était plus.

En même temps le 1ᵉʳ bataillon de la 1ʳᵉ légion, et quelques pelotons du 34ₑ de ligne attaquaient la barricade de la rue Culture-Sainte-Catherine, en face l'église Saint-Paul. A côté du chef de bataillon Sudre, marchait à pied, au premier rang, l'ex-général Clément Thomas, démissionnaire depuis le 20 juin. La garde nationale et la ligne étaient par sections, l'une à gauche et l'autre à droite, mais la première occupait les trois quarts de la rue, et se trouvait exposée au feu de deux barricades de la rue Neuve-Sainte-Catherine, et de la maison qui fait l'angle. Aussi compta-t-elle dix-sept morts et soixante-cinq blessés.

Les légions de la rive gauche, où les défenseurs de l'ordre légal étaient moins nombreux, n'agirent pas avec autant de succès. Le chef du 4ᵉ bataillon de la 11ᵉ légion, M. Francis Masson, périt à l'assaut de la barricade Saint-Séverin. Des gardes nationaux du 1ᵉʳ bataillon de la 11, se joignant à la colonne du général

Damesme, contribuèrent à la prise des retranchements des rues des Grès et de Cluny, sans pouvoir franchir la barricade de la rue des Mathurins-Saint-Jacques. Dans la soirée, les 1er et 2e bataillons de la 10e, et la 3e compagnie du 3e bataillon luttèrent courageusement au pont Saint-Michel, au Petit-Pont et rue Saint-André-des-Arcs; mais ils évacuèrent avant minuit les positions qu'ils avaient conquises.

Pendant la nuit du 23 au 24, le service fut régularisé. Sur l'invitation du maire de Paris, les gardes nationaux se placèrent en sentinelles dans leurs quartiers respectifs, aux abords des rues. Ceux de la banlieue, de Seine-et-Oise, du Loiret, de la Somme et de la Seine-Inférieure, accoururent pour prendre part au combat. Il recommença avec fureur. La prise du Panthéon, de la place Maubert et du quartier Saint-Jacques coûtèrent de trop nombreuses victimes. La 2e compagnie du 4e bataillon de la 4e légion, après une lutte acharnée, débusqua les insurgés de la maison des *Deux-Pierrots*. Le bataillon de Vaugirard eut deux hommes tués et douze blessés, en prenant la barricade de la rue des Rosiers.

Des détachements des 1re et 10e légions, le 3e bataillon de la 9e, et la garde nationale des Batignolles, aidèrent la troupe de ligne et la garde mobile à reprendre toute la rive gauche.

Le 25, à neuf heures, l'insurrection occupait encore les faubourgs depuis le clos Saint-Lazare jusqu'à la Bastille. « Elle luttait dans les 5e, 6e et 7e arrondissements, dont elle était complètement maîtresse, nonobstant leurs quarante mille gardes nationaux. Dans les 5e, 6e et 7e légions, il n'y avait pas quatre mille gardes combattant pour l'ordre, tandis que soixante mille étaient timides, indécis ou avec les insurgés (1). » Le 6e arrondissement, qui compte vingt-huit mille gardes nationaux, n'en avait que mille sous les armes.

A 8 heures, les sergents-majors de toutes les compagnies, accompagnés d'un lieutenant et de quelques gardes, procédèrent, dans toutes les compagnies, au désarmement des gardes nationaux qui avaient manqué aux appels sans excuse légitimes.

Les gardes nationaux fidèles suppléaient au nombre par l'activité.

Dès le matin, les abattoirs Montmartre étaient occupés par vingt-cinq hommes du 21e de ligne, et par une partie de la 6e compagnie du 2e bataillon de la 3e légion. La 1re compagnie du 2e bataillon de la même légion, favorisée par leurs feux obliques, s'empara de la barricade Rochechouart.

Vers une heure et demie, une division fut formée sous les ordres du général Lebreton pour débusquer les insurgés de la barrière Poissonnière et du clos Saint-Lazare. La garde nationale y était représentée par les 3e, 4e et 6e compagnie du 2e bataillon de la

(1) Rapport de M. Galy-Cazalat, représentant du peuple, à la Commission d'enquête.

1$^{re}$ légion, et quelques pelotons des 2$^e$ et 3$^e$. Dans les rangs, marchaient comme volontaires les généraux Moline de Saint-Yon, Drolenvaux, La Rue, Rulhière et Gourgaud. A quatre heures et demie, le général Lebreton fit battre la charge, et les fortifications des insurgés cédèrent à des assauts réitérés. Les gardes nationaux d'Amiens et de Rouen vinrent alors relever ceux des légions parisiennes.

Une autre barricade construite dans le faubourg Saint-Denis, coûta aux gardes notionaux de Pontoise et de Montmorenci la perte du commandant des pompiers, Frain, et du chef de bataillon Granday.

Après la prise du clos Saint-Lazare, le 4$^e$ bataillon de la 1$^{re}$ légion, commandé par MM. Duffié et Achille Bernard, vint camper devant la place de la Bastille, que battait en brèche l'artillerie de la garde nationale. Entre le boulevard et la Seine, un détachement de la même légion formait la tête de colonne de la division du général Négrier, qui s'avançait vers la Bastille par la rue Saint-Antoine. La mairie du 7$^e$ arrondissement était défendue depuis quarante-huit heures par cinquante gardes nationaux que commandait l'adjoint Martelet. A trois heures, une poignée de volontaires des 6$^e$ et 8$^e$ légions, dirigée par le représentant du peuple Galy-Cazalat, prit successivement toutes les barricades du quartier Saint-Louis jusqu'à la place des Vosges.

Cependant des renforts arrivaient à chaque instant, non-seulement des départements voisins, mais de la

Manche, du Nord, des Vosges, de la Nièvre, du Cher, de l'Aisne, de Seine-et-Marne. A Angoulême, on se hâtait de se faire inscrire pour aller au secours de Paris. Les volontaires de Besançon, d'Aï (Marne), s'avançaient à marche forcée. La ville de Troyes envoyait non-seulement sa garde nationale, mais encore un don de trente mille kilos de pain, huit mille kilos de jambons et autres comestibles, et dix pièces de vin.

Près de deux cents villes fournirent des contingents à cette armée de l'ordre et de la légalité (1).

(1) Outre celles que nous avons nommées, nous citerons Tours, Cholet, Thouars, Bayonne, Moulins, la Charité-sur-Loire, Vesoul, Beaume-les-Dames, Angers, Choisy, Cambrai, Pithiviers, Bar-le-Duc, Meung-sur-Loire, Rozoy-en-Brie, Romilly, Méry-sur-Seine, Autun, Bar-sur-Aube, Avallon (Côte-d'Or), Bar-sur-Seine, Napoléon-Vendée, Luçon, Saint-Dizier, Vitry-le-Français, Creil, Saint-Just, Breteuil, Pont-Sainte-Maxence, Maignelay, Verberie, Crépy, Gournay-sur-Aronde, Attichy, Béthune, Bouchain, Turcoing, Maubeuge, le Cateau, Landrecies, Catillon, Marolles, Berlaimont, Roubaix, Hazebrouck, Dunkerque, Magny, Gaillon, Neufchâtel, Forges, Duclair, Fréville, Gournay, Saint-Saens, Barentin, Bois-Guillaume, Maromme, Orgeval, Dieppe, Tréport, Pont-l'Évêque, Bernay, Argentan, Caen, Saint-Lô, Coutances, Carantan, Brest, Nantes, Chartres, Gien, Beaugency, Blois, La Flèche, Houssay (Mayenne), Bourges, Sens, Joigny, le Havre, Chatillon (Côte-d'Or), Semur, Château-Chinon, Autun, Melun, Lagny, Ferté-sous-Jouarre, Nanteuil, Quincy, Crécy, Jouy-sur-Morin, Laon, Chauny, La Fère, Coucy, Braisne, Choisy-sur-Marne, Vitry, Villenauxe, Vassy (Haute-Marne), Nancy, Châteauneuf (Cher), Yvre-le-Pré (Cher), Corbigny (Nièvre), Saumur, Loches, Étampes, Auxerre, Corbeil, Saint-Germain-en-Laye, Laigle, Saint-Malo, Nesle (Somme), Langres (Haute-Marne),

La plupart, malgré l'ardeur qu'elles mirent dans leur voyage, ne purent se trouver à Paris que pour assister à la fin de ces douloureuses hostilités. Le faubourg Saint-Antoine se rendit à une heure ; toutefois la lutte se prolongea quelques temps encore dans le faubourg du Temple. Les 5 et 6e compagnies du 1er bataillon de la 3e légion enlevèrent les barricades des Trois-Couronnes. Le capitaine de Chauny, retranché avec quelques hommes dans le bâtiment du port de l'octroi, y soutint pendant trois heures une vive fusillade. Le chef du 4e bataillon de la 5e légion, M. Ragonin, à la tête de quelques gardes nationaux et soutenu par un peloton du 11e léger, marcha, vers quatre heures, sur la barrière du Combat. Une barricade énorme obstruait la rue Grange-aux-Belles. Au lieu de l'attaquer de front, les gardes nationaux longèrent le canal Saint-Martin, chassèrent les insurgés du pont de Saint-Maur, enlevèrent au pas de course les deux barricades de la rue des Écluses et prirent par derrière celle de la rue Grange-aux-Belles. Ce mouvement rapide ne coûta à la garde nationale qu'un homme tué, et deux blessés légèrement dans la 5e compagnie.

Le 28, l'Assemblée nationale décréta, à l'unanimité, que les gardes nationales de Paris et des départements avaient bien mérité de la patrie.

Marle et Chavignon (Aisne), Saint-Pol, Aire, Saint-Omer, Loudun, La Ferté-Gaucher, Vauchassis, Mesnil, Sellière, Saucy, Horbsetfre-en-Bois (Haute-Marne).

Ce qui est plus glorieux que le courage dans les batailles, c'est d'ensevelir sous les ruines les discordes et les ressentiments. La garde nationale fit preuve d'un esprit de conciliation ; elle abjura toute vengeance. Le désarmement des 8ᵉ, 9ᵉ et 12ᵉ légions, et des gardes nationaux qui avaient manqué aux appels, fut effectué sans animosité et sans colère. Dans les banquets fédératifs d'Amiens, du Havre, de Lille, de Neuilly, de Bourges, de Blois, de Boulogne-sur-Mer, etc., aucune parole haineuse ne fut prononcée. Quand les colonels et lieutenants colonels des légions de la Seine furent convoqués pour donner avis sur les récompenses à décerner, ils répondirent d'une voix unanime : « Oublions au plutôt les souvenirs des jours néfastes que nous venons de traverser ; ne faisons rien pour les rappeler.» Sur la tombe de Georges Leclerc, l'une des premières victimes de ce déplorable combat, les commandants de sa compagnie, MM. Chauny et Barreswil, disaient: « Nous ne devons éprouver d'autres sentiments que l'oubli du passé… Puisse un rayon de la Divinité dessiller les yeux de nos frères égarés, féconder en eux le germe de cette vraie fraternité qui doit nous unir tous, et raviver dans tous les cœurs l'amour de la patrie ! »

FIN.

# TABLE DES MATIÈRES.

---

396 . TABLE DES MATIÈRES.

www.ingramcontent.com/pod-product-compliance
Lightning Source LLC
Chambersburg PA
CBHW072007270326

41928CB00009B/1574